NHK BOOKS
1236

古文書はいかに歴史を描くのか

フィールドワークがつなぐ過去と未来

shirouzu satoshi
白水 智

NHK出版

目次

序章　知られざる歴史研究の舞台裏　9
忘れられた大震災／古文書が人の世に光を当てる／歴史は身近にあるか
研究の舞台裏と身近な古文書／歴史を知るもう一つの意味／本書で伝えたいこと

第一章　古文書とは何か　21
一　歴史と史料　22
書き替えられていく歴史／歴史をたどる手がかりとしての史料／活字史料の恩恵
かけがえのない実物史料
二　失われた史料・たまたま残った史料　32
日々廃棄されている文化財／時間との戦い――昨日ゴミに出してしまいました
時間との戦い――失われゆく山村史料／廃棄史料はなぜ残されてきたか
廃棄史料の特徴／京都古刹から見つかった襖裏張文書
三　和紙という素材　46
虫が喰い、ネズミが囓り、湿気が襲う／いろいろな修復／できるだけ避けたい修復

第二章　史料調査の日々——フィールドワークの重要性　57

一　歴史学とフィールドワーク　58
各時代史のフィールドワーク事情／「切り身」の活字史料の背後にあるもの
調査の始まり／怪しい者ではありません／簡単ではない調査意図の説明
所蔵者の姿勢を変えたもの／相互の信頼関係が基本／集団調査と個人調査

二　これまでの調査履歴から——駆け出しの頃　77
初めての調査経験／必ず起きる「偶然」／五島列島へ
日本常民文化研究所の調査／激論の日々から

三　これまでの調査履歴から——ライフワークとなる調査の開始　89
中央大学山村研究会の調査／調査方法の変化／毎年活動成果を刊行
「歴史学の現場」に身を置くこと／信越国境秋山の調査／古文書を訪ねて
八年かけて秋山関係の古文書を調査／土蔵まるごとの文化財調査
猛暑の中の土蔵調査／学際研究のフィールドとして
地元への成果還元とメンバーのつながり
多分野共同研究の醍醐味——江戸時代の鉱山跡を探る／次々見つかる手がかり
江戸時代の森林が甦る——歴史学と林学とのコラボレーション
調査経験から得たもの

第三章　史料の調査と整理を考える　131

研究か史料整理か／史料整理は「雑務」なのか

最初にしか採れない情報——現状記録の重要性／「ともにあること」の史料的価値
内容と形態による整理方式は適切か／史料内容の豊かさを生かすには
形態別整理の問題点／現状記録に意味はあるのか／現状記録の重要性
一体化する配置と記憶／未来に備える／何をどこまで採るか
専門家でなくてもできる現状記録採り／史料調査自体の記録を

第四章　史料の具体的整理方法　165

現状記録を採ってみよう／史料利用のための調査と目録づくり
調査や目録の深度——概要調査と精細調査／簡易な目録づくりも重要
史料ＩＤをつける／史料自体をどう整理するか
近世史料に合わせた目録仕様の不都合／目録編成の考え方
形態情報とイメージ情報の有効性／パソコンを利用した目録の作成
史料をどう撮影するか／デジタルカメラとマイクロフィルム

第五章　発掘・整理した史料から歴史を読み解く　205

一　断簡文書が明かす歴史　206
謎だらけの古文書／江戸城に提供されていた早川入の材木／危険を冒しての運材
垣間見える山地の重要性／教科書に書き加えられる山の産業

二　襖裏張文書が明かす奥能登の記憶　221
今に残る船道具／裏張文書に残されていた証拠

三　衣装の中に古文書があった　227
裃裏張文書の発見から追跡まで／裏張文書を剝がしてみる／裏張文書の内容を探る
袴の中からも古文書が／現地へ飛ぶ／見えてきた背景
四　裏打ちで甦った史料から　241
山村に残された狩猟関係史料／犬を使った狩猟の実態／猟師が投げかけた疑問
五　冷凍保存された地名発音　252
文字に音声を聞く／小若狭村と小赤沢村／発音と表記の間に横たわる溝
六　遠のいた海の話　262
青方氏の拠点はどこにあったか／海際にあった殿山
第六章　歴史史料と現代——散逸か保存か　267
身に迫らない歴史／滅びようとするムラの前で歴史学は何をするのか
地域を元気にする歴史学／「三〇〇年後に小滝を引き継ぐ」
「これまで」があって「これから」がある／史料を整理する職務の必要性
史学カリキュラムにも史料整理やフィールドワークを／地域に史料を遺せる環境を
終章　長野県北部震災を経て　291
震災と文化財救出——三・一二の大震災／「まるごと調査」の土蔵はどうなった？
文化財救援組織「地域史料保全有志の会」の結成

フィールドワークの経験が生きた現場
文化財の保全から活用へ――地域への還元の始まり
文化財保管施設のリニューアルへ／「人文学の現場」であること
確かな未来は確かな過去の理解から始まる

あとがき　317

◎掲載写真は、断りのない限り著者撮影による。

校　閲　下山健次／㈲シーモア
図版作成　㈱ノムラ

序章

知られざる歴史研究の舞台裏

写真序-1　重機で解体されていく土蔵（2011年11月撮影）

忘れられた大震災

巨大なハサミをもった重機が、大破した土蔵をバリバリと壊していく。この地に二〇〇年以上は建っていたであろう古い蔵である。そしてこうした光景がこの地ではあちらこちらで見られた。

ここは長野県の最北部に位置する栄村《さかえ》。栄村は二〇一一年（平成二三）三月に大震災に見舞われた。それもなんと日本中が大混乱を来していた三・一一東日本大震災の翌日、すなわち三月一二日のことであった。未明の午前四時、震度六強の地震が当地を襲い、さらにその後約一時間半の間に震度六弱の地震が続けて二回発生したのである。この三回の烈震で、栄村は甚大な被害を受けた。しかしながら、世間の目は東北地方を襲った数百年ぶりの大津波、そして地震後に起きた福島第一原子力発電所の大事故に釘付けになり、栄村に関する報道はほとんど行われなかった。その結果、栄村の震災は「忘れられた大震災」とまで呼ばれる有様であった。

栄村では、わずか九二四世帯の村で（二〇一〇年四月現在）、現住家屋から物置まで九七八棟の建物が損壊する事態となっていた。道路は各所で激しくひび割れ、橋梁《きょうりょう》は道路と大きくズレが生じて通行不能となり、大規模な山崩れが発生し、JR飯山《いいやま》線は千曲《ちくま》川沿いの路盤が崩落して線路が宙づりになってしまった。そしてこの地震によって古い建物は倒壊、あるいは損壊し、この日以降、村内各地で次々と古民家や土蔵が取り壊されていったのである。建物の解体は、何者かに追われるように、年内に集中的に行われた。それは当地が日本有数の豪雪地であることと関係する。毎年冬から春にかけて、二～三メートルもの雪に栄村は埋もれる。村の玄関口となるJR森宮野原駅の駅前には、一九四五年（昭和二〇）一月に観測されたという七メートル八五センチの積雪記録を示す標柱が建っている。これは今も破られていないJR駅構内の最高積雪記録となっている。毎冬の多量の雪は、当地の生活に多大な影響を与えており、震災後の生活にも大きな影を落としていた。すなわち、地震で傷んだ建物は豪雪環境の中でさらなる損壊や倒壊の危険にさらされるのである。本格的な雪の季節が訪れる前、すなわち年内のうちに被災建物が解体されたのはそのためであった。

古文書が人の世に光を当てる

栄村で一〇年以上にわたり歴史（古文書《こもんじょ》）の調査を続けていた筆者は、その縁から震災後、村で文化財救出・保全のボランティア活動の中心に立つことになった。ほぼ毎月、筆者は仲間とともに自宅のある神奈川県から車で数時間かけて栄村に通い、多数の古文書や民具など文化財を救出してきた。そして震災の翌年からは、救出した文化財の整理・活用の活動に携わり続けている。しかしながら、この震災以降の時間は、栄村の歴史・文化を物語る遺産が次々と失われていく様子を目の当たりにするつらい過程でもあった。冒頭で解体の様子を紹介した土蔵も、一一年前の酷暑の日に初めて調査に入って以来縁の深い土蔵であったが、これも地震のために大破してしまい、解体されることになった。長年栄村で調査に携わってきた私は、これまで続けてきた古文書の調査や歴史研究がこの地にとっていったい何ほどの意味をもっていたのか、確たることがわからなくなったまま、とにかく目の前の文化財を救い、整理していくことで手一杯であった。

そんな中、震災から一年ちょっと経ったある日、栄村のある若い女性から思いもかけないうれしい話を聞くことができた。

「震災で田んぼも傷んでボロボロになってしまったし、夫にもう米づくりはやめようかって言ったんです。そのとき夫が、『ほら、前に古文書に出ていたじゃないか。先祖が苦労して用水を引いたって。その田んぼをオレたちの代で絶やすわけにはいかないよ。もう一度米づくりをしよう』って言ったんです。それでまた今年から田んぼを復活させることにしました」。

いきさつはこうである。震災前年の二〇一〇年（平成二二）夏、調査をともにしてきた仲間が講師を務め、栄村のある集落で古文書講読会を開いたのである。詳しくは第六章で紹介するが、この地区は栄村の中でも長く水不足に苦労してきた地区であった。そこでこの地区では、江戸時代に初めて用水路を開削したときの古文書を取り上げて読むことにしたのである。小さな集落の古い公民館で講読会は行われ、老若男女十数名の方が集まってくださった。私たちは古文書を一点ずつじっくりと読みながら丁寧に解説していった。大半の住民の方が古文書というものに接するのも初めてなら、ましてそれを読む経験などは初めてであった。私たちにとっても、地域の歴史に密着した古文書を地域の方々とともに頭から終わりまで丁寧に読み解く、という試みは今回が初めてであった。果たして、講読会終了後、思いがけない大きな反応が返ってきた。古文書のもつ内容の豊かさや面白さ、地域の歴史を解き明かす素材としての大切さに、多くの出席者が感嘆の声を上げた。参加された地区の皆さんには古文書の強烈な印象が残ったのであった。

写真序-2　小滝地区での古文書講読会（2010年8月撮影）

前述した女性の話は、この古文書講読会が下敷きになっている。若いご夫婦も講読会に出席してくださっていて、先人が苦労して田に水路を引いたことを知ったのである。そんな大事な田んぼをこの震災でやめてしまうのは惜しい、先祖に対して申し訳ない、そう考えたのであった。古文書が、そして古文書の語るかつての歴史が、今これから行われようとしている復興に力を与えることになった。小さな小さな事例ではあるが、まさに古文書と歴史学が今の時代に直結し、力を発揮したできごとだったといえる。

古文書をきちんと読み解くには、それなりの知識と技術と経験が必要である。しかしそれによって得られる世界はとても大きくて広い。古文書は時空を超えた過去の世界を眼前にあぶり出してくれる、他に代えがたい手がかりである。

歴史は身近にあるか

ところで、読者の皆さんは驚かれるかもしれないが、歴史を知るための貴重な手がかりである古文書は、日々日本のどこかで廃棄され続けている。なぜ、誰が、貴重な歴史資料を、と思われるかもしれない。が、捨てられる現場で古文書を見れば、それはありふれた古い紙くずとしか見えないものであり、ネズミの巣くった汚い古簞笥の中から見つかったシワくちゃのボロ紙だったり、暗く湿った土蔵の中から出てきたカビ臭い紙の束だったりする。だからそれを「貴重な歴史資料」と認識するのは難しいかもしれない。こうして日本全国のどこかで、おそらくは毎日のように、先代の遺品が整理され、古い家が建て替えられ、土蔵が解体されるとともに、中の古文書は処分されていくことになる。

栄村に限らず、都市近郊でも、古民家があったり土蔵が残っている地域には、たいてい何ほどかの古文書は残っている。家の仏壇の中に、屋根裏の木箱の中に、土蔵の古簞笥の抽斗《ひきだし》の中に、古文書は眠っていることも多い。また神社やお寺の片隅に、木箱に入った墨書きの書類がひっそりと残されていることもある。そうした古文書の一点一点が、一度失われてしまったらもう二度とは目にすることのできない、復活させることのできない貴重な歴史解明の手がかりである。何も「貴重な歴史資料」は表装された姿で桐箱に収まっているものばかりではないし、資料館や博物館の棚にきちんと整理されて並べられているものばかりでもない。あるいはまた豊臣秀吉や坂本龍馬など天下を動かした有名人の書いたものばかりが大切なのではない。むしろ圧倒的多数の古文書は、地域の歴史を解き明かす貴重な「地域史料」として、ありふれた民家や寺院や公民館の中に眠っている。歴史の素材は意外に身近にあるのである。

一方、世は歴史ブームである。大きな書店には、必ず歴史書のコーナーが設けられている。町の本屋でも、漫画や小説まで含めれば、歴史に関係する書物が置かれていないことは、まずない。「織田信長の人心掌握術」とか「徳川家康の経営戦略」など歴史上の英雄に範をとったようなビジネス雑誌の類を目にするのもしばしばである。ゲームの世界でも歴史物は人気のジャンルである。娯楽の一種として消費される「歴史」は世の中に溢れている。また、ノンフィクションの歴史書も数多く出版されている。大手出版社によるシリーズものの『日本の歴史』は幾度も企画・刊行されてきているし、そもそも歴史教科書はノンフィクションの代表格であり、小中学生は必ず歴史を教わることになっている。高校生も世界史は必修であるし、日本史を学ぶ機会も多い。こうしてみると、歴史は誰もが接することのできる、そして書店や図書館にいけば必ず書物のあるポピュラーな分野ということができる。

では、民家や地域のお寺などに残された「意外に身近にある歴史の手がかり」は、教科書やテレビで見るような「ポピュラーな歴史」と結びついて歴史を身近なものにしているであろうか。答えは否である。人気のあるポピュラーな歴史の大半は天下国家の動きを記した、いわば「大文字の歴史」や「英雄の歴史」である。それとわが家・わが地区の煤《すす》けた書類とはなかなか結びつかない。しかし日本史の研究、とくに江戸時代の研究は、実はほとんどがそのような個人宅や小さな寺院・神社、あるいは地区（区）に伝わる古文書を素材に研究され、描き出されてきたのである。江戸時代以外の時代についても、その土地の民家や寺社に残る多くの古文書が重要な役割を果たしてきた。決して「身近な古文書」は歴史研究と無縁ではないし、それどころか地域に残されてきた古文書が地域の歴史や、場合によっては日本の歴史を解明するかけがえのない手がかりになってきたのである。

研究の舞台裏と身近な古文書

それでも、「身近な古文書」が活字で出版されているような歴史の研究とつなげてイメージされないのは、そもそも古文書がどのように研究結果に結びついていくものなのか、歴史家がどのように素材としての古文書を利用しているのか、その点がまったく知られていないことが大きな理由ではないだろうか。歴史研究者の営為も、古文書など歴史資料の大切さも、意外なほどに世間には知られていない。考えてみれば、研究結果を著した書籍はいくらでも書店に溢れているが、実際に歴史家がどのように素材を集め、研究していくか、その過程や舞台裏を記した本は見かけない。まして歴史研究の素材となる史料の身近さや大切さ、そして誰によってどのように史料は見出され、整理され、分析の素材となっていくかについて認識を深める機会はほとんどないといってもいい。それは同時に身近にある史料の価値について知る機会がないことをも意味している。

天下国家の大文字の歴史ももちろん大切であるが、どの時代についても、教科書に書かれているような簡単なまとめで括《くく》られるほど日本は一元化されているわけではない。飛行機で簡単に全国を飛び回ることができ、テレビを通じてリアルタイムで全国のニュースが見られる現代ですら、地域の言語・風俗・習慣・文化は決して一元化されることなくそれぞれの個性を放っている。旅が楽しいのは、当然ながらそうした違いや個性があるからである。まして交通も通信も今ほど発達していなかった時代、「一つの日本」のように見えながら実は無数の地域の個性が寄り集まった形で日本が成り立っていたことは確かであろう。こうした地域の多様性こそが日本という国を構成し、動かしてきたのである。そして地域の個性を体現し、今に伝える素材こそが、地域に残る歴史的史料なのである。大文字の歴史ばかりが人々の中では歴史そのものとしてイメージされがちであるが、それは誤りであるばかりでなく、そうした理解は、歴史を自らの今の人生とは無縁な異世界のフィクションに追いやってしまうことにもつながる。もちろん英雄の活躍や歴史のスペクタクルを楽しむことを否定はしないが、歴史はそのような皮相なエンターテイメントとして消費されるばかりのものではないことを知ってほしい。

歴史を知るもう一つの意味

では、エンターテイメント以外に、歴史を知ることにはどんな意味があるのだろうか。そこにある大きな意味は、正確な過去をきちんと知り、認識すること、それが今とこれからを生きる私たちがどう歩むべきかを決める唯一の手がかりになる、ということである。過去の成功や過ちを正確に認識することが、よりよい未来を選択する判断材料となる。人間は未来を知り得ない。だから過ちも犯す。しかし、未来に対して私たちが何も手がかりをもっていないかといえば、そうではない。私たちは膨大な過去を遺産としてもっている。過去を知ることで、できるだけ過ちの少ない未来を選択することができる。歴史学はその過去の解明に貢献する学問である。そして過去を解き明かすための最大の資料が、俗にいう「古文書《こもんじょ》」である。

歴史研究者は古文書を主たる素材として分析し、研究を進める。私はその古文書の整理と研究という地味な仕事を、仲間とともに長く続けてきたが、それは縁あって出会った地域の史料をきちんと整理し、後世に残していくことが、必ずやその地域のために、また広くは日本の歴史全体を考えるための基礎資料として必要だと確信してのことであった。本当の意味での等身大の歴史は、今ふみしめている自身の足下にこそある。地域地域の歴史、つまりそれぞれの人が地元の歴史を大切にしていくことが、歴史に対する見方を真に鍛えることになる。それが全体史を批判的に捉え、その誤りを正し、より正確な歴史像を築いていくことにもつながる。等身大の歴史こそが本当の意味での歴史学の出発点になる。その意味では、地域に埋もれる古文書を掘り起こし、読み込むことは、曖昧《あいまい》に語られる全体史をただ知識として知ることよりも大きな意義をもつ。歴史は決して等身大の自分と離れたところにあるものではなく、まさに地域の現場に私たちとともにあるのだから。

本書で伝えたいこと

筆者は大学で歴史を学び始めたころから三十数年にわたって、何カ所かの地域で歴史調査・史料調査を行ってきた。本書でこれから述べることは、筆者が関わった必ずしも多いとはいえない調査の経験（主に中世末期から現代に至る古文書調査経験）にもとづいた話であり、あくまで個人的な、そしてごく限られた事例にすぎない。それでも、この間に史料採訪の現場で教えられたこと、考えさせられたことは語り尽くせぬほどに多い。たとえば、日々各地で貴重な史料が廃棄され失われていること、史料を調査し後世に遺《のこ》していくことの重要性、地域の現場へ出て歴史を掘り起こし伝えることの大切さなど、図書館や研究室にこもっていたのでは知り得なかったこと、考えもしなかったことを、ずいぶんたくさん教えられた。そしてその中で、逆に歴史学や歴史研究の今日的な意義や価値も再認識するようになった。本書では歴史研究の基礎作業として地域に残る史料を調査し、整理していくことの重要性、そしてそれがもたらすさまざまな効果や意味について述べていきたい。

同時にもう一つお伝えしたいのは、史料の調査そのものや史料を分析していくことの楽しさである。史料の調査や整理そのものは、実に地味で根気のいる作業である。経費の多くは持ち出しになる。時間も手間も人手もかかる。しかしその一方で、新たな史料に出会えたときのドキドキ感、整理し終えたときの充実感、史料を読んだ中から新たな気づきを得たときのワクワク感も忘れがたい。調査活動を通して得ることのできた現地の方々とのつながり、あるいは調査チーム内の連帯感も大きな財産である。そうした活動のもつ楽しさも感じ取っていただければ何よりである。歴史の研究というと、古色蒼然としたカビ臭い研究室にこもり、本に埋もれて研究しているようなイメージがあるかもしれない。分野によっては実際にそういう研究者もいるかもしれないが、まったく別の歴史研究の一面があることを知っていただく機会になれば、と思う。

第一章
古文書とは何か

一　歴史と史料

書き替えられていく歴史

「イイクニつくる源頼朝」――鎌倉幕府の成立は一一九二年、と覚えた思い出のある方は多いであろう。だが、今、高等学校の歴史教科書では、鎌倉幕府という組織は一一八五年頃に確立した点を強調しているものが多く、一一九二年という年号を絶対的に重視した書き方にはなっていない。十七条憲法を制定し、隋との対等外交を主導したとされた「聖徳太子」も今や太字の重要人物からは外れつつあり、呼び名も「厩戸王《うまやどのおう》」などに変わってきている。江戸時代に幕府が庶民の日常生活を厳しく規制した法令として有名な「慶安の御触書《おふれがき》」もその存在が疑われ、教科書から消えている場合が多い。

かつて教科書の中で重要事項として太字で表され、試験には必須事項とされたことがらの多くが、今はすっかり扱いが変わり、太字でなくなったり、はたまた事項自体が消えてしまったりしている。親の世代からすれば、子供の習う教科書を覗き見てビックリというところであろう。以前には歴史の常識とされたことが次々書き替わっているのである。

「歴史は過去のことでしょう？　なぜ今になってそれが変わるの？」こんな声が聞こえてきそ

うである。その答えは、「歴史は変わらないが、歴史研究は変わる」。過ぎ去った歴史はもちろん今から変わるわけはない。変わるとすれば、歴史研究のほうである。研究の進展によって事実に反した認識は徐々に修正されていくのである。歴史が書き替えられていく要因としては、新たな史料の発見や、今まで見過ごされてきた史料の再評価、知られてきた史料自体の見直しなどが挙げられる。前述の教科書内容の変化も、すべてこうした史料の発見や読み直しの成果である。しかしその「史料」自体はどのようにして見出されたり、見直されたりするのだろうか。そもそも歴史を探求する歴史学とは、何を材料に、どのように研究するものなのであろうか。まずこの最も基本的なことから本書を始めよう。

歴史をたどる手がかりとしての史料

確かな歴史事実は、確かな史料から導かれる――歴史研究にあたって素材となるのは、「史料」である。「資料」は一般的な用語だが、「史料」とはその中でもとくに歴史研究の素材となるもののことを指していう言葉である。史料と一口に言っても種類はさまざまで、紙の書類から墨で文字の書かれた木札（木簡《もっかん》）、墓石や記念碑などの石造物、梵鐘《ぼんしょう》をはじめとする金工品、あるいは絵画まで多岐にわたる。要は歴史を解明する手がかりとなるものは史料といっていい。が、中でも日本でいちばん一般的なのは紙に書かれた文字史料である。広くいえばこれが「古文書」ということになる。もっとも歴史学の世界では、厳密には、紙に書かれた文字史料がすべて「古文書」ではなく、差出人と受信人のある意思伝達文書のみを「古文書（または文書《もんじょ》）」といい、日記や個人の覚えのための書き留め、あるいは商売や支配実務のための帳簿などは「古記録（または記録）」と呼んでいる（佐藤進一『古文書学入門〔新版〕』法政大学出版会、一九九七年）。ただ、厳密な区別を必要としない場合には紙に書かれた史料類を広い意味で「古文書」と呼ぶ場合も多い。本書で古文書というのは、この広い意味での文字史料を指している。

もちろん時代によって、あるいは地域によって、古文書の残り方もさまざまである。一般的には、古い時代に遡るほど今日にまで残されてきた古文書の数は少なくなり、しかも大寺社や貴族の家など、国家レベルでの有力者のもとに伝えられてきた古文書の割合が高くなる。一方、時代が下れば、一般の民家や地域の小寺社にも古文書が残されるようになってくる。中でも中世末期から近世、すなわち戦国時代から江戸時代に関わる研究は、各地の旧家や寺院・神社あるいは地区単位などで残されてきた古文書に負うところが大きい。ではどこかの地域の歴史を調べようという場合、実際にはどのような方法でアプローチすればいいのであろうか。

歴史的なことがらを知るには、まずは先人の研究書を探すのが手っ取り早い。たとえば自分の住んでいる地域の歴史を調べようという場合ならば、たいてい『〇〇市史』とか『〇〇県史』のような自治体が発行している歴史書が出ているので、それを見るのが便利である。こういう類の本を自治体史と呼んでいる。その「通史編」にあたる部分を読めば、自分の郷土の歴史が時代を逐《お》って書かれており、概要を知ることができる。

しかし通史編は全体の概要はわかるが、県史なら全県を、市史なら全市を視野に入れて薄く広く書かれている場合が多い。もっと深く、もっと地域に密着したことがらを知りたい、あるいはさらに一歩踏み込んで自分なりに歴史を考えてみたいと思ったら、直接個別の史料にあたる必要が出てくる。市町村史では必ずしもついているとは限らないが、県史レベルになれば、必ず古文書などの原文を多数収載した史料編（資料編）が独立してついており、通史を描く元になった史料や、通史編では触れられていないことがらに関する史料を読むことができる。とはいえ、人名や地名に最少限の注記だけがついたそれらの史料は、なじみのない人には難しい文字の羅列に見えるかもしれない。文も、いわゆる返り点を付けながら読むような漢文風で書かれていることが多く（ちなみに古代から近世の文書は、中国語と同様にしばしば動詞が先に来るような漢文形式で書かれる。ただしこれは時代が下るとともに、本家中国の漢文とは文法も用語も大違いの日本式漢文になってくる）、慣れないうちは取りつきにくいかもしれない。それでも中身に興味があればだいたいの意味はとれるし、慣れてくれば同じような言葉遣いのパターンがあるので、次第に読めるようになってくる。要は中身に対する興味の強さ次第である。

歴史研究者の営為も、多くの場合、こうした活字史料を読み込んでいく作業が基本である。史料にはすんなり意味の理解できるものもあれば、何度読んでも文が難解で意味のとれない史料もある。何かのテーマについて研究しようと思ったら、史料集を読んでそれに関する史料をまず集めるところから始まり、次に見つけた史料を深く読み込んで意味をとっていくことになる。その中から今まで言われてきた通説と異なる事実や、新たな見方、考え方を見出していくのである。そして、たくさんの史料を網羅的に読み、めぼしい史料を発見するには、やはり活字化された史料集を読んでいくのが最も簡便な方法である。

活字史料の恩恵

こうした活字に直された史料集の恩恵はたいへん大きい。その長所はいくつも挙げることができる。まず第一に、原本がミミズの這ったような崩し字で書いてあっても、それが誰にでもわかる形の活字で表記し直されている。現代人にとって、昔の人の書いた崩し字が読めない、というのが史料に接する際の最も根本的で最大のハードルだとすれば、活字化されることの意味はとりわけ大きいといえるだろう。第二に、その地域に関わる多数の史料が広く集められて掲載され、歴史の主要な動きがわかるようになっている。個人でそうした古文書を訪ね歩く苦労と手間を考えれば、史料集には計りしれない価値がある。第三に、最少限ではあるが、地名・人名などには注記のつけられることが多く、史料を読むうえで助けとなる情報が盛り込まれている。ことに昔の人名はストレートに表現されず、「越前守《えちぜんのかみ》」とか「上様《うえさま》」などのように形式的な官名や相対的な身分関係で表されることが一般的である。それが誰を示しているのか、注記があることで史料の理解は大きく助けられる。

活字史料は、こうした自治体の発行によるものばかりではない。特定の文書群だけを収載した史料集というのも多数刊行されている。地域にもよるが、戦国時代頃までの時代を研究する史料は、庶民の家に伝えられてきたものは比較的少なく、あるのは有名な寺社や貴族・大名家などに残されてきたものが主になる。これらの中には、古代、あるいは広く中世以来の史料を伝えてきている場合があり、それらの多くは活字化された史料集として刊行されている。例を挙げればきりがないが、たとえば『東大寺文書』『賀茂《かも》別雷《わけいかずち》神社文書』『九条家文書』『島津家文書』などはそうした活字史料の代表例である。国の重要文化財や、場合によっては国宝にまで指定されるような、これら古くに遡る貴重な史料群は、なかなか個人で見る機会はないので、活字化されることが早くから求められた史料群といえる。

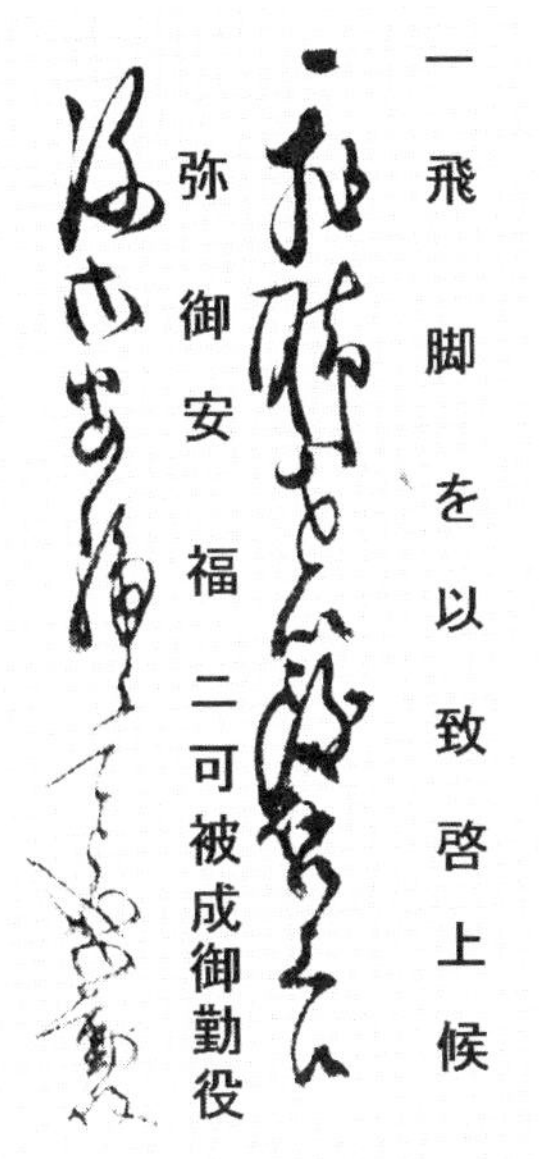

写真 1-1　古文書はミミズの這ったような字で書かれ、簡単には読めない

また、明治生まれの碩学竹内理三氏が独力で完成させた『寧《な》楽《ら》遺文』『平安遺文』『鎌倉遺文』の恩恵も忘れることはできない。日本に残る奈良時代・平安時代・鎌倉時代の古文書（古記録類は基本的に除く）を網羅的

に活字化し、全六二巻という膨大な冊数の史料集にまとめあげたものである。このように古代・中世の史料に関しては、多数の史料群が活字化され、広く誰でも読みやすい状態になったことで、自由な歴史研究の環境が整ったといっても過言ではない。

近世以降の史料についても、各地の自治体史や独自の史料集などの形で史料集が多数刊行されている。ただ古代・中世と事情が異なるのは、近世（主に江戸時代）に入ると村（現在の集落にあたる単位を行政上の「村」とすることが多かった）の代表者である名主や庄屋・肝煎《きもいり》などの家が村単位の役所の機能を果たすようになり、そこに多量の書類が蓄積されるようになることである。要は江戸時代から続くちょっとした旧家であれば何らかの古文書を保存していてもおかしくないほど、史料が地域にたくさん残るようになるのである。近代になると次第に個人宅の役所機能はなくなってくるが、近い歴史時代のことであるから、個人宅にも地域の共同体単位でもさまざまな書類が残されている。全国規模で考えれば、それらはたいへんな量にのぼる。これら近世・近現代の史料は、なかなか活字化されないどころか調査すらされないものが多い。つまり残されている史料の活字化率ということでいえば、近世以降は中世までに比べて格段にその比率は下がることになる。とはいえ、総量そのものが膨大であるから、各地の自治体史に掲載されている史料だけでも相当量に及ぶのは事実である。それらを利用することで、地域の概要をつかむことはできる。古文書所蔵者を訪ね歩いて見せてもらうことを考えれば、活字史料の恩恵はここでも大きいといえよう。

かけがえのない実物史料

だが、活字史料が万能かというと、そうではない。前記のような便利さの反面、重大な短所をも抱えている。それは情報の大幅な欠落という欠陥である。

印刷された活字史料に反映されているのは、基本的には文章の内容情報のみであり、史料の原本（実物史料）から読みとれるその他の情報が多くそぎ落とされてしまっているのである。実物から読みとれる情報は実に豊かである。たとえば、古文書の縦横のサイズ（法量《ほうりょう》という）や破損・汚れの状態、墨色やにじみ具合、筆跡や筆勢、墨継ぎの位置、文字の大きさ、印色《いんしょく》や印文《いんぶん》（捺《お》された印の文字内容）など、さまざまな情報が原本には含まれている。法量や大きな破損、あるいは印文については注記される場合もあるが、それはいつも記載されるとは限らない。使用されている紙（料紙《りょうし》という）の質や素材、色合いも活字史料ではわからない。紙の感触も重要である。紙幣の扱いに手慣れた銀行員などは、印刷がそっくりでも手触りだけで偽札を即座に抜き出すことができるというが、料紙のもつ感触も現物でなければ知ることのできない情報といえる。

これらの情報は、古文書の真偽、年代や差出人の推定、他の古文書との接合などを考える際に重要な手がかりとなる情報である。たとえば本来二枚の紙を貼り継いで書かれていた書状があったとしよう。ところが長い年月の間に継ぎ目の糊が劣化して剝がれてしまい、冒頭の一枚だけが

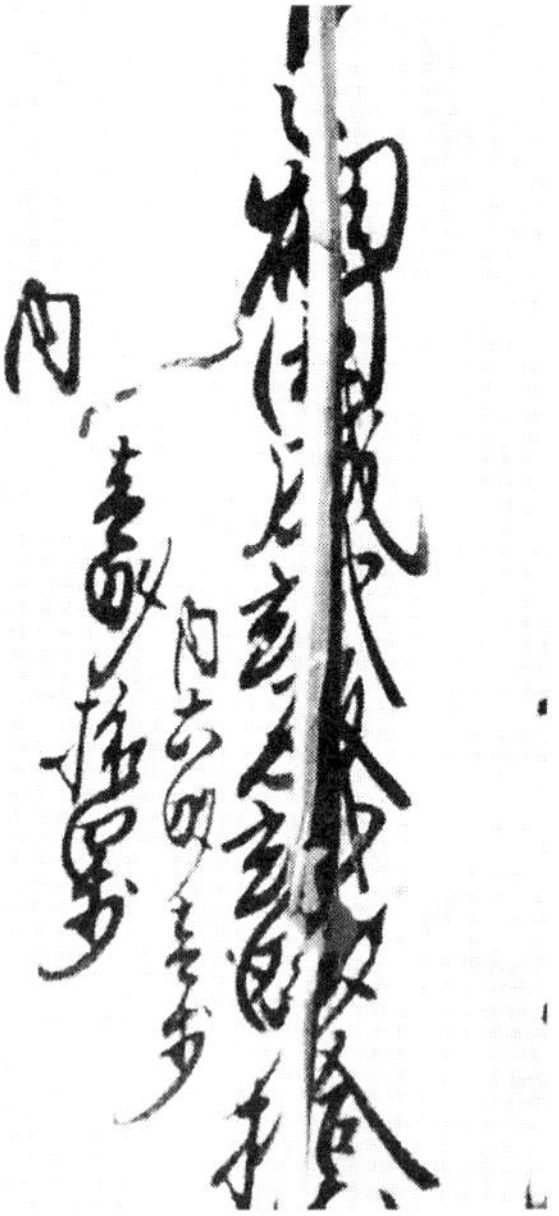

写真 1-2　紙の継ぎ目の文字も重要な情報

残ってしまった。つまり現在は「後欠」の古文書となっているわけである。ところが、これに接続しそうな後側の古文書が見つかった。さて、本当に二枚の古文書はつながるのだろうか。

　こういった場合、活字化された文章だけでは、内容的につながりそうだということまでは言えても、それ以上の確定はできない。決め手となるのは、実物史料のもつ多様な情報である。紙の質や色合い、幅が同じかどうか、同様の虫喰い穴が見られるかどうか、筆跡が同じかどうか、これらの情報があって初めて接続するかどうかが判断できる。うまくすれば、第一紙の最終行の文字の一部の墨跡《ぼくせき》が第二紙の一行目とぴたりと重なる場合もある。こうなれば接続は確定である。面白いのは虫喰いなどの欠損も重要な手がかりになる場合があるということである。古文書はたいてい奥から冒頭に向かって巻かれ、それを平たく押し潰した形で相手方に届けられる形式のものが多い。つまりは折り目のついた巻紙《まきがみ》の状態である。受け取った側がこれを保管している間に虫が喰うこともよくあるが、その際、虫が表面から中へ中へと喰い進むと、折り畳まれた部分ごとに穴が貫通していくことになる。これを開いてみると、折り目ごとに似た形の穴が繰り返し現れることになる。しかも、穴の大きさや形状が少しずつ変わりながらである。実はこの虫喰い跡のつながり具合で料紙の接続が判明する場合もある。料紙の破損は史料としては困ったことであるが、怪我の功名とでも言おうか、災いが転じて福をもたらす場合もあるのである。あるいはまた、真贋《しんがん》の判断にも文字以外の情報が活用される。有名な戦国大名の発した古文書で立派な朱印が捺されてあり、一見本物のように見える史料があるとしよう。しかし子細に観察すると、料紙の大きさや文字の配置、筆勢や墨継ぎの位置、印の色やにじみ具合が同時期の他の正文《しょうもん》とは異なっている。そこから、後世に偽作されたものと判明する場合もある。

このように、史料は必ずしも文字内容だけが重要なのではないのである。活字史料に欠けるこうした類の情報があって、初めて解明できることがらも多いのである。とすれば、活字史料は簡便ではあるが、より詳細な情報を必要とする場合には充分ではないということになる。

ちなみに、活字より豊富な情報をもつものとして、史料の写真が挙げられる。写真なら筆跡も字配りもわかるし、色の再現が正確なら墨色も印色もわかる。が、それでも原本と比較すると、やはり再現することのできない部分がある。紙の質感、微妙な裏面の文字写りなどは原本でなくてはわからない。破損も虫喰い穴や大きな破れなどはわかるが、紙質の劣化はわかりにくい。かつてある史料所蔵者の方が、「写真かコピーをとっておけば、原本は捨ててしまってもかまわないでしょう」と言うのを聞いたことがある。だが、やはりそういうわけにはいかない。本物でなければわからないことがらは多いし、何よりも実物であることの価値は何物にも代え難い。活字史料には内容情報を手軽に扱える便利さがあるし、写真史料にはより多くの情報が含まれてはいるけれども、やはりとうてい実物のもつ価値や迫力には敵わないのである。

二　失われた史料・たまたま残った史料

日々廃棄されている文化財

ところが現実には、日々貴重な史料は廃棄されつつある。もちろん廃棄されている史料の統計データなどはないので、毎日史料が廃棄されていると断定的にはいえない。が、全国的にみれば、一見古い紙くずにしか見えない古文書の類は、次々に廃棄され続けているといってもいいであろう。日本では今も、少し郊外に出れば、江戸時代以来続いてきた家がある。明治期から昭和初期頃までに建てられた立派な母家や古い土蔵をもっている家がある。そうした家々は、多かれ少なかれ古文書を残している場合が多い。後述するように、襖《ふすま》や衝立《ついたて》・屏風《びょうぶ》・額の中などにも古文書は多量に残されており、意図せず古文書を残してきた家は多い。全国的には膨大な量の貴重な文化財が今に伝えられてきていることになる。しかしこうしている間にも、地域の史料は次々と散逸し、あるいは処分されて失われているのが実情である。

昔からの事情を知っていた老人が亡くなり、墨で書かれた古い書き付けなど単なる紙くずやゴミとしか認識していない世代に交代していく。あるいはその際に古文書や民具の納められていた古い土蔵などが解体され、中の文化財は焼却され、捨てられていく。勤め人の場合、定年をすぎると多少とも家の歴史や文化的なものに目を向ける余裕も出てくるが、働き盛りの頃はそういったことに関心の及ばないことも多い。ことに戦後の生活様式の激変は、和紙や墨書の書き付けなどを日常世界から遠いものにし、現在の自分の生活とはまったく切り離された時代遅れのものとしか感じられなくしてしまった。こうした要因の重なりが、とりわけ古文書を含む古い文化財への無関心、邪魔者扱いにつながっているように思われる。

現在に残る文化財を保全し、少しでも後世に伝えられるようにすることは急務といえる。しかし残念ながら、今の日本にはそのための組織的な仕組みはまったくない。考古遺物に関しては、法律でその保全と発掘調査が義務づけられているものの、古文書や民具などにはそうしたシステムは存在しない。保存されるのは、たまたま古いものが整理されずに手つかずである場合、所有者が文化的な関心をもっている場合、あるいは自治体の文化財担当者がそうした知識と意欲をもっていて時間的・予算的に余裕があり、整理や保存に取り組んだ場合、そしてたまたま縁あって研究者が調査することになった場合などに限られるのである。筆者が出会った史料群も、たまたま縁があって出会ったほんとうに数少ないケースにすぎない。それでも、以下に語るようなさまざまな発見と体験をもたらしてくれたのである。

時間との戦い――昨日ゴミに出してしまいました

さきに、日々史料は失われつつあると述べたが、こんな経験もあった。神奈川大学日本常民文化研究所による奥能登地域（石川県北部）調査の際のことである。調査チームがずっと気にしていた旧家にA家があった。立派な屋敷森に囲まれたお宅で、遠くからは全体がこんもりと繁った小山のように見えていた。「あのお宅もいつか訪ねなければ」。調査メンバーの誰しもがそう思う家だった。そしてついに一九九二年秋、我々は同家を訪問することになった。間近で見る屋敷森は鬱蒼《うっそう》とした山中のようで、その中に派手さはないが立派な住宅が静かなたたずまいを見せていた。

早速ご当主にご挨拶し、長年奥能登に通っていること、この地域の歴史を知るために古文書などの調査をしたいことを調査団長の網野善彦氏が説明した。温厚篤実な印象のご当主は、あらかじめ同家に伝わる古文書を用意されていて、我々に見せてくださったが、その量は思いのほか少ないものだった。これまでの経験からすると、旧家では意図的に遺されてきた古文書以外に、古い襖の中などに多量の不要とされた書類が下地として貼り込まれている場合が多い。そこでメンバーの一人が「古い襖などにもよく古文書が残されているのですが、そういったものはございませんか」と尋ねた。そのときである。ご当主はハッと困惑した顔をされ、「いや……それは、昨日ゴミに出してしまいました……」。「えっ、昨日ですか?!」。我々もあまりのタイミングの悪さに二の句が継げなかった。

案外知らないところに古文書はたくさん残されているのであるが、そうしたものも含め、ゴミとしか思われていない書き付けなどは、まさに日々処分されているといってもよい。全国レベルでみれば、その量は膨大なものになるであろう。これに過疎という要因が加わると、その失われ方はさらに加速することになる。

時間との戦い——失われゆく山村史料

筆者はここ二十数年ほど、山間の村、いわゆる山村の歴史に興味をもち研究してきたが、まさにその調査対象たる山村は、存続そのものが危ぶまれる地域ばかりである。社会学では、単なる過疎を通り越した集落の状態について、「限界集落」という用語が使われている。すでに集落としての共同体的機能が停止し、まもなく「消滅集落」に向かう一歩手前の状況を表す言葉とされている。この用語は、もともと社会学者大野晃氏の提唱によるもので、「六五歳以上の高齢者が集落人口の半数を超え、冠婚葬祭をはじめ田役、道役などの社会的共同生活の維持が困難な状態に置かれている集落」という定義があるが、言葉のインパクトの強さから一人歩きしてしまい、過疎化・高齢化の進んだ村落を指して漠然と使われることが多くなった。しかし、集落の活気は

写真 1-3　写真に写る家がすべて空き家となった地区（2006 年 3 月撮影）

高齢化率や住民の数ばかりでなく、多様な要因から考える必要があり、条件にあてはまる集落を一律に「限界」の語で括ることには批判も寄せられている。

とはいえ、後継者たるべき若者の少ないこうした集落は実際各地に点在しており、その多くが山村地域にある。住民の多くが山を下った集落は、家々が放棄され、やがて朽ちていく。必要な家財などは山を下りる際に当然持ち出すが、古文書類などはよほど「大切なものだ」との認識がない限り、打ち捨てられたまま放置されていく。あるいは引き払うときに焼却処分されたりもする。こうして旧家に残る貴重な史料群は失われていくのである。実際、奥能登調査の際に、巡検で訪れた山中の廃村で、朽ち果てた土蔵の二階から近世・近代の古文書を見つけ出した経験もある。この古文書はかつての所有者を捜し出して許可を得、きちんと整理することができた。今は近隣の古文書所蔵者宅にきちんと分けて保管されている。

集落まるごとが廃村になれば、個人宅の史料だけでなく、地区の財産としての区有文書なども散逸することになる。区が消滅すれば当然責任を負う者もいなくなり、自然消滅に近い形で失われていく。しかしこうした史料は地域の政治的・制度的な歩みをたどるうえで欠かせないものである。区は近世の村という単位を引き継いでいる場合が多いが、とすれば、少なくとも数百年にわたって続いてきた人間の営み、それをたどるための手がかりが失われようとしているということになる。これはたいへん大きな文化的損失ではないだろうか。個人所有の史料も含め、山村地域など過疎地の史料は今や時間との戦いの中で保存を考えていかなくてはならない状況にある。村ごとの有力者が地域政治の末端を担い、しかも文書を正式な下達・上申手段として支配者とのやりとりが行われてきた日本では、前近代以来の多量の史料が地域に残されてきた。それらは先人の歩んできた営みのあり方をたどるうえで他に代え難い貴重な手がかりである。その多くが今、日々失われつつある。行政的にも、歴史的史料の所在状況や概要情報を積極的に把握することが必要ではあるまいかと思う。

廃棄史料はなぜ残されてきたか

廃棄史料、と言われて何のことかわかる方はたぶん少数であろう。これは「本来書類としては廃棄される運命にあったものが、何らかの偶然によって今日にまで残された史料」のことである。具体的には、襖の下張《したばり》文書などが代表的なものである。つまり、襖などの内部に下張り（下地）として貼り残されたような史料を指すのである。といっても、まだ理解しかねるかもしれない。現在の一般的な建て売り住宅などで使われる襖には、下張文書は存在しないからである。まずは襖の構造から解説しなくてはなるまい。

日本家屋の間仕切りに使われる襖は、桟を縦横に配した木枠が基本で、それに紙を貼りつけて作られている。表面には、絵柄などの描かれた化粧紙が貼られ、さらに四周を押さえる枠木が嵌められてできあがっている。しかし襖の紙は表面の一枚だけが貼られているわけではない。内部には、幾重にも下張りの紙が重ね貼りされており、これが襖の重厚な弾力を生んでいるのである。

このうち、一番下層の紙を骨格縛《ほねしばり》といい、順次表面に向かって胴張《どうばり》、蓑張《みのばり》、蓑縛《みのしばり》……と呼ばれる下張りがある。片面にだいたい六層ずつ、両面合わせれば一二層にも及ぶ実に多量の紙が使われることになる。これらの用紙は、襖の内部に隠れ、外から見られるものではないため、極端にいえば紙であれば何でも用が足りる。わざわざ真っ白な新品の紙を買い調えて貼りつけるのはもったいない。そこで、使い古しの廃品を利用することになる。ここに廃棄史料が埋もれ、残されることになるのである。

日本家屋の古い襖には、たいてい下張りの古文書が残されていると思ってまちがいない。襖の張られたのが明治初期以前であれば、当然江戸時代に遡る古文書が内部に貼られているとみてよい。明治から昭和期の近代の建築でも、江戸時代の古文書が貼られている場合もしばしばある。

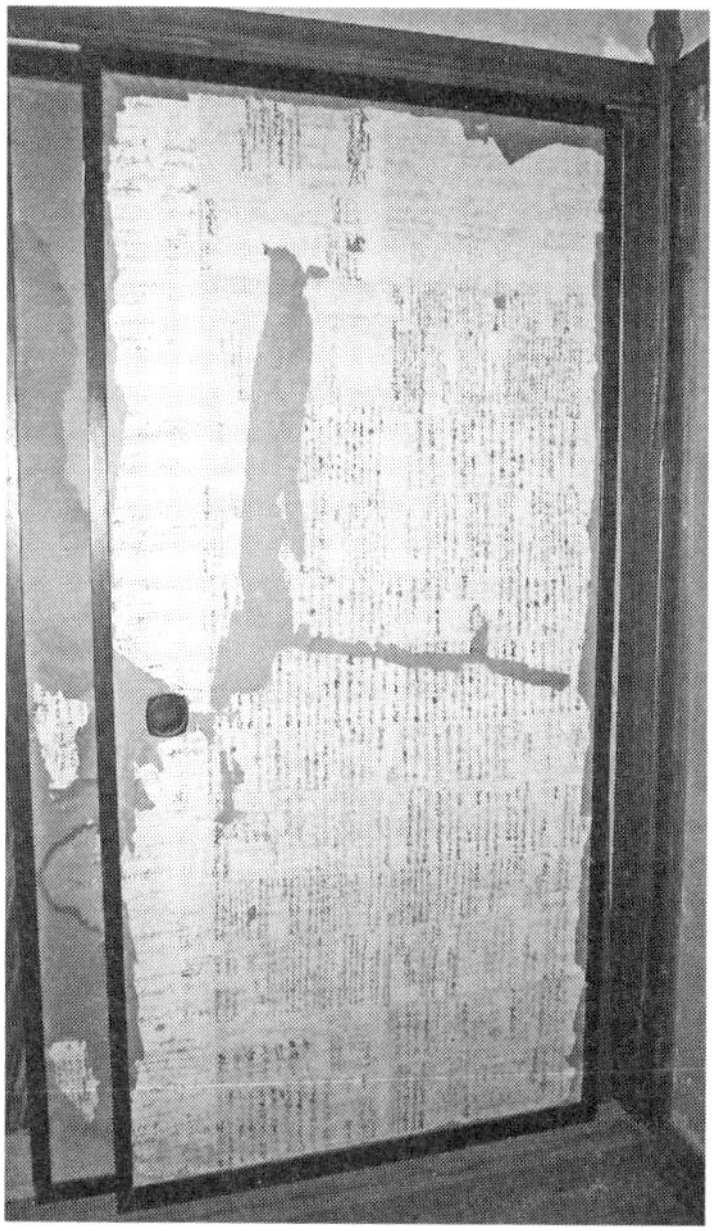

写真 1-4　無住となった旧家の襖を許可を得て剝がしてみると、中から古文書があらわれた（上・2004 年 8 月撮影）
襖下張文書の剝離作業（下・2009 年 4 月撮影）

写真 1-5　戸障子に貼られた古文書（1989年8月撮影）
（提供：神奈川大学日本常民文化研究所）

もちろん破れたり汚れた襖は、随時張り替えられるので、問題はその家が古いかどうかよりも、最終的にいつ張り直されたかによる。いずれにしても、近代文書・近世文書が多数残されていることに変わりはない。そしてそれらは、たいへん貴重な歴史史料となる。

廃棄文書には、ほかにも屏風の下張り、額の下張り、衝立の下張りや、籠・笊《ざる》・行李《こうり》などに貼りつけられたもの、障子紙として使われたものなど、さまざまな種類がある。共通するのは、「紙であれば何でも構わない」という場所に使われていることである。

屏風・額・衝立は、桟のある木枠に紙を貼りつけた構造である点、基本的には襖と変わらない。額は、現在の賞状を入れるようなガラス面のものではなく、書や絵画などを額装したものである。寺の長押《なげし》などに掛けられているものを思い浮かべればいいであろう。また、籠や笊などの竹で編んだものには、しばしば渋紙《しぶがみ》などが貼りつけられて容器として利用されたものがある。その料紙に古文書を利用しているのである。行李も、よく内側に紙を貼りつけたものを見受ける。障子は、汚れや破れによって比較的頻繁に張り替えられるものであるが、能登のとある旧家で、障子紙として貼られた古文書を見たことがある。屋外から射し込む透過光に浮かび上がった墨書を薄暗い家の中から見るその光景は、何ともいえず美しく、印象的な絵として脳裏に焼き付いている（写真1－5）。他にも、ちょっとした壁の補修など、数え上げればきりがないくらい、いろいろな用途に古紙は利用されてきた。たくさんの古文書を伝えてきた旧家などでは、ちょっとした紙が必要な際に、分厚い帳簿などをバラして利用してきた場合があるのである。もちろん不要品の有効利用として長年慣習的に使ってきたものであろうが、古文書を歴史的文化財とみる我々の立場からすれば、これはあまりに惜しい話で、すぐにでもやめてほしいと思わずにはいられない。とはいえ、そうした用途に転用されなければとっくに焼かれたり捨てられたりして失われていたはずで、まがりなりにもそれら古文書が残されてきたのは、紙資源としての二次的な利用のおかげでもあるのである。

廃棄史料の特徴

廃棄史料には、いくつかの特徴がある。第一は、転用された用途に応じて、さまざまな大きさに切断されることが多いということである。襖の下張りであれば、桟の大きさに合わせてしばしば切り取られている。つまりは断簡《だんかん》（切れ端）史料として現存する場合が多いのである。したがって、残された古文書を史料として利用する際には、できる限り切り離された古文書どうしを探し出し、つなぎ合わせて復原する必要がある。幸い切断された史料どうしは、近い場所にあることが多い。帳簿をばらしたり一枚の古文書を複数枚の紙として切断した場合、当然それらは自然に連続して、あるいは近接する場所に貼られるようになる。

したがって、襖などを解体して裏張文書を取り出す際には、その順序に注意し、できれば何らかの形で記録しながら行うことが必要となる。それによってのちのちの史料復原作業はかなり容易になる。

第二は、伝来史料と異なる史料の性格である。

いわゆる古文書など伝えられていないとされる家でも、建物自体が古ければ、さまざまな場所に家の主も知らない廃棄史料が残されている可能性がある。もともと数千点の古文書が伝えられてきた家であれば、新たに襖の下張文書が大量に発見されることによって、さらに万の単位の史料の所蔵者となる場合もありうる。このように廃棄史料を視野に入れてみると、現在にまで残されてきた史料の数は大幅に上積みされることになる。過去の歴史を知るうえで、これは喜ばしいことである。しかし、これは単に数量が増えたことを意味しない。なぜなら、所蔵者にそれとわかる形で残されてきた伝来史料と、廃棄史料の間にはかなり異なった性格があるからである。

廃棄史料は、本来捨てられる運命にあったものであるが、ではなぜ捨てられようとしたのであろうか。逆にいえばなぜ伝来史料は捨てられなかったのであろうか。ここに両者の性格を分ける理由がある。所蔵者が存在を知りながら遺した史料には、あえて「遺そう」とした意図がある。それは家の由緒や家格を示すような、何らかの地位・役職に任じられた際の任命状であったり、訴訟で勝った際に権利を認められた証明書・判決状であったりする。あるいは村役人を務めたことを示し、村にとっても基本史料となる検地帳や宗門人別帳《しゅうもんにんべつちょう》であったりする。またその家を特徴づけた商売に関わる文書群であることもある。要は何らかの理由で遺すべきものと認識されてきたもの、ということができる。

もちろん中には、物持ちのいい当主ばかりで、たまたま「捨てられなかっただけ」だった史料もある。あるいは単にものぐさで整理されなかったために残ったものもある。それでも、各時代に作成され、ある家にもたらされた書類が、まったく何の手も入らないままにそのまま残されてきたという事例は、おそらくごく少ないであろう。それは我々の日常生活を考えても容易にわかることで、「とりあえずとっておこう」とすらしない書類は、早い段階で捨てられる運命にある。

一方、廃棄史料は一度は所蔵者が廃棄の意志を示したものである。ということは、その家にとって必要がないと判断されたことを意味する。本来ならこの世からとうに消え失せてもおかしくなかったはずであるが、廃棄が焼却ではなく襖裏張などへの転用という形をとったために、偶然に現代にまで残されたのである。こうした史料は、その家にとって、永続的な効果を期待される内容をもっていなかったことになる。逆にいえば、ごく一時的な役割しか果たさなかったもの、あるいは必要期間の過ぎたものということになろう。前者の場合、それはごく日常的なメモ類などを含むし、後者の場合には、今は行っていない古い商売の帳簿などを含むことがある。どちらにしても、普通なら現在は知ることのできない、言い換えれば、意識的に遺された史料では知ることのできない歴史の一面を探る手がかりとなることもあるのである。これが廃棄文書のもつ重要な性格である。すなわち、廃棄史料の発見は、単に史料数を増やすというだけにとどまらず、性格の異なる別の史料群を新たに発見したことになるのである。

京都古刹から見つかった襖裏張文書

すでに、奥能登調査であるお宅に調査にうかがったところ、なんと前日に襖の下張文書が廃棄されていたエピソードは触れたとおりであるが、ほかにも筆者が何らかの形で関わった廃棄史料について、いくつか触れておきたいと思う。

京都の著名な古刹《こさつ》、大徳寺からたいへん貴重な襖裏張文書が発見されたことがあった。正確には大徳寺の塔頭《たっちゅう》である徳禅寺からの発見である。その経緯や史料群の全体像については、田良島哲氏が具体的に紹介されているが（「襖・屏風の下張文書――その伝来と史料的価値をめぐって」『MUSEUM――東京国立博物館美術誌』四七四号、一九九〇年）、かいつまんでいうと、一九八〇年代に入ってから、方丈《ほうじょう》に飾られていた襖絵の修理中に中から下張文書が見つかったのである。一九九一年、筆者は『福井県史』編纂事業の調査員として、この史料と出会った。とはいえ、実物に接したことはなく、引き伸ばした写真で見たのみである。県史編纂に際しては、通常、その県に関係するあらゆる史料を博捜《はくそう》し、取捨選択して資料編に掲載する。この大徳寺襖裏張文書の中には、福井県（その中でも、かつての若狭《わかさ》国）に関する史料が含まれており、筆者がちょうど担当していた「名田庄《なたのしょう》」という荘園《しょうえん》に関するものであったため、早速調べてみることになったのである。徳禅寺から見つかった多数の裏張文書のうち、名田庄に関するものは三九点。すでに福井県外に所在する史料を掲載する資料編は刊行された後であったが、たいへん貴重な史料ということで、県史編纂と同時に刊行されていた『福井県史研究』という雑誌に解説付きで発表・紹介することになった。

何といっても、筆者が驚いたのは、その古さであった。大徳寺は鎌倉時代後期の正和《しょうわ》四年（一三一五）の草創と伝えられるが、それをはるかに遡る平安時代末期、永暦《えいりゃく》二年（一一六一）の古文書などが出てきたのである。これは名田庄自体が徳禅寺の領地とされる以前からの古い歴史をもつ荘園であったためで、伝領の際に荘園成立時からの古い証文類を引き継いで入手していたからであった。この三九点の中には、立荘時の文書以外にも、荘園がどのような人々の間で受け渡されてきたかを示す譲状《ゆずりじょう》や、荘園領有を維持するための訴訟関係文書などが含まれており、名田庄の歴史を知るうえで重要な手がかりを提供するものとなった。

ただ、興味深いのは、この襖自体が仕立てられたのは江戸時代初期とみられていることである。これらの古文書そのものは確かに徳禅寺に伝わったものであるが、それが廃棄され不要な書類として下張りに再利用されたのは、はるか時代を下ってからのことであったのである。約五〇〇年もの間、さまざまな人の手を渡り歩き、また大切に保存されてきた文書が、時代の変化によって荘園という制度や実態の消滅とともに不要とされ、下張りに転用されたのであった。もし下張文書として残されなければ、江戸時代の間に廃棄されていたかもしれないし、襖修理の際にそのまま捨てられていたら、日の目をみることはなかったであろう。偶然に頼る部分の多い史料ではあるが、それだけに貴重なものであり、下張文書の重要性を改めて再認識させる事例といえる。

三　和紙という素材

虫が喰い、ネズミが囓り、湿気が襲う

和紙が日常生活で使われる洋紙に比べて長持ちすることはよく知られている。日本には奈良時代以前の紙が現在まで伝わっており、保存状態さえ良ければ和紙は千数百年の時を超えて残されるものであることがわかる。これに対して、明治以降普及した洋紙は木材パルプを原料とし、添加物の影響で基本的には酸性の性質をもってきた。その酸のために自壊作用を起こすので、洋紙

は長期の保存には向かない（近年は中性紙も増えてきたが、それでも和紙の寿命には遠く及ばない）。調査をしていて出会う紙でとくに粗悪なのは、第二次世界大戦中から戦後まもなくの時期に作られた紙で、著しく劣化が進んでいることが多い。それに比べて和紙は傷みが少なく、戦国時代くらいのものであれば、とりわけ保存に気を遣わずとも民家に普通に残されている場合がよくある。もっともいくら和紙でも弱点はある。とくに湿気と虫には弱い。ネズミに囓《かじ》られるものもある。史料調査をしていると、そうした傷んだ古文書に出会うことも多い。ここではさまざまな史料の傷み方とその修復について、簡単に紹介してみようと思う。

写真1－6は、はなはだしく虫に喰われた古文書である。こうなると、もはや持ち上げることすら容易ではない。紙を喰う虫というとシミ（紙魚）が思い浮かぶ。銀色に輝くような色をした小さな細長く平たい昆虫である。紙の上をひょろひょろと素早く走り回り、捕まえようとしてもすぐに潰れてしまう。紙の上を魚が泳ぐように動き回ることから紙魚というらしいが、紙を食する代表的昆虫として知られる。もっともシミは平面的に紙を囓っていく性質があり、重なった紙の内部までは被害が広がらない。が、深く潜行するように喰う虫もあり、被害としてはこちらのほうがよ

写真 1-6　激しい虫損被害にあった古文書

写真 1-7　鼠害で紙吹雪と化した古文書

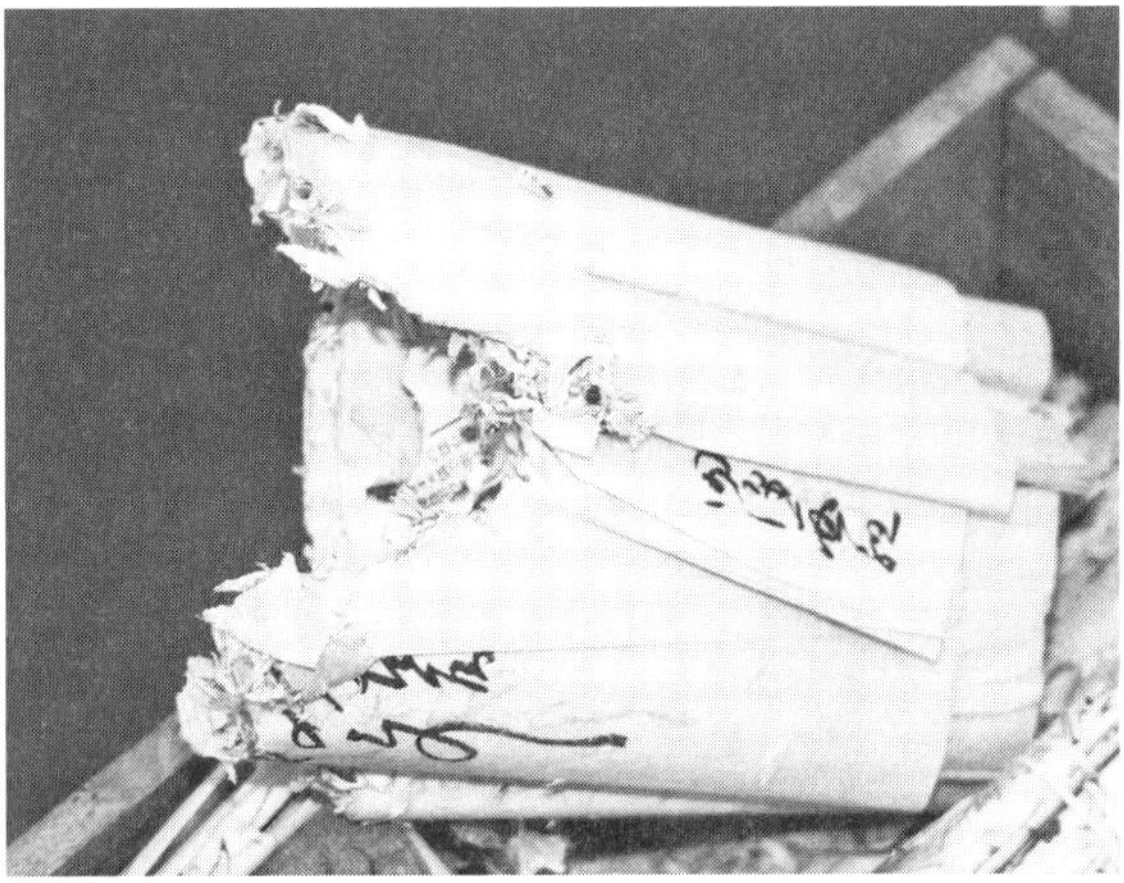

写真 1-8　ネズミに齧られた跡がそのまま残る古文書の束

り深刻である。シバンムシの仲間がそれである。わずか数ミリ程度の虫であるが、これが曲者《くせもの》で、折り畳まれた古文書を中へ中へと喰っていくので、折り幅ごとに繰り返し模様のように穴があいていく。写真1－6に掲げたような芸術的ともいえる全面の虫喰いは、シバンムシによるものであろう。しかも糞《ふん》をしながら喰うのであるが、その糞がまた接着剤のような役割を果たすので、古文書は余計に開きにくくなる。ここまで喰われると、さすがに畳まれた古文書を開くのも一苦労であるし、持ち上げただけでどこかに力がかかって切れてしまうこともありうる。たかが虫といえども、その食欲は侮れない。

写真1－7は、簞笥の抽斗を開けたときのものであるが、これは開けた瞬間に「ああ、もうダメだ」と溜息が出るような状態であった。まるで紙吹雪のように、もと古文書であったものが微細な紙片と化しているのである。これはネズミによる害である。ネズミは簞笥や長持の中などに紙や布をかみ切ったものを集め、フワフワの巣を作るらしい。寝床としてはまことに気持ちよさそうなできであるが、史料としてはもうお手上げである。ネズミの嚙り跡が見事に残った古文書の束に出会ったこともある。写真1－8がそれである。嚙られた部分は復原不可能となっている。

一方、虫やネズミなどの害に遭わなくても、致命的な被害を被る古文書もある。それは湿気による害である。写真1－9は、さきほどの全面虫喰いの史料などと比べると、一見それほどひどい状態の古文書には見えない。ところが、

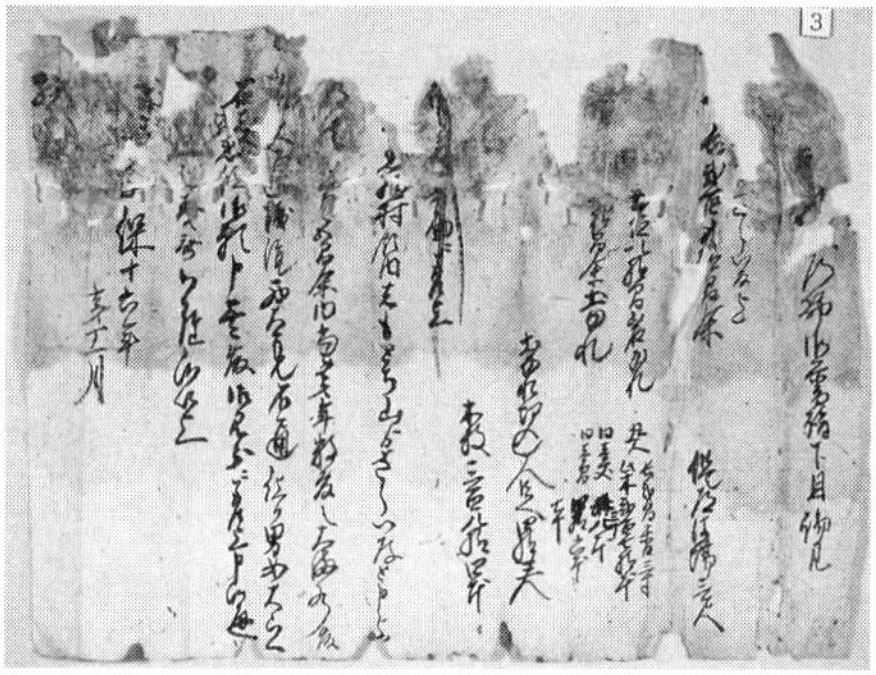

写真 1-9　紙質の劣化した古文書

そうではない。紙の上部三分の二ほどに黒っぽい染みが見えると思うが、これは水がついたことのある古文書である。半分から上がさらに濃い染みになっているところを見ると、一度ならず水をかぶった可能性が考えられる。そして最も問題なのは上部四分の一の部分である。墨が滲んでいることからもわかるように、ここはかなり水濡れをし、そのまま時間が経過したものであろう、紙そのものが劣化してフワフワの綿状になっているのである。専門家は「フケた状態」という言い方をするが、紙の繊維をつなぎとめている糊成分が失われ、紙としての形を維持できなくなった状態である。湿った指先で触れただけで、紙の繊維が指のほうについてきてしまうほどで、もはや持つことも危ういレベルの傷み方である。水濡れをしたあとすぐに充分乾かせばいいが、湿った状態で置かれたままになると、カビも生え、紙としても劣化する。土蔵などで雨漏りがあったりして傷む場合が多いと思うが、場合によってはネコやネズミの小便が原因ではと思われるフケも見られる。こうなると、古文書としては非常に危険な状態である。何らかの補修を施す必要がある。場合によっては、紙そのものが劣化していない虫喰いよりも、虫喰いのない紙の劣化のほうがやっかいなことも多い。

いろいろな修復

地域に出向いて史料調査をしていると、傷んだ史料に出会うことはしばしばある。そういうときに最少限の補修ができるととても有益である。専門家のような修復はできなくても、切れかかった紙の継ぎ目を貼り直す程度のことはできるし、また紙の扱いにある程度慣れていれば、虫喰いによって開きにくい古文書も、どれくらいの力で開けば破れないか、体感的に確認しながら作業を進めることができる。ここでは修復のいろいろについて若干述べてみたい。

まず最もぶつかる機会が多く、かつ比較的修復の容易な場合から見ていこう。それは継ぎ目の剝がれである。複数枚の料紙が貼り継がれている古文書は多いが、その継ぎ目の糊が弱り、完全に離れてしまったり、剝がれかけたりすることはよくある。一手間面倒にはなるが、調査に際してそれらを直せれば望ましい。いちばん簡単なのは、チューブ入りの大和糊でそのまま貼り直す方法がある。料紙が薄手の場合には、糊を少し水でゆるめて貼るとよい。小皿と小筆があれば作業もやりやすい。このときに大事なことは、絶対に化学糊は使用しないことである。修復は可逆的に行うというのが原則で、つまりは後世に再修復が必要となったとき、容易に剝がせることが必要なのである。というのも、修復はその史料にとってこれが最後になるとは限らないからである。修復をしても、また長い期間には傷むことがありうる。そのときに剝がして補修し直すことも視野に入れておかなくてはならない。化学糊を使用すると、その再補修が困難になる場合がある。また、化学糊自体の成分が史料に害を与える可能性がないとはいえない。本当は混じり気のない生麩糊《しょうふのり》で修復を施すのが最善であるが、用意がなければ大和糊で代用してもよい。幼稚園児が使うことを前提に、口に入れて有害となる添加物は入れていないようであり、最低限の防腐剤などは入っているであろうが、天然系の接着剤であり、次善の手段としては充分使える。

「繕い」と呼ばれる穴ふさぎも修復の基礎である。虫喰いによってあいた穴を別の和紙で塞ぐのである。穴の大きさや形に合わせて和紙をちぎり、糊で貼る。その際、補修用の和紙をハサミで切り抜くと本紙との境界線がくっきりとしてしまい、修復跡が目立ってしまうので、手でちぎるようにする。和紙は毛足が長いので、周囲が毛羽立ったようになる。この部分が糊しろになるので、そこに糊をつけて貼ると、周囲との境が目立たずきれいな補修ができる。もっとも、膨大な近世史料について、穴を見つけては塞ぐ作業は気が遠くなる量ではあるし、よほど破損がひどくなければそこまでする必要はない。

ひどく傷んだ史料の修復に最もよく使われる手段が、裏打ちである。傷んだ本紙の裏側から別の和紙を全面に当てて貼り付ける方法である。古文書全体がレース布のように虫喰いを受けたり、湿気によって紙が綿状に劣化した場合、紙を持ち上げるだけでも恐る恐るという状態になるが、裏打ちを施すと、普通の紙のように扱えるようになる。

筆者は修復の専門家ではないので、文化財級の古文書などを補修した経験はないが、個人のお宅などに伝わった江戸時代や明治時代の古文書類に裏打ちを行った経験がある。神奈川大学日本常民文化研究所で週に三日ほど史料整理の仕事に携わっていた時期があったが、そのときに扱っていたのが現在の石川県、かつての能登地方の旧家時国《ときくに》家の古文書であった。すでに網野善彦氏の著書『古文書返却の旅』(中公新書、一九九九年)で詳しく経緯が紹介されているが、第二次世界大戦後の漁業制度改革の際、日本常民文化研究所（当時は財団法人）が全国の海辺の村々から多数の古文書を借り受けたことがある。旧慣を調査するために、それらの古文書を収集しては筆写し、返却する事業だったのであるが、途中で予算が打ち切られたこともあって、未返却の史料が大量に出てしまったのである。その一つが時国家所蔵のもので、しかも常民文化研究所に保管されていた三〇年ほどの間にかなりの虫喰いが発生してしまったのである。網野氏がその返却を申し出たことから、逆に思いもかけず新たな時国家所蔵史料の調査が開始されることになったのであるが、かつての虫喰いの史料については、常民文化研究所のほうですべて裏打ち補修を施してからお返しすることになった。筆者も常民文化研究所に出勤するたびに作業室にこもり、朝から夕方まで裏打ちをするような時期が幾年かあった。東京大学史料編纂所の修復専門官であった中藤靖之氏のもとに通って指導を受けた田島佳也氏・田上繁氏（ともに現神奈川大学教授）から手ほどきをうけ、素人ながらどうにもならないほど傷んだ史料の裏打ちに励んだ。もちろん初歩的な修復ばかりだったので、技術的に特別上達したわけではないが、それでもある程度の数をこなすうちに、紙と水の関係や紙の劣化の状態などについては、感覚的に身体で覚えるようにはなった。その後、個人的な別の史料調査などに赴いた際にも、あまりに状態の悪い古文書があると、借用しては修復してお返しするような機会も幾度かあった。開けることすらままならないひどい史料でも、指をくわえて見ているのではなく、自分の力で何とか見られる状態に修復し、少なくとも今後ある程度保存に耐える状態にできるようになれたことは、ありがたいことであった。修復方法の詳細については、さきの中藤氏の著書『古文書の補修と取り扱い』（雄山閣出版、一九九八年）を是非ご参照いただきたい。

その他、漉《す》き嵌《ば》め機による修復というのもある。原理的には、穴のあいた部分を新たに溶けた紙で埋める（漉き直す）ようなものである。穴をきれいに整え、紙漉きの原料（糊と混合した紙の繊維）を流し込み、下から吸引して穴のところだけに繊維が絡まって埋まるようにする補修方法である。吸引には漉き嵌め機という専用の機械を使う。裏打ちのように紙の厚みを増すことがなく、穴の部分だけがきれいに埋まるため、何枚もの紙を重ねた厚手の冊子の修復などには適している。ただし、機械が高価なことや、紙料を流し込む前の段階で、ゴミを取り去り、微細な紙片のねじれや裏返りを細かく直したり、遊離した紙片を適切な位置に戻すなど、裏打ちと同様の根気強い作業が必要なため、傷み方によってはそれなりの手間がかかるなどの欠点もある。また、穴がきれいに埋まるため、修復箇所がかえってわかりにくくなることも欠点となる場合がある。

できるだけ避けたい修復

修復は史料の寿命を延ばし、後世まで伝えるために行うものである。しかし場合によっては、修復をしたためにかえって問題が起きるということもありうる。まずは何らかの手を加えて修復をすべきかどうか、という判断が前提として必要である。初めに修復ありき、では本末転倒である。さらに修復が必要ならば、どのような修復を選択すべきか、を第二に考えなくてはならない。使える予算との兼ね合いも重要な要素となろう。

基本的には、「しなくていい修復はしない」が鉄則である。「しなくていい」かどうかをどう判断するのかは、それが重要文化財級のものか、民家に伝わる一般の古文書かといった事情にも左右される。重文級のものの場合、「注意すれば扱える」という状態ではだめで、モノとしての価値という点で、美麗な状態を保持することがとくに求められることがあるかもしれない。しかし本書で取り上げているのは、原則として筆者が歴史史料として出会ってきた一般の民家や地区、寺社などに残された古文書類であるから、とくに美麗さを求められる要素はない。そういう古文書などの場合には、「触れるたびに破壊され、あるいは傷みがひどくなっていくような状態かどうか」を筆者は判断基準として考えている。つまり収納されている封筒から出し入れするたびに紙片が脱落していくとか、丁《ちょう》をめくろうとするたびに紙の裂け目が広がっていく、というような状態かどうかということである。もしそうした状況にあるならば、それは早く修復を施したほうがいい。ただし、修復によってどのような欠点が生まれるかを充分考慮し、それと修復しない状態とを天秤にかけて、判断することが肝要である。

たとえば、裏打ちは新たな紙を貼り合わせて補強するわけであるから、史料の保存には強い味方となるが、厚みが倍になるという欠点もある。一枚物の古文書であれば、さほど気にならないかもしれないが、もともと厚さが五センチメートルあった帳簿では、修復後、単純に見て一〇センチメートルの史料に化けていることになる。非常に大きな現状変更である。また一枚物だとしても、本来の古文書の手触りや厚みの感触などは当然失われることになる。それを犠牲にしてもやはり裏打ちをすべきかどうか、ということを考える必要がある。

第二章

史料調査の日々——フィールドワークの重要性

一　歴史学とフィールドワーク

各時代史のフィールドワーク事情

いろいろな分野で、現地に出向いて何らかの調査をすることをフィールドワークというが、歴史学でも、研究素材である史料を探して実際に各地に出かけ、古文書などを調査したり、あるいは景観や地名などを調べ、歴史事項に関わることがらを聞き取ったりするフィールドワークを行うことがある。これらを「史料調査」「史料採訪」などと呼ぶこともある。

ところが、一般的に歴史学では、フィールドワークがとくに重要なもの、必須なものとは認識されていない。民俗学や地理学などでは、現地を訪れたこともない、フィールドワークをしたことがない研究者などはありえない。現場に出向き、現場で多く研究素材を収集する学問だからである。が、歴史学では図書館にこもって活字史料や研究書さえ見られれば研究は成り立つ部分が大きく、フィールドワークは必須ではないのである。もちろん歴史学でも専門とする時代によって、このあたりの事情は大きく異なる。時代別のフィールドワーク事情について、簡単に振り返っておこう。

古代史・中世史の場合、史料は限られていて、その当時に書かれた古文書の原本が新たに発見されることは稀であるし、残されたものも有名どころの寺院・神社や大学・資料館などの機関が所有している場合が多く、簡単に見せてもらえるような状況にないことが多い。それらは活字化されたものや写真版・影写本（原本に薄い紙を重ねて実物そっくりに文字情報を筆で写し取った複製史料）になって特定の機関で公開されているものも多く、それを使うしかない場合が大半である。

とはいえ、古代史でもフィールドワークが行われてこなかったわけではない。古代には条里制という正方形に区切った土地把握が行われており、その痕跡が現代まで耕地の境界として残されてきた場合がある。空中写真の判読などをもとに、条里制の復原などを目指す研究が行われ、その分野では現地調査が行われることがあった。これらの研究は、歴史学とは一線を画す歴史地理学の分野が得意とするところであった。

中世でも後半にあたる戦国時代の史料については、いまだに各地で自治体史の調査などによって新たな古文書が発見されることがある。また、中世史に関するフィールドワークでは、荘園の復原的研究に関わる成果が特筆される。中世には各地に有力寺社や貴族、あるいは皇族などの支配する荘園と呼ばれる領地があった。荘園にも細かい耕地などが分散して存在していた散在型などさまざまなタイプがあったが、一一世紀以降各地に誕生した領域型荘園は、文字どおりまとまった領域をもつタイプの荘園であった。そして田地・畠地・山野などから構成され、信仰の中心たる堂や社《やしろ》などが点在する形で、現代までそれが景観として残されてきた場合もあった。いわば今に中世の姿を残す風景を保ってきたのである。荘園支配に関する史料は、荘園領主である寺社などに集積され、現代に伝えられる場合がある。荘園に関わる古文書や絵図などの手がかりがあると、それに現地調査を加えることによって、中世の姿をよりリアルに復原できることが多い。各地の大学や有志の研究会などの組織による荘園調査が、これまでもしばしば行われてきた。もっとも調査のきっかけが、歴史的な耕地景観を大幅に造り替えてしまう圃場《ほじょう》整備にあり、中世以来の耕地の状態が失われる前に記録を急がねばならないという切迫した事情に追われて行われることも多かった。それでも、調査をきっかけに地元の方々が長い歴史をもつ文化的景観に興味を抱くようになるケースもあった。

さて、最もフィールドワークの行われてきた時代分野といえば、近世史（主に江戸時代史）である。ちょっとした旧家ならばたいてい古文書を残しており、時には一軒の家で数万点にも及ぶ史料が保存されていることすらある。これは江戸時代の制度的な条件と関係がある。

江戸時代には支配者（領主）は城下町などの都市に居住したため、都市とともに庶民の多くが住む「村」には支配者がいなかった。しかし「村」からの租税を支配者は主たる収入源としたから、「村」の支配は重要であった。第一章でも触れたが、「村」は行政の末端組織で、名主とか庄屋・肝煎《きもいり》と呼ばれる代表者がおり、彼らが支配領主からの指令を受けて、租税負担の主体となっていた。したがって、課税単位となる耕地や屋敷地の帳簿上の管理、領主からの諸種の命令・指示の村民への伝達、土地売買に関わる確認や証明なども、名主・庄屋の役務であった。当然「村」の代表たる名主や庄屋のもとには、領主からの支配関係の命令書や租税の請求書（年貢割付《ねんぐわりつけ》状《じょう》）・領収書（年貢皆済状《ねんぐかいさいじょう》）の類が多数残された。また、「村」は日常生活に関する自治的な運営の単位であり、溝浚《みぞさら》いや道路維持、あるいは鎮守の祭礼など村共同体としての自律的な生活維持機能の主体でもあったから、領主の指示とは関係なく自律的にさまざまな内政を行っていた。名主・庄屋はその面でも中心的な責任者としての位置に立つことが多く、必然的に村政に関する書類も数多く残された。一方「町」も、支配者たる武家のエリアは別として、庶民のエリアは有力商人などを中心として自治的な運営が行われる場合が多く、古くからの商家などには商売関係の書類はもとより、町政に関する史料なども残されてきた。近世史に関する史料の多くが民間で作成され、あるいは保管されてきたのである。反面、支配者であった領主（地域に密着した存在としては、幕府代官所や各藩）のもとにも多数の書類が蓄積されていたはずであるが、それらは近代の訪れによって組織自体が消滅していくとともに、ごく稀なケースを除き、失われることが多かった。とすれば、近世社会の基本をなしていた村支配、そして一般民衆の村落生活の実態に迫る手がかりは、村役人のもとに残された膨大な量の古文書が中心とならざるをえない。民間史料を掘り起こす仕事をもっぱら近世史が担ってきたのには、こうした時代的・制度的な条件がある。

とはいえ、それでは日本各地どこでも近世史料はあらかた採訪済みかといえば、まったくそんなことはない。フィールドワークは意外なほど行われていないのである。自治体史編纂の際に、地元教育委員会などがある程度調査するようなことはあるが、それとても地域による精粗の差は非常に大きく、また人的・時間的・予算的な負担が大きいこともあって、未調査の史料は全国いたるところに膨大に残されている。ことに最近は「地方《じかた》離れ」と言われ、いわゆる「地方文書《じかたもんじょ》」（一般には地域に残された民間の史料をいう）を自らの足で調査し、研究史料を探索して歩く研究者は少なくなっている。

近代に入ると、戸長役場などの置かれた時代を経て、次第に行政的・民政的機能は、村役場・町役場などの公共機関に移され、村の個人たる名主などが果たした公共的機能は失われていく。行政的な書類は役場で作成・保管されるようになり、江戸時代のように村の名主や庄屋の家に地域の重要史料が残されるケースは減っていく。近代社会の進展を残された公的書類からたどろうとすれば、役場や公文書館などに保管されてきた史料類、また新聞のマイクロフィルムなどに多くを負うことになる。地域の史料を調べても、近世のような意味で時代の大きな流れを追いかけることはしにくくなってくるのである。それでも地域が近代をどのように生きたか、それを語る史料は無数に残されている。実際に調査に出向くと、所蔵者宅では近世文書も近代・現代の文書も一緒になって出てくるのが普通である。ところが、近代史の研究者が民間に残されたそうした史料を丹念に訪ねて歩くことは稀で、活字化された史料のほか、官公庁や資料館などに所蔵されている史料、あるいはマイクロフィルム化された史料などを研究材料にすることが多い。そのため、せっかくの近代史料も日の目を見ずに放置され、やがて失われていくことになる。

以上、歴史学におけるフィールドワーク事情を述べてきた。地域史料を訪ね歩き、あるいは地域の景観を確認し、地名などを丹念に調べて歩く研究はあることはあったが、決して主流的な研究手法ではなかった。少なくとも歴史研究にとっての必須の手法でなかったことは確かである。その証拠に、大学の史学科のカリキュラムの中に、フィールドワークに関する科目は通常入っていない。演習（ゼミ）を担当する教員個人が、ゼミの中で史料調査や現地での観察・聞き取りなどを行う場合はあるが、史学教育の科目編成上ではフィールドワークは必須科目とはされていないのである。

「切り身」の活字史料の背後にあるもの

しかしながら、筆者は、フィールドワークは歴史研究のさまざまな面で重要な役割を果たすと考えている。それは生の史料に触れる意味でも、史料の読解の面でも、現代と歴史学との関係を知るうえでも、重要である。現代と歴史学との関係性などについては第六章で述べるが、ここでは当面史料読解に関することについてのみ説明しておきたい。

たとえば山の境界争いの古文書があり、その中にいくつかの地名が出てきたとしよう。地図には古い地名については細かく載っていない。現地に行かずに済ませてしまえば、どこかの場所をめぐってもめたというだけの理解で終わってしまう。しかし現地へ行ってその地名を古老に尋ねれば、いくつかの地名が判明する可能性がある。現在は使われてない地名でも、「そういえば昔の年寄りがそんな地名を口にしていたことがあるなあ。今のあそこの場所かもしれんな」という

写真 2-1　かつて塩木山であった福井県田烏集落の背後の急峻な山（2012 年撮影）

ような情報が得られることがある。その土地の植生や傾斜の具合など景観から読み取れることがらもありうる。また、紛争の舞台となった場所を見れば、地形・立地条件から、なぜそこが争いの焦点になったのかが読み取れるかもしれない。詳しくは後述するが、筆者にとってそうしたことを感じた原点は、大学四年生のとき若狭湾岸を歩いた経験にある。鎌倉時代の網場（定置網を建てる漁場）をめぐる相論《そうろん》（訴訟）の史料を読んで訪ねたその地には、まさに古文書の示した同じ集落境界の位置に今も矢印型の定置網が張り出していたし、盛んだった製塩を支えた塩木山《しおきやま》（塩水を釜《かま》で煮詰めるための薪を採取する山）は思いのほか高く聳《そび》えていた。その風景を見、出会う人々に聞いた話は、はるか七〇〇年前の紛争がなぜ起きたのか、どのような暮らしがその背景にあったのかを腑に落ちさせるものであった。一点の史料に関することであっても、それを取り巻く史料群全体を見、現地の景観を見、あるいはまたその子孫にあたる人々と話をすることによって、史料はより深く理解でき、それが作成され残された必然性をたどることができるのである。

さらに近世の歴史であれば、史料をめぐる環境や景観だけでなく、史料そのものの実物に触れられる機会がまだいくらでもある。今でも郊外や田舎の旧家にはたくさんの古文書が所蔵されており、同時にそれらの多くは散逸、消滅の危機にも直面している。我が家の、あるいは自分の住む地区の古文書を調べることで新たな歴史が見出せる、その素材は案外身近なところにある場合が多い。

考えてみると、実物史料のもつ多彩な情報から切り離され、文字の内容情報だけとなった活字史料というのは、スーパーの売場に並ぶ魚の切り身のようなものということができる。切り身の魚は確かに手に入りやすく、調理も楽で食べやすい。しかし、生き物としてのそれがどのような全体像をもち、どのような環境で育ち、生き、どのように捕獲されてきたのか、そうした情報はすべて切り捨てられている。史料の場合も同様である。活字史料は利用しやすいが、一方で、紙質・文字の巧拙・筆勢・字配り、墨色などの「生きた史料」としての情報は多く失われている。とすれば、フィールドワークによって得られる知見は、切り身としての魚が生き物として活動していた際のありようを総体的に復原していくように、断片化された古文書を生きた時代・周辺環境の中に復原し、位置づけ直すときに重要な手がかりとなる。実物史料のもつ価値を体感し、同時にその歴史の舞台となった現場を訪ね体感できる、両方をともに味わうことのできる機会がフィールドワークなのである。

筆者は大学生の時代からこれまで、何カ所もの地域でフィールドワークを行ってきた。そして経験を積むほどに、その重要性を認識するようになってきた。以下、筆者が手探りで行ってきたフィールドワークの実際について述べていくことにしよう。

調査の始まり

新たな史料群の調査に向かうとき、筆者はいつも緊張感に包まれ、ドキドキしながら車を走らせる。調査に必要な機材や道具をいろいろ携行する関係で、調査にはたいてい車で行くのだが、車中では同行する仲間との会話もおのずと少なくなり、先方に着いてからのことをあれこれと思い巡らすことが多い。どのように調査の趣旨を説明すればいいだろうか、果たして古文書は見せてもらえるだろうか、土蔵の中にまで入れてもらえるだろうか、いつの時代のどのような史料が残されているのだろうか……など、大きな不安と期待を抱えながら現地へ向かうのである。

調査先がどのようにして決まるかは、まったくケースバイケースであるが、筆者の場合は自治体史の史料集などで興味を惹《ひ》かれる古文書を見たのがきっかけになったり、すでに調査に入っている先で新たな史料所蔵者を紹介されたり、地元の教育委員会などで情報を教えてもらうことなどが多い。いずれにしても、機関での調査に参加させてもらったケースを除けば、研究上の関心から調査に入った場合がほとんどである。

たとえば自治体史で興味を惹かれた文書を見つけたとする。しかしその手の史料集にはその史料所蔵者のもとに残った史料のうちほんの一部が掲載されるのみで、すべてが載せられることはまずあり得ない（中世に遡る史料は全点掲載されることが多いが）。「この家の古文書は面白い！」となると、当然関連史料がほかにもあるのではないか、それらも確認したい、と思うのが研究者の性分である。調査に入ろうと決めると、まずは地元教育委員会に尋ねるなどして、連絡先を教えてもらい、所蔵者に手紙を書くことから始まる（現在では個人情報保護の関係から、直接に所蔵者の連絡先を教えてもらえることはほとんどないが）。

怪しい者ではありません

所蔵者からすれば、ある日突然、どこの誰ともわからない者から、我が家の貴重な古文書を見せて欲しいという手紙が届くわけである。いったいこいつは何者なのか、家にやってきて何をしようというのか、と不審を抱くのが当然であろう。それを考えれば、大事なのは自分が何者で、どういう動機から何を調べたいのかという目的を明確にすることである。

筆者の場合なら、千葉県内の私立大学に籍を置き、歴史の研究をしている者であること、山村地域の歴史に興味を抱いて調査を続けており、その中で『○○町史』に掲載の貴家文書を拝見したこと、そこに掲載された古文書を実見するとともに、関連する史料があるかどうか是非調査させていただきたいことなどを縷々述べる。

もちろん所蔵者宅がどのような状況にあるかわからないし、何らかの事情で取り込み中の時期かもしれないので、無理強いをするような書き方はしない。ただ、怪しげなセールスの類などではないこと、そして気軽な思いつきでお願いしているのではなく、きちんとした動機と目的があることを間違いなく伝えることは肝要である。それで先方から断られても、それはそれでしかたがないし、諦めもつく。そして返信用の葉書を入れるなどするか、先方の電話番号がわかっている場合には、近日中にこちらから連絡をする旨を記しておく。少ない経験ではあるが、今までこの段階で調査を拒否されたことは一度もない。こうして、まずは一度お訪ねして会っていただく機会を作ることから始まる。

簡単ではない調査意図の説明

お会いしてからが、いよいよ第二ラウンドの開始である。改めて自己紹介をし、そして調査の訪問目的を説明する。ここはある種の勝負どころで、「はい、いいですよ。どうぞご自由に」とすんなり調査を了解していただくこともあるが、なかなか首を縦にふってもらえないこともある。もちろん先方の事情で今が調査時ではないというのなら後で出直すことは厭わないが、こちらの意図を理解してもらえずに断られるのは悔いが残る。実際、押し問答のようになることもあった。

ある県の旧家でのことである。県史に掲載されていた若干の史料を手がかりにお宅を訪問したところ、すでに数点の史料がテーブルの上に用意されていた。ところが県史に載っているのにテーブルの上にない古文書がある。天保年間に建てられたという居宅の立派さや土蔵のあることからして、お持ちの古文書はそれだけではなく、まだほかにもあるものと思われた。

お話を聞くと、実際ほかにもあるとの答えが返ってきた。筆者が個人で、あるいは仲間と行う調査では、たいていまず史料群全体の状態を把握し、そのうえで全点撮影するなどの作業が必要か、あるいは部分的な調査のみでいいかを判断している。もしまだ史料があるならば、是非見たいと思った。そこで、それらも含めて一度見せていただきたい旨をお願いした。ところが、ご当主はテーブル上の古文書を指さして、「以前に県のほうで調べた二点の古文書以外は価値のないものだから」といって見せてくれない。所蔵者が見せてくれない場合にもいろいろなケースがあり、単に面倒な場合もあれば、何か家に関わることで他人に見せたくないことが書いてある場合もある。

やりとりの中で、あれこれ方向性を変えてアプローチしてみたが、内容に関わる問題がありそうな様子はなかった。そこで何とか見せていただけないものかと、紙くずのように見える古文書でもいろいろな発見の手がかりになる貴重な史料であることなどを説明し、手を変え品を変えて説得してみたが、「まああれは価値のないものだから、見なくていいだろう」の一点張りで埒《らち》が明かない。数回にわたって「見せていただけませんか」「いや、見る必要はないだろう」と押し問答のようなやりとりが続き、「これはもう無理かな」と思いかけたとき、同行していた仲間の一人S君（十数年来調査をともにしてきた手練《てだ》れの者）が、ふっと話題を変えて、さきほどご当主が語

写真 2-2　新たに旧家土蔵から見つかった大量の古文書（2007 年 8 月撮影）

った内容に戻って世間話を始めた。しばらくそれが続き、場の空気が和んだときだった。ご当主が、やおら「古い書類はもう埃《ほこり》だらけで汚いところにあるが、運ぶのを手伝ってくれるのなら、見るか」とおっしゃった。もちろん筆者をはじめ一同は、急《せ》き込むように「何でも手伝います！」と即答した。こういう展開に備えて、各自マスクや軍手、タオル、それに懐中電灯などは用意してきている。持参のブルーシートを座敷に広げ、次々運び出されてくる埃の積もった箱を並べていった。結果的に大きな土蔵の二階から、木箱七箱分もの古文書が発見されたのである。我々は早速史料群の概要調査にとりかかり、この日の夕方までに八割方の作業を終えることができた。

所蔵者の姿勢を変えたもの

これには後日談がある。一度では調査が終わらず、二回目にお訪ねしたときのこと、土蔵に戻してあった古文書を取りに行くと、何と今度はご当主が先頭に立って土蔵の中を隅々まで念を入れて探し回ってくださり、新たに一一箱分もの史料が発見されたのである。概要調査の結果、前回のぶんと合わせ、およそ五五〇〇点にものぼる史料が見出されたことになる。ご当主夫婦はすでに七〇歳を超えていたが、その奥様ですら嫁いで以来初めて見たという木箱群であった。つまりはまったく開けることもなく土蔵の中に前の世代から積み上げられてきた古文書なのであった。

ただ、このご当主の姿勢の変化は偶然に起きたことではない。こちらとしても第一回目の調査以来、できるだけのことをしたのが影響していると思われる。調査時は常にそうだが、とにかく所蔵者の方も、普段あまり見ることのない自家の古文書を前に興味津々、我々の作業を見守っている。そのため、筆者としてはできるだけ目についた史料、興味を引く古文書について、その場で解説し、関心をもっていただくように努める。また、そのお宅を引き揚げる前には、一日でどのような作業をしたか、どのように片づけをしたかなどを必ず説明し、あわせてそれを「調査記録カード」として書面にし、所蔵者宅に置いてくる。もちろん収納方法や片づけ方を当初の状態から変更する場合には、いちいち所蔵者に説明して許可を得る。さらに調査終了後、概要調査の結果あるいは途中経過を報告書としてお送りしている。これは私たち調査者がそのお宅でどういう作業をしたかを、きちんとした書類でお知らせするとともに、あと残る作業がどういうものかを知っていただく意味ももっている。おそらくご当主の姿勢の変化は、私たちが所蔵者の方の「テスト」にパスしたことを意味するのであろう。

また、こんなこともあった。B県でのあるお宅でのこと。所蔵者はその地域の由緒ある旧家のご当主で、自家の史料にとりわけ関心と誇りをもっている方だった。調査にうかがうと、何と地元紙の記者が呼ばれて来ており、ご当主からは「〇〇家文書、四〇年ぶりに公開」と表題のついた紙が配られた。中を見ると、「本日公開する古文書」として十数点ほどの古文書が一覧表になっている。我々調査メンバーには各自白手袋が配られ、ご当主が一覧表の順番に、奥の座敷から一点ずつ黒塗りの盆に古文書を載せてうやうやしく取り出してきたのであった。私たちもそうして運ばれてくる古文書をおしいただくように調査させていただくことになった。当然このときには史料群全体の調査はできなかったが、所蔵者の自家史料への強い思いを感じ取ることができた。

もちろんうまく事が運んだケースばかりではない。失敗もあった。ある地域で交渉のすえ古文書を撮影させていただけることになった。第一回目は順調であった。所蔵者の方に史料内容の説明などもしながら撮影を進めた。帰宅後は礼状もお送りし、次の調査もお願いしますと認《したた》めた。ところが二回目の調査の準備をしているときだった。そのお宅はお客さんも多いので、一間をお借りしての撮影作業はご迷惑なのではないかと思い、隣の地区にある我々が泊まっている民宿に史料を借り出して撮影することはできないかと考えた。たまたま民宿に予約の電話を入れたとき、その話が出て、民宿の方から「私が頼んでみましょうか」と言ってくれたのに甘えてしまった。地元の方どうしでお願いしてもらったほうが話が進むかも、と思ったのであるが、ここで労を厭うたのが悪かった。民宿の方から「ダメだって」と連絡があり、今度は私から直接所蔵者宅に電話を入れてみた。ところが、「もうあなたには書類を見せない」と言われてしまったのである。

そのお宅は古文書や民具をとりわけ大切にしてきた家であったが、「古くさい」文化財を後生大事にしているということで、周囲からは変わり者扱いをされて長く苦労してきたようであった。以前貸した史料が返されなくて持ち出した人に掛け合い、ようやく取り戻すことができたという話も聞いていた。近隣の宿までとはいえ、「史料を借り出す」ということが逆鱗に触れたようであった。もちろん私自身は史料を持ち帰ってしまおうなどとは考えたことがなかったし、借り出す史料は事前に点数を確認してもらい、撮影後はその日のうちに必ずお返しに上がると説明はしたのであるが、それでも「借り出す」の一言が出た時点で、そのお宅での調査は完全にアウトになってしまったのである。そもそも人を介して借り出しをお願いしてしまった時点で、私自身が自家の史料にこだわりのある頑固一徹な所蔵者に対して及び腰になっていたことは否定できない。結局そのお宅の史料調査は行き詰まったままとなっている。私にとっては苦い経験であった。

相互の信頼関係が基本

A県では、ある方から紹介いただき、B地区の区有文書を管理しておられる区長さん宅に行ったが、当初けんもほろろに拒絶されたことがある。後から考えれば自分たちが何者かという説明が足りなかったのだが、「よその人には見せられません！」といきなりのストレートパンチを浴

写真 2-3　B 地区の公民館内から出てきた区有文書
（2006 年 4 月撮影）

びてしまった。実はその地区は過疎のため住民の数が極端に少なくなり、今を逃すと区有史料の保全が危ういと聞いていた地区であった。何としても調査の先鞭だけはつけたいと、それからは必死だった。これまでの調査で培ったやりとりの経験のありったけをつぎ込み、話をつなぎ、場の話題を和ませ、時には引き時には押して、とにかくあらゆる工夫をして何とかこちらの意図を理解してもらおうと粘った。小一時間ほどの立ち話ののち、いちおう社交辞令的にではあったが、「またおいで」と言ってもらうことができた。帰り際、「こういうことを調べている者です」と、持参してきていた自分の著書と名刺を置いてきたものの、状況はきわめて厳しかった。

　二週間ほど経ち半ば諦めかけていた頃、突然自宅に電話がかかってきた。びっくりしていると、「本をありがとう」ということだった。よく聞き取れない部分もあったが、「この機会を逃したら……」という思いもあり、思い切って「区有文書の調査をさせていただいていいでしょうか」と切り出してみた。思いのほかあっさりと「いいですよ」との答えが返ってきた。こうなったら先方の気が変わる前にやらなければならない。筆者は急いで調査仲間に連絡をとり、日程を決めて、区長さんに電話をした。こうして、思いもかけず最初のストレートパンチから約一カ月で、調査に入れることになったのである。現地で作業をしながらも、半ば信じられないような気持ちだったことを覚えている。

調査はいつもこちらの思惑どおりに進められるものではない。もちろん自由にやらせてもらえればそれに越したことはないが、あまりそれに固執しすぎてもよくない。史料所蔵者にもいろいろな事情はあるし、中にはよその人には言えないもっともな理由があることもある。そうした前提をふまえたうえで、こちらの調査目的を理解し、協力していただける部分があればそれに応じて臨機応変にできるだけの調査をするというのが基本的なスタンスである。いずれにしても、史料に対して、そして所蔵者に対して真摯な姿勢で臨むことは基本であり、それによって初めて開けてくる展開というのもある。やはり所詮は調査も人と人との関係であり、この者たちなら信頼できると思ってもらえれば可能性は開けるのである。

集団調査と個人調査

史料調査と一口でいっても、「これが調査の王道だ」といえるようなものがあるわけではない。目的や状況に応じていくつもの方法やスタイルがある。形式的な整理ではあるが、初めに調査の種類について簡単に述べておきたいと思う。

調査には有志で行うものと何らかの機関が業務で行うものとがある。また、個人で行うものと、集団（団体）で行うものという分類もありうる。この二区分は相互に組み合わせができるので、結果的には①個人が自分の意志で行うもの、②個人が機関の業務（委託や派遣）として行うもの、③有志が集団で行うもの、④機関が集団で行うもの、という分け方ができる。

①についてはとくに説明は要しないであろう。自分の研究のため、自ら史料を調べに出かける調査である。この場合、調査の成果はあくまで個人として保管・利用され、研究成果としての発信以外には公開されないことが一般的である。②は、教育委員会や自治体史の編纂室などの依嘱を受けて、あるいは研究プロジェクトの一環としてフィールドに赴くものである。③は、史料整理そのものや研究を目的として有志の団体で行う調査である。地域の史料整理や保全を目的として活動している団体はいくつもあり、関東甲信越地域でいえば、よく知られたところでは、早く一九八〇年代後半に明確な意志をもって史料調査に取り組んだ房総史料調査会、その影響も受けて山梨県を舞台に活動を続けてきた甲州史料調査会、新潟県で活動している越佐歴史資料調査会などがある。筆者が仲間と二〇年にわたって続けている中央大学山村研究会もこれに属する。④のあり方は多様である。教育委員会主体の自治体史編纂が最も多いケースだが、ほかにも大学・資料館などの研究機関が組織的に調査にあたる場合などもある。②〜④の成果は、目録集・史料集など何らかの形で公にされる機会をもつ場合が多い。

二　これまでの調査履歴から――駆け出しの頃

初めての調査経験

ところで筆者がこれまでに経験した調査がどのようなものか、それを初めにふり返っておきたいと思う。参加した、あるいは自ら行った調査の種類・回数は決して多くないが、これから述べていくことは筆者の個人的な調査経験と密接につながるものなので、まずは私事にわたることが中心となるが、ある程度詳しく紹介しておきたい。

筆者が初めて調査のまねごとをしたのは、大学四年生のとき（一九八二年）、今から三〇年以上も前のことである。卒業論文で中世の海村史《かいそん》（海辺の集落に関する歴史）をとりあげた私は、扱う史料の舞台となった福井県の若狭湾沿岸を、五日間にわたって一人で歩いた。

鎌倉時代から室町時代の古文書に出てくる地名のうち、現在でも確認できるものがどのくらいあるかを知るために、初めに小浜市の市役所へ行き、地籍図を閲覧させてもらった。節電のため照明の消された昼休み、庁舎内で地形図に小字名《こあざめい》ごとの地目を写し取っていったのを覚えている。ちょうど市史編集中だったこともあり、編纂室を訪ねて郷土史に詳しい担当の方からいろいろお

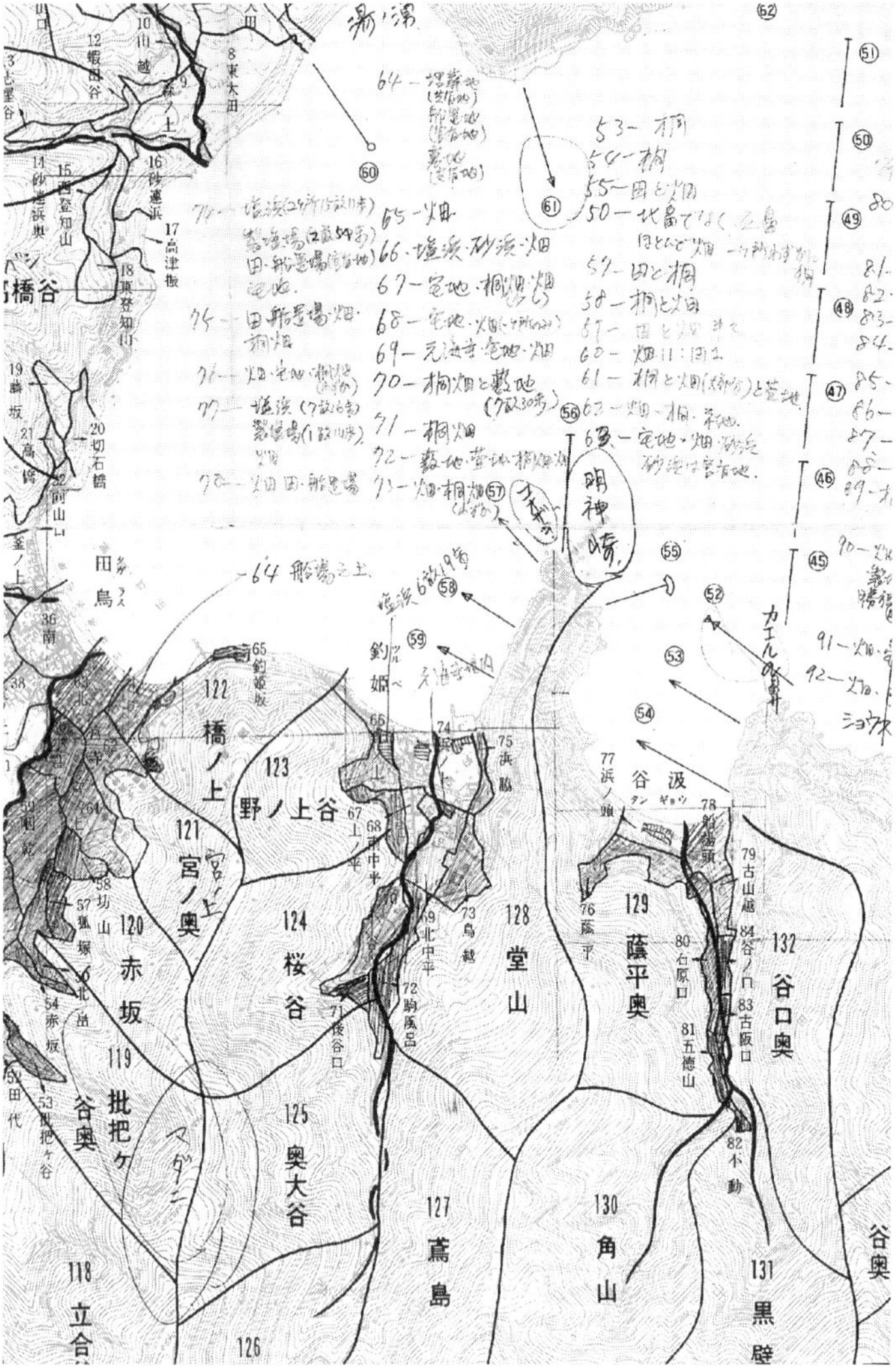

写真 2-4 『小浜市史』付録の地図に夢中で書き込んだ情報

話をうかがったように記憶している。それからリュックを背負い、国土地理院発行の二万五〇〇〇分の一地形図を片手に、海岸づたいに北に向かって歩き始めた。道端の風景や石造物などの写真を撮りながら人通りの少ない海岸沿いの道を歩き、途中民宿に一泊して、道端で出会う方々に話を聞いたりしながら、翌日には今回の調査の重点地域である田烏《たがらす》（中世には多烏と表記）地区に入った。全国的に珍しいことだが、この田烏には、何と中世初期以来の古文書を伝える個人宅があり、発展期の漁業に関する史料が豊かに残されている。古文書そのものは京都大学の博物館に移されており、直接見ることはできなかったが、古文書でしか見たことのない地名が今に多数残る魅力的なところであった。その翌日には、田烏から北西に突き出た小さな半島（黒崎半島）を先のほうまで往復してみた。この半島は行き止まりだったので、ほとんど車も人も通らない。途中、猿の群れと出くわしたり、沿岸から突き出した定置網の様子などを確認しながら一日かけて戻ってきた。

写真 2-5　初めての調査の際に撮影した田烏浦の景観（1982 年 9 月撮影）

　最終日には田烏からトンネルを抜けて内陸側に出て、ＪＲ（当時は国鉄）小浜線大鳥羽の駅まで歩いた。途中、うしろから地元のご夫婦の乗った軽トラックが私を追い抜き、少し先で止まった。窓から顔を出したおばさんが、「乗っていくかね?」と声を掛けてくれた。ここ数日一人旅を続け、人恋しくなっていた私は、思わずうれし涙がこぼれそうになりながら、それでも御礼を言って断り、歩くことにした。先人が普通に内陸側との往き来で歩いた距離(とはいっても、トンネルが開通して峠道は廃れていたが)を実際に体感してみたかったのである。

必ず起きる「偶然」

今から考えると何とも稚拙な調査ではあったが、この旅で得たものは大きかった。ある地域を調べるにあたって、とにかく現地の景観を自分の目で確かめ、地元の言葉を耳にし、空気を肌で感じることの大切さを学んだ。もちろん中世や近世と大きく変わっている部分は考慮にいれなくてはならない。が、それでも入り組んだ湾の姿とそこに展開される沿岸漁業の影、あるいは中世には塩を焼く燃料材をとり焼畑をし、狩猟の舞台ともなった入江背後の山の高さなど、感覚的に捉えたものはさまざまあった。必ずしもうまく表現はできないのだが、この調査以後、歩いた地域の古文書を読むと、意識の背後に現地の景観が立ち上がり、史料の理解を助けてくれるように感じられる。それはまったく現地を訪れたことのない者が、活字の古文書だけを読んで文字面だけで解釈するのとは異なる感覚とでも言おうか。

そしてもう一つ学んだのは、必ずといっていいほど、偶然がいろいろな出会いを導いてくれることである。もちろん調査に出かける前には、役場でこの資料を確認しようとか、ここを見学しようなどと計画を立てるが、実際に行ってみると、行く前には想像もできなかった思いがけない出会いがあり、さまざまな展開がある。市史編纂室で、たまたまその日に出勤してきていた郷土史家とお会いし、話を聞くことができたり、道端で偶然声をかけた老人から漁業についてのしきたりや地名、伝説などを教えていただいたり、そうした経験は数知れない。そしてそのどれもが、あらかじめ予定を立てることなど不可能なことがらであり、現地へ行かなくては決してあり得なかった出会いなのである。「どうせ現地へ行っても、ここと ここを見るくらいだろう」という机上の算段でフィールドへ出ないのは、とてももったいない話である。何もないかもしれないが、とても大きな影響を受ける何かに出会うことを期待して、まずは「行ってみる」ことが大切だと思う。その好奇心が、予定調和の世界にはなかった展開を自分にもたらすものであるし、実際調査のたびにそのような「偶然」を経験してきた。効率だけを考えた「利口な」研究者であっては得られないものがそこにはある。

五島列島へ

次に出かけたのは、初めての活字論文を準備しているときに訪れた長崎県の五島列島である。中世、五島列島の中通島《なかどおりじま》には青方《あおかた》氏という一族がおり、同島の西半分を支配していた。青方家

写真 2-6　2 カ所目のフィールドとして訪れた長崎県五島列島の中通島。急峻な山が海に落ちる景観をなしている（1986 年 8 月撮影）

には中世文書が多く伝来しており、現在は大半が長崎県立図書館の所蔵となっている。筆者は刊行されている活字本で研究を進めたが、史料の中にはたくさんの地名が出てくる。また、漁業資源の豊富な海域にあるので漁業について語る史料があるのは当然なのだが、それ以外になんと狩猟に関する史料も残されているのである。いったいどのような地形・景観のところなのか、是非行ってみたいと思った。

一九八六年（昭和六一）八月、佐世保港からフェリーに揺られること約四時間で中通島に着いた。さてどのように島内を回ろうかと思っていたところ、港の近くで五〇ccのミニバイクをレンタルしている店があるのを見つけた。そこでバイクを借りた私は、島内各地に点在する歴史的名所を見て回り、さらに教育委員会を訪ね、いろいろお話をうかがったりした。また、あらかじめ地図で調べておいた地名をたどって島内を巡ってみた。そして実感したのは、海上の島でありながら、奥深い山村に紛れ込んだと錯覚するような場所があるということである。同じ五島列島でも、島によってまったくその相貌は異なっており、すぐ北にある小値賀《おぢか》島《じま》は真っ平らといってもいい地形なのだが、中通島は険しい山が海岸から立ち上がっている場所があちこちにある。これなら鹿や猪の狩猟をした史料が出てきても不思議ではない。青方文書には中国へ向けて五島列島を出航した船が難破し、積荷の珍宝などが海辺の人々に奪い去られたとする鎌倉時代の文書があるが（『鎌倉遺文』26—一九七二四）、島内には遣唐使に関わる遺跡などもあり、確かにここが日本の西のはずれ、まさに往古は海外との接触の窓口であったことを感じさせられた。三日間をかけて、ミニバイクで島内を一〇〇キロメートルにわたって走破したこの調査は、今でも海辺で見た夕景の美しさとともに印象深い思い出となっている。

その後、五島列島にはもう一度渡る機会があった。一九九一年（平成三）一〇月のことである。このときは、青方氏のご子孫のお宅をお訪ねした。ご当主は東京在住で不在だったが、郷土史家の方のご案内を得て留守宅にうかがい、県立図書館に預けていなかった古文書を拝見し、撮影することができた。このとき見た史料中に興味深い絵図があったが、それについては第五章で触れている。

日本常民文化研究所の調査

その後も個人での調査は幾度か行ったが、大学院博士課程に入ると、今度は集団での史料調査に参加する機会に恵まれた。

神奈川大学に第一章でも触れた日本常民文化研究所（常民研）という組織がある。もともとは実業家にして在野のすぐれた民俗研究家であった渋沢敬三氏が自宅の屋根裏に造った小さな資料館から始まる。常民とは「市井《しせい》の普通の人々」を意味する民俗学の用語で、要は一般庶民の生活文化を中心に歴史や民俗の研究を行ってきた研究所である。渋沢氏は自らも民俗学に関する優れた業績を残す一方、財界人として無名の在野研究者を経済的に援助し続け、また民俗・歴史研究の基礎となる資史料類の収集・公刊に尽力した。常民研は、ひたすら日本を自らの足で歩き続け、「あるく・みる・きく」を実践して膨大な著作を残した民俗学者宮本常一氏をはじめ、多くの研究者を輩出している。一九八二年（昭和五七）以後、同研究所は横浜の私立大学である神奈川大学に引き取られ、その付置研究所として活動を続けている。

筆者は歴史研究者で常民研の所員でもあった網野善彦氏（当時は神奈川大学短期大学部教授）から声をかけていただき、一九八七年（昭和六二）から同研究所で史料整理のアルバイトを始めた。当時、網野氏を中心とする常民研のメンバーが最も力を注いでいたのが奥能登に所在する旧家、時国家の調査とその史料の整理であった。時国家は奥能登の観光名所にもなっており、豪壮な邸宅が今も二軒残されている（調査が始まったいきさつについては、前述のように網野氏の書かれた『古文書返却の旅』に詳しいので、是非ご一読をお薦めしたい）。奥能登地域と時国家の調査はすでに二年前から始まっていたが、長らく返却し損ねていた大量の古文書に加え、新たに膨大な古文書が発見されたことで、人員を増やして本格的に史料整理・調査をすることになり、筆者もその一員に加えていただくことになったのである。

写真 2-7　奥能登調査での巡検中の古文書閲覧。右端が網野先生（1989 年 11 月撮影）
（提供：神奈川大学日本常民文化研究所）

しかしながらそれまで活字の中世文書ばかりを相手にしてきた筆者には、戸惑いの多い仕事であった。というのも、時国家文書は数万点にも及ぶ膨大な史料群ではあるが、近世より古くに遡る古文書はほとんどなく、大半が近世以降のものであったからである。当初は満足に崩し字も読めず、ずいぶん他の調査メンバーの足を引っ張ってしまっていた。それでも何とか教えられながら古文書に向かい、目録を採ったり傷んだ古文書を補修（裏打ち）する整理作業に加わった。毎週金曜日には、常民研の作業部屋に一〇人程度の関係者が集まり、網野氏を中心に古文書講読会が開かれていた。時国家文書を素材に、わずか一、二行の文章をめぐって二時間ほどの議論が続くこともしばしばで、発見に満ちた、刺激的な会であった。さらに、毎年夏、秋にはそれぞれ八日間、七日間の現地調査が実施され、筆者も参加させていただいた。調査内容は、基本的に古文書の整理・撮影と聞き取りが主であったが、調査の中日には地元郷土史家の方々のご案内で巡検も行われ、貴重な史跡や古文書などのご案内をいただき、内容の濃い日程であった。奥能登での調査は、時国家を中心としつつも、次第にその周辺地域に対象が広がっていった。また、時国家の変遷を調べる中で、現在の時国家家屋よりもさらに大きな屋敷が町野川の川原に近い位置に建っていたことがわかり、その屋敷をめぐって建築史や考古学の研究者もメンバーに加えて総合研究として拡大していった。しかしこの多分野による総合研究の過程ではさまざまな立場の食い違いなどが明らかになり、分野を超えた共同研究の難しさも実感させられることが多かった。この史料の調査・整理と研究を並行して行っていた時国家調査のチームは「奥能登調査研究会」（以下調査会と略称）と称するようになったが、結局奥能登と常民研とのご縁は現在も形を変えながら続いている。

激論の日々から

この常民研の奥能登調査で学んだこと、考えさせられたことは、現在の筆者にとって非常に大きな意味をもっている。まず筆者にとって新鮮だったのは、調査会の中心をなしていた一〇〜一五歳年上の先輩方とのつき合いであった。たまたま筆者には、その世代の方々とともに活動するような経験がそれまでなかった。七〇年安保世代である彼らはたいへんな議論好きで、相手の話を強引に遮り、まず「違う違う！」と否定してから自分の主張を展開するような激論をしばしばしていた。冷静に聞いていると、結局言っていることは同じでたいした違いはないことも多かったのだが、そういう議論のスタイルにお目にかかるのは初めてであった。しかもそれで仲が険悪なのかというとそうでもなく、なんだかんだと言いながら結局一緒に行動しているのである。仲間とは波風を立てないようにそれなりにつき合うのが当たり前の世代からすると、これはある意味で異文化体験にも似た驚きであった。昼間の調査が終わっての夕食時、テーブルの上にずらりと並んだビールやら日本酒やらを空けながら、地域史ばかりか日本史全体に関わる刺激的な話題が次々と飛び出した。さらに、今日の調査のできごとが爆笑とともに語られ、それが次第に熱気を帯びてくると毎晩口角泡を飛ばしての議論が延々と続くのである。当時五〇歳を超えていた網野氏も脂の乗りきった時期で、連日日付が変わっても続けられる議論につき合い、いや積極的に加わって中心になって激論を戦わしていた。筆者にとっては、何でも話せる同年代の仲間である関口博巨氏・窪田涼子氏の存在も大きかった。

この席でしばしば話題になったのは、調査のあり方をめぐる問題であった。地域にとってよそ者である我々がどのように地域と関わっていけばいいのか、史料の所蔵者や地元研究者とのつき合い方、史料整理はどういう方針で進めればいいのかなどなど、話題は尽きることがなかった。当時国家は、江戸時代初期に支配領主の違いもあって二つの家に分かれて現在まで続いており、どちらが本家かという今日的な問題が現地で起きていたが、メンバーのちょっとした発言や地元新聞への投稿文言が現地との関係を紛糾させるようなこともあった。そのため、「学問と現代生活」あるいは「歴史学の現在にもつ意味」などについても、必然的に大きな課題とならざるをえなかったのである。

調査会には建築史や民俗学のメンバーもいたので、調査時、昼間はそれぞれの専門に関わる調査をしていたが、筆者の属する古文書班は新たな古文書の探索とその整理、撮影が作業の主であった。とくに整理、撮影はひたすら地味な仕事で、古文書を読んで目録を作成したり、マイクロフィルムでの撮影を淡々と行うのが常であった。議論が夜中にまで及ぶ翌日には、眠い眼をこすりながらの作業となった。

一週間ほどの調査を終え、研究所へ戻ると、マイクロフィルムを現像・紙焼きに出す。マイクロフィルムは一本三〇メートルの長さがあり、通常約六〇〇コマの写真が撮れる。これを業者に出して、現像し紙に焼き付けてもらうのである。やがて大量の史料写真ができあがってくると、それを一コマずつ点検し、製本に出す仕事が待っている。

日常的には、借用してきた膨大な古文書の目録作成を行う一方、傷みの激しいボロボロになった古文書も多数あり、それらを可能な限り修復して返却する作業も並行して続けていた。この間の事情についてはすでに第一章で述べたが、おかげで初歩的な修復技術についてはかなり身につき、これが現在までの各地の調査で実際にずいぶん役に立った。前述したように、調査先であまりにひどい傷み具合の史料に出会うと、それをお借りして修復したことも、これまで幾度となくある。また、この時期の経験を生かすものとして、毎年常民研で開かれている古文書修復講座がある。神奈川大学教授で常民研所員でもある田上繁氏を中心に、関口博巨氏や筆者などが講師を務めて古文書の裏打ち講座を開いているが、これも時国家文書をひたすら修復したあの経験が役立っている。

三　これまでの調査履歴から――ライフワークとなる調査の開始

中央大学山村研究会の調査

筆者は、就職の決まらないまま中央大学の大学院に在籍していたが、その最終年度であった一九九一年（平成三）、修士課程の後輩たちから山梨県の山間地である早川町に見学に行く誘いを受けた。早川町はかつて焼畑の盛んだった山村地域である。筆者は当地の焼畑を再現した記録映画も観ていたし、山村に大きな興味を抱いていたので是非とも同行したかったのだが、あいにく都合が合わず、三月に実施されたこの見学は断念せざるをえなかった。

写真 2-8　初めての早川町訪問。役場職員に焼畑の復元地を案内された（1991 年 8 月撮影）

　そしてその年の夏、ようやく彼らとともに念願の早川町を訪れることができた。教育委員会を訪ねた我々は、町誌編纂時に別冊で刊行予定のまま、出版を断念したという史料集の原稿を見せていただいた。二〇カ所にも及ぶ町内各地区の古文書が、原稿用紙に筆写され、二つ折りで二、三〇センチほどに積み上げられる分量があった。これは貴重な資料となると感じ、筆者は仲間とともに急遽、古文書所蔵者名・史料の表題・地区名などの基本情報をカードに採る作業を行った。これが後の調査で大いに役立つことになった。

　この早川町行きの際、実際に現地調査の経験をもっていたのは筆者一人であった。他のメンバーは二、三回の見学で次は別の場所を、と考えていたようなのであるが、筆者は「これを機会に早川町をフィールドにじっくりと腰を据えて史料と取り組み、研究してはどうか」と彼らに提案した。すると幸いにも賛同を得ることができ、これからのち、現在まで四半世紀にわたる史料調査が始められることになったのである。

　我々は「中央大学山村研究会」を結成し、年に二回ほどのペースで早川町に通い、史料所蔵者を訪ねては古文書を整理し、撮影する作業を続けた。そして撮影フィルムを持ち帰っては現像、紙焼きし、それをもとに目録を作成して、所蔵者のもとへ届けることを続けた。会は中央大学の院生・学部生のほか、他大学の院生なども交え、約一〇名前後の会員数で月数百円ずつの会費を出し合って運営することになった。マイクロフィルムにかかる費用は会費から支出し、カメラは常民研から毎度借り出して利用させてもらった。

もっとも山村研究会は史料の調査・整理を主目的としていたわけではない。初めに早川町を訪れたのも、修士論文を前にしていた院生が「平地農村の支配についてはたくさんの研究があるが、日本に多い山村の支配はいったいどうなっていたのだろう」という素朴な疑問を抱いたのがきっかけであった。であるから、史料調査もあくまで山村を研究するための材料集めという位置づけであった。ただ、史料集めはきちんとやらなくてはならない。常民研の奥能登調査で、史料調査のあり方、現地との関係の重要性や研究者として果たすべき役割などをいろいろ考えさせられていた筆者は、その経験や考え方を他のメンバーにもできるだけ伝え、実践してみようと考えていた。当初、会員の中からは学生や院生が調査のまねごとのようなことをしても現地では信頼されないのではないかという意見もあったし、見たい史料だけをもっと簡略に調べてもいいのではないかという意見が出たこともあった。しかし基本的には、どんな屑のように見える文書でも、一点ずつきちんと整理するという方針を貫いた。

調査方法の変化

調査のやり方も少しずつ変化していった。活動を始めた頃には、新たな史料群に出会うと、編年整理を行っていた。つまり古文書を年代順に並べて番号をつける整理方法である。月日しか書いてないなど年代不明のものは、年代のわかる文書のあとにまとめて月日順に並べる。年月日がすべて不明のものはさらに末尾に配列するわけである。

しかしやがてこのやり方に疑問を感じるようになっていった。実際に現場で古文書を並べようとすると、年代の明らかな文書と年代不明の文書が一緒に丸められていたり、時にはそれらが似た筆跡で書かれていたりするのである。このまとまりを崩して、果たして年代順にバラバラにしてしまっていいものだろうか。何かの注記をしたほうがいいのかもしれないが、いちいち説明を書いていたのでは面倒このうえない。時に迷いながらも編年での整理を四年ほどは続けた。

ところがしばらくして、同じ山梨県をフィールドに史料整理を目的に活動している「甲州史料調査会」の情報が耳に入ってきた。聞けば史料群の出てきたときの状態を記録しつつ整理していく「現状記録方式」というやり方で整理を行っているという。早速山村研究会でも若干のアレンジを加えつつ、一九九五年（平成七）から見よう見まねでこの方式を採用してみることになった。

整理方法の詳細は第四章で詳述するが、慣れてくるとこの方法は時間をかけずに全体像の把握ができ、なおかつ調査の進み具合に応じて深度を深めながら史料データを採っていけることがわかった。だんだんに改良しながら、会では今もこの方式を基本にしている。

現地では、初年度の夏にカードに採った情報をもとに、興味ある古文書を所蔵しているお宅や地区を訪ねては、それを整理・撮影させていただいた。これまでに作業をした史料群は、五箇地区とよばれる地域を中心に三〇件ほどにものぼる。新たな所蔵者にあたる際には、地元早川町役場の職員の方にずいぶんと紹介の労をとっていただき、また差入れを頂戴するなど、毎回お世話になった。最初は不審そうな顔で我々を迎える所蔵者の方々も、幾度かお訪ねするうちに調査の趣旨をよく理解していただき、ご協力いただけるようになっていくのが常であった。未熟な若者集団の調査ではあったが、地元の方々に支えられ、何とか調査を継続することができた。

毎年活動成果を刊行

活動の内容については、初年度から毎年年次報告集を自費で作成し(『中央大学山村研究会報告集』)、調査地の方々にもお配りするようにしていたが、今ではこの報告集も二四冊目にまで達した。年次報告集を作成し始めたのは、さまざまな出来事があった初年度、「これを記録に遺しておかないと、将来何があったのかわからなくなってしまうのではないか」というふとした思いからであったが、今となっては、調査をふり返るたいへん貴重な資料となっている。また、調査に入るようになって一三年目には、それまでの調査成果の一部をまとめ、三〇〇ページにわたる

写真 2-9　榑坪地区の神社から見つかった古文書（1992 年 8 月撮影）

古文書調査報告書（中央大学山村研究会編『古文書調査報告書Ⅰ　山村史料の調査と成果――山梨県南巨摩郡早川町　薬袋《みない》・榑坪《くれつぼ》・千《せん》須《ず》和《わ》』中央大学山村研究会、二〇〇三年）をこれまた自費で刊行した。史料目録が約半分を占めるものであるが、そのほかにも調査に入った各地区の概況や史料の解題、早川町で一つの特徴をなしていた金山関係史料をまとめて翻刻した史料集、初心者でも可能な古文書調査・整理の手引きなどを盛り込んだ。少しでもお世話になった地元に恩返しをするとともに、調査の成果をなるべく広く公開することを目指したものであった。さらに二〇〇八年（平成二〇）度からは、現地報告会を行ったり、現地での古文書講読会を行うなど、これまでの調査で得られた成果の発信を行っている。

「歴史学の現場」に身を置くこと

山村研究会は発足して二五年目になるが、今でも当初と同じ毎週火曜日に例会を続けている。もちろん活動開始時に駆け出しの大学院生だったメンバーは、今では四〇代以上の立派な中年になっているが、それでも都合のつくメンバーは毎週集まって古文書の講読会や目録採り作業、研究報告会などを行っている。この十数年の間には、毎年、あるいは二年に一度程度の割合で、ぽつりぽつりと学部生や大学院生がメンバーに加わってきた。もちろん遠くに就職が決まって去った者やいつのまにか疎遠になってしまった者もいるので常時参加できる者は限られているが、おおむね例会には数名から一〇名前後が顔を出してきた。

あるとき、大学院生の会員が「山ゼミ（山村研究会のことを我々はそう呼んでいる）は、教育機関だと思って入りました」と語ったことがある。史料の調査や整理を実地に学べる機関として意識していた、というのである。そのように考えていたのか、とちょっと驚いたのであるが、確かに現在の史学科では、正課として史料調査を学ぶ機会は必ずしも多くない。ゼミの指導教員が学生を調査に引率し、史料調査を体験させるような機会はあることはあるが、それは必ずしも「調査」をテーマにした授業や演習として設置されているものではなく、あくまでその教員の個人的な指導のやり方にすぎない。社会学という学問分野では、必ず社会調査、すなわちフィールドワークを指導する科目が設けられている。人文地理学や歴史地理学も現場に出かける指導がなされることが普通である。こうした科目を通して、学生はいずこかの現場に出て行き、実社会と触れる体験をする。

それに引き替え歴史学の場合、前に述べたように、フィールドワークは必須ではない。過ぎ去った過去の時代を研究する歴史学では、必ずしも現在の現場に出る必要には迫られていない。理屈からいえばそのとおりではあるが、しかし、結果的に学生は感覚的に現代、あるいは生身の自己の生活とはまったく無縁なものとして歴史学を学び、現地を見ないまま卒業論文を書き、卒業していく。古文書の原本を見たり触れたりすることなく終わる学生も多数である。筆者自身、学部学生時代にそういった授業を正課の中で受けたことはない。しかしそういう歴史学教育のあり方が果たしてよいものなのかどうか、今は疑問に感じている。

山村研究会が主として関心の対象とし、調査・整理してきたのは、江戸時代（近世）の古文書類である。ところが、会のメンバーには、近世史を専門とする者はあまりいない。多くは古代史・中世史、はたまた近代史を専攻している。しかも直接「山村」を研究テーマとはしていない者が大半である。では、なぜ彼らはこの会に集っているのか。その答えがさきの「教育機関」という言葉である。つまり史料と出会い、くしゃくしゃになった古文書を調べ、整理し、それを研究に生かしていく、その過程がまるごと体験できるからである。直接的な「歴史の現場」ではないものの、少なくとも生々しい「歴史学の現場」には触れることができる。

この「歴史学の現場」からは学ぶことが多い。なぜ自分はその史料が見たいのか、私は何者として史料に接しているのか、その家にとって、あるいは地域にとって、眼前の史料群はどのような現代的意味をもっているか、生身の史料所蔵者がどういう思いを史料に対して抱いているか、現在という時間に生きる我々はどのように所蔵者や史料に接すればいいか、などさまざまなことに考えを巡らせることになる。史料を見せてもらえるまでに、調査者は、否応なく「現在」あるいは現在に生きる「自分」の立ち位置を認識させられるのである。少なくとも目の前の史料所蔵者――それは往々にして史料に登場する昔人の子孫である――に対して、無責任な研究は報告できない、という気持ちにさせられる。調査者・研究者たる「自分」が問われることになる、と言い換えてもいい。歴史を生身のものとして捉える感覚は、普段研究室や図書館にいて史料集をめくっているときには感じにくい。史料調査の現場は、現在の生活者としての自分と研究対象としての過去とをつなげるものとなるのである。こうした現場のもつ力、魅力が、若い学生や院生を調査へと促す要因となっているのかもしれない。

信越国境秋山の調査

一九九九年（平成一一）秋から、筆者は長野県と新潟県の山中にまたがる秋山地域の調査に通い始めた。当地は「秘境」として江戸時代から知られていた場所の一つで、信濃川の支流中津川に沿った奥深い渓谷地帯である。山奥側にあたる長野県の秋山地域は、本書の冒頭で地震被災地として紹介した栄村の一部である。観光地の名称としては、「秋山郷」というほうが通りがいいかもしれない。当地に関する調査はもともと、山村の歴史に興味を抱いていた筆者が個人的な関心から始めたものであった。現在は道路も整備され、秘境の面影はすっかり薄れているが、それでも信濃川沿いの新潟県津南町から中津川づたいに山奥へ進み、不動尊で知られた見玉を過ぎた

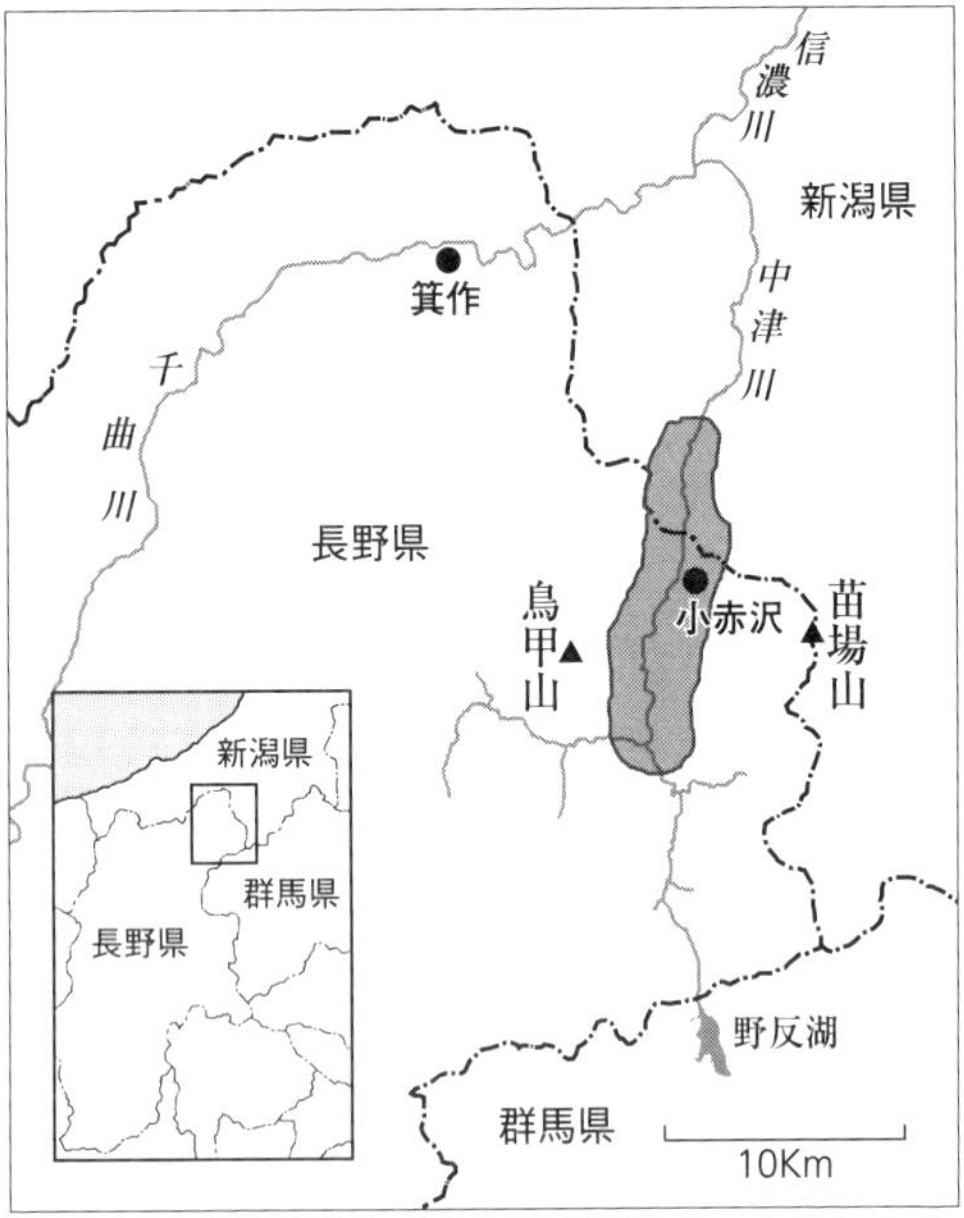

図 2-1　長野から新潟にまたがる秋山地域

あたりからは山道が険しくなる。清水河原、結束、大赤沢などの集落を過ぎ、やがて道は長野県栄村に入る。ここから先が江戸時代以前に本来秋山と呼ばれた地域であり、小赤沢・屋敷・上野原・和山と山奥に向かって集落が点在している。東には日本百名山で知られる苗場山、西には鳥甲山と、標高二千メートルを越す山に挟まれた広い渓谷地帯である。

　この山奥に私は興味をもった。歴史学の研究に欠かせない稀有な史料が残された地域だったからである。鎌倉時代に当地を含む広い一帯を支配した有力御家人に市河《いちかわ》氏がいる。この家はその後室町時代の動乱から戦国の世を生き延び、後には上杉家に仕え、主家の転封にともなって山形県米沢に移住し、さらに近代に入ると屯田兵として北海道に居を移したが、現在まで子孫がご健在で、鎌倉期以来の貴重な古文書を伝えてきた（その大半は山形県の本間美術館に収蔵されている）。この市河家文書の中に、中世の秋山地域に関する史料が残されているのである。また江戸時代には、『北越雪譜《ほくえつせっぷ》』の著作で知られる文人の鈴木牧之《ぼくし》が秋山を約一週間にわたって旅し、『秋山記行』と題する色彩鮮やかな挿絵を含む詳細な記録を書き残している。それはまさに牧之とともに旅をし、地元の古老から聞き取りをしているような追体験のできる貴重な記録である。このように中世以来の多様な記録が残された秋山地域は、山村の研究を志す者にとっては稀有の研究フィールドである。

写真 2-10　日本百名山で名高い苗場山（右上）の麓に位置する小赤沢集落（2009 年 5 月撮影）

古文書を訪ねて

山村の歴史的研究に関心を抱いていた私は、この地を調査してみようと思い立った。とはいっても、近世の史料が地元にないとなると、研究は大きく制約を受けることになる。中世と近現代をつなぐ江戸時代の史料があれば、山村の歴史的な変遷をはるかに詳細にたどることができる。まずは地元に何らかの史料が残されているかどうか、それを確認してみる必要があった。そこで一九九九年（平成一一）の秋、筆者は山村研究会の仲間数人とともに秋山を訪ねてみた。一七五年前にここを訪れた鈴木牧之と同じ紅葉の最中であった。その中心地である小赤沢地区には温泉が湧き、民宿も多く点在している。当地には伝統的な民家の様子を伝える「保存民家」があり、古い家屋が集落下方の位置に移築・公開されている。早速見学してみると、中には地元の古文書とみられるものが小さな白黒写真で展示されており、秋山の歴史がコンパクトにまとめられていた。興味深く読み進むと、これは保存民家の所有者にあたる江戸時代の組頭《くみがしら》の家に伝えられた古文書であることがわかった。秋山にも近世史料は残されていたのである。その晩泊まった民宿でうかがってみると、「うちの本家にあたる家筋が持っているものだが、あまりよその人には見せたがらない」との話であった。どうすれば見せていただけるでしょうか、との問いに、「うちから紹介するか、このあたりの歴史を何十年にもわたって調べているI先生から言ってもらえば見せてもらえるかもしれないが、まずはI先生にお願いしてみてはどうか」と教えていただいた。

帰宅後、早速その先生に事情を説明した長い手紙を書き、数日後に直接電話で連絡をとってみた。ところが、答えは「私より親戚の方から紹介してもらうほうがいいでしょう」と、例の民宿から頼んでもらうようにとのことであった。少々落胆したが、考えてみれば、民宿では自分の研究目的のことなど、必ずしもきちんと説明をしたわけではなく、一宿泊者にすぎなかった。何者かも定かでない宿泊者を、「ハイそうですか」と安易に紹介するわけにはいかないだろう。そこで再びこれまでのいきさつを詳しく認めた手紙を民宿に送り、もし可能ならばご本家への仲介をお願いしたい旨、依頼してみた。後日電話で確認をとると、「紹介しましょう」との返事をいただくことができた。遠回りをしたが、こうして二〇〇〇年（平成一二）五月三日、現地を再訪した筆者は、民宿のご主人の紹介で、無事古文書所蔵者宅へ調査に入ることができたのである。

八年かけて秋山関係の古文書を調査

同家には二百数十点の古文書が木箱一つに残されており、同行してくれた仲間とともに三人で調査を行った。現在の保存状態を記録するとともに、古文書に番号を書いた短冊をはさんで整理し、さらにマイクロフィルムに撮影を行った。調査は一回では終わらず、七月にも三日間秋山に出かけ、作業を終了した。その後、撮影した写真をもとに史料目録を作り、同家にお届けしたが、このとき少々驚いたことがあった。こちらが無理を言ってお願いした調査であったにもかかわらず、たいへん感謝され、「きれいに整理していただいて、ありがとうございます」とお礼の言葉を頂戴したうえ、若干の謝礼まで差し出されたのである。未整理であったり、目録未作成の史料群を調査する場合、目録を作成して所蔵者に届けるのは当然の責務と思っていたので、これまでにないほどの感謝をされ、戸惑うほどであった。とりわけ、同家に調査に入るのには多少の苦労をしたので、そのぶん感謝されたときには筆者も感慨深いものがあった。と同時に、個人宅に残された古文書は、その家にとっての財産でありながら、崩し字で書かれた多数の書類を一般の方が整理することは容易ではないのだということも思い知らされた。

その後、秋山に関しては、江戸時代に当地を管轄していた名主宅に大量の古文書が残されていることを知り、そちらの調査にも入ることになった。山深い秋山は、江戸時代には独立した行政村としての扱いを受けず、直線距離にして一五キロメートルも離れた千曲川沿いの箕作《みつくり》村の管轄下に入っていた。当然秋山に関するさまざまな書類は、この名主宅に多く蓄積されていた。

名主のS家文書については、すでに地元の教育委員会から史料目録が発行されていて、それによると二七〇〇点あまりの古文書が残されているとわかった。一覧すると、秋山に関係する史料も多数見受けられ、これは全点の写真撮影をする必要があると私は感じた。同家の史料を拝見してみると、記号番号を記入したラベルが直接史料に貼り付けられ、桐箱や段ボール箱などに収められていた。ところが、目録をよく見てみると、中には「書状一括」などの形で点数が具体的に記されていない場合がある。目録上、付けられた史料番号は一つで、項目としてはわずか一行で済まされていても、実際にその史料にあたってみると、細かい領収書や書状数十点から数百点の束が、中身の一点ずつについては調査されず、一括して一点（一件）として処理されているという形のものが多数含まれていた。総計では優に一万点近い数量があるだろうと思われた。

こうして史料の豊かさに魅せられて、筆者は毎年春・夏・秋の三回ずつ、各四、五泊の日程を組み、当地に通い詰めることになった。しかし残された史料が相当量になるだけに、一人で古文書の撮影など史料調査を進めるのは容易ではなかった。そこで山村調査の一環ということで、前記の山村研究会の仲間に声を掛け、有志のメンバーで毎年秋山を訪れるようになった。あくまで

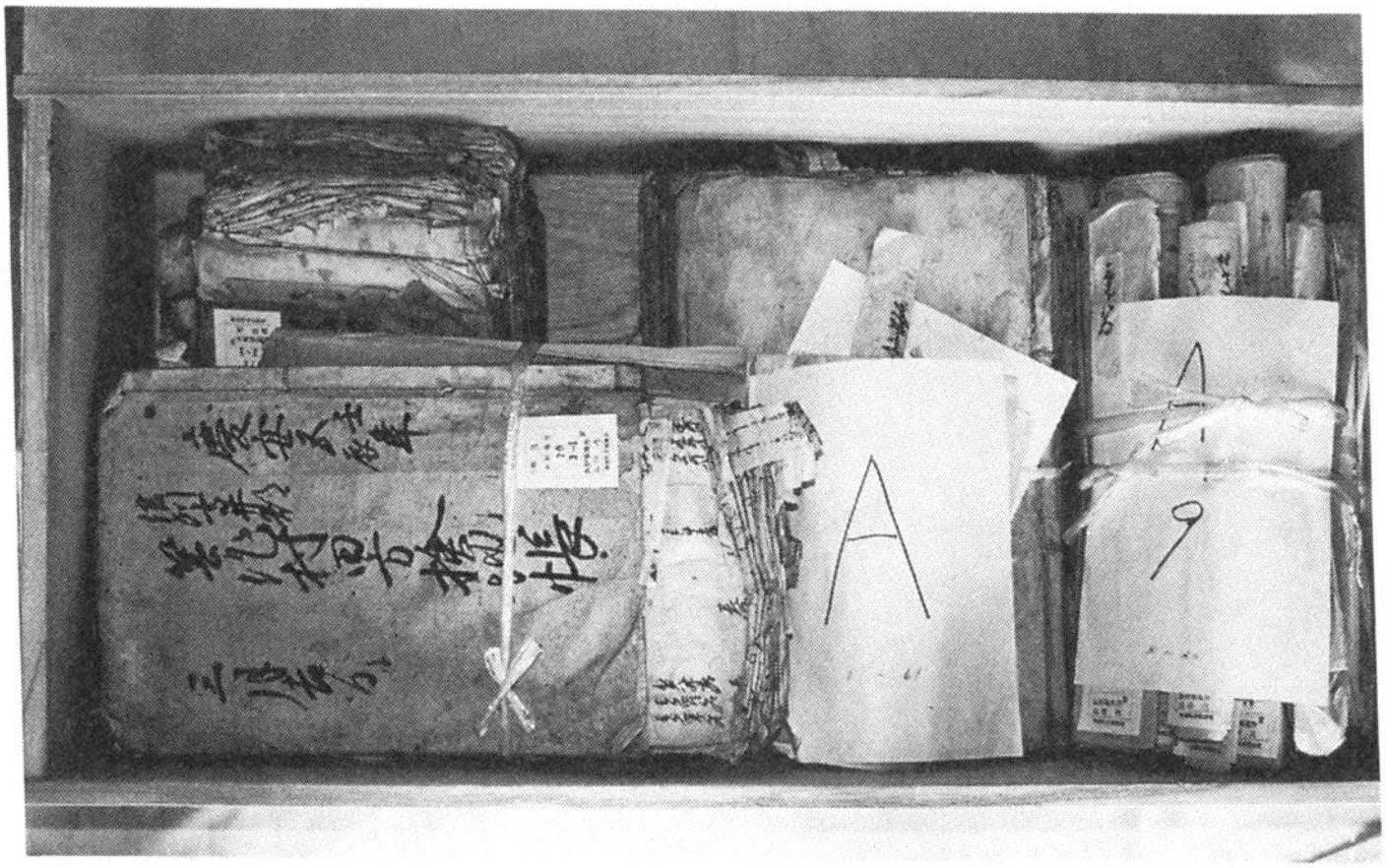

写真 2-11　旧名主宅に大量に残されていた古文書。ラベルや記号用紙、紐での括りなど、以前の調査の痕跡があった（2000 年 10 月撮影）

秋山は筆者の個人的な関心から発した調査地であったため、山村研究会の正式な調査地とはならなかったが、多くの研究会の仲間がいつも調査に参加してくれるようになった。もっとも、旅費など調査に必要な費用は筆者一人分が勤務先の大学の個人研究費から多少賄える程度であったから、当然参加者には基本的に手弁当で参加してもらうしかなかった。研究会の仲間は、ほとんどが定職に就いていない大学院生やオーバードクター（博士課程年限修了者）などの収入の不安定な者ばかりであり、筆者が大学から支給された旅費を、数人、多いときは十数人で割ってわずかな旅費の穴埋めにするような状況であった。それでも調査の楽しさと史料の充実度に触発されて、毎回多数の仲間が参加してくれた。基本的には山村研究会の仲間が中心ではあったが、会としての正式調査でなかったこともあって、さまざまな伝手で参加してくれる方々も積極的に受け容れた。

史料調査の方法的な面でいうと、秋山調査からは史料撮影にデジタルカメラを使うようになったのが新しい点である。デジタルカメラ自体がまだ普及の段階で、性能も急テンポで伸びており、史料撮影のノウハウなども一般化していない段階であったが、一連の秋山調査を通じて、そうした面も次第に習熟し、安定した史料撮影とその整理をできるようになっていった。こうして初めてS家を訪ねて以後、二一回にわたる調査を経て、二〇〇七年夏、すべての同家文書の撮影を終えた。撮影した史料写真はCDに焼き付けて参加者のうちの希望者に頒布していたが、全点撮影を終えた時点でCDの枚数は一〇三枚に達していた。

土蔵まるごとの文化財調査

これまで栄村での調査について述べてきたが、調査の中心的な関心はあくまで山村史料の採訪にあったため、もっぱら調査は秋山地区や名主のいた箕作地区の旧家ばかりを対象にしていた。ところが調査を始めて六年目のある日、村の教育委員会の方から役場にほど近い一軒の家（H家）の文化財調査を依頼された。それは村内で長く調査をさせていただいていたS家の親戚筋にもあたる旧家であった。かつては他人の地所を踏まずに隣町まで行けるといわれたほどの大地主で、立派な居宅と土蔵があったが、一人娘だった現在のご当主は嫁いで他県にお住まいで、もう四〇年ほども空き家状態になっていた。家の規模からみて、かなりの文化財があってもおかしくなかったが、これまで本格的な調査もなされることがなく（一九七二年〈昭和四七〉に県史の調査員が一部調べた痕跡はある）、その間に空き家だった家は傷みが進み、かなり荒れた状態になってきていた。当地が豪雪で有名なことは以前に述べたが、空き家となれば、毎年の豪雪で傷みもするし、管理もたいへんである。そこで近々家屋を取り壊すことになり、母屋と土蔵の文化財調査を依頼されたのである。

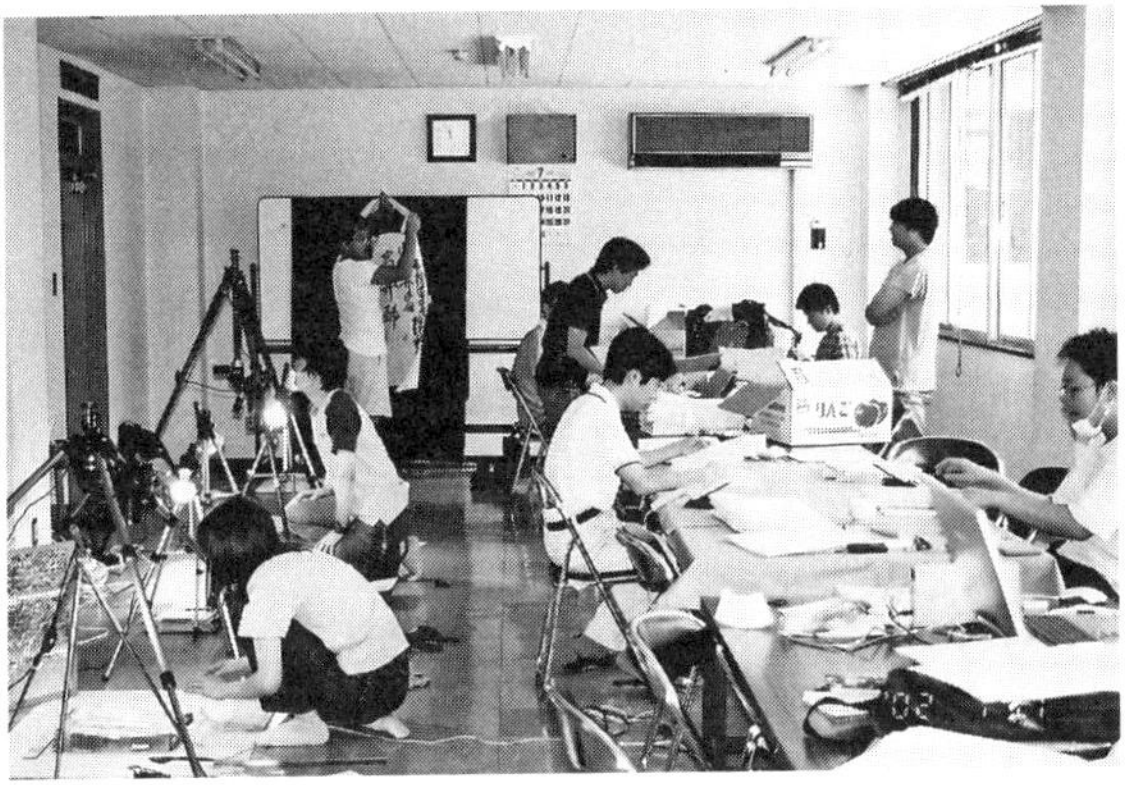
写真 2-12　秋山調査の様子（2002 年 7 月撮影）

　二〇〇四年（平成一六）の夏、筆者は有志の仲間とともにこの家の調査にとりかかった。とくに主となったのは土蔵のほうであった。母屋は実質的に留守宅を管理してきた親戚のSさんの手許の鍵で簡単に開けられることもあって、以前にある程度は調べてあったが、土蔵のほうは複雑な鍵がいくつもかかる伝統的な造りで、中を覗くことすらできなかったのである。事前の話では、前村長がかつて公民館長をしていた頃、中に古文書のあるのを見たことがあるとのことだったが、いったい全部でどれくらいの量があるのか、それもごく少ししかないのか、あるいは多量にあるのか、またどんな状態で残されているのか、古文書以外の文化財がどれくらいあるのかなど、皆目《かいもく》見当がつかなかった。が、あるとなればかなりの量が残されているのではないかとの期待はあった。

猛暑の中の土蔵調査

調査を行ったのは、東京で三七度くらいの猛暑を記録した炎天の日で、栄村も真夏のかんかん照りで暑い日であった。何しろ数十年間もまともに人の手が入ったことのない土蔵である。埃もたまっているであろうし、当然電気も来ていない。発電機と、さらに気温を上げそうな照明を用意してもらって、参加者は皆頭にも首にもタオルを巻き、マスクに軍手といういでたちで調査に臨んだ。ご当主がはるばる持参された幾種類もの鍵を使い、悪戦苦闘して、小一時間もかかって土蔵を開けることに成功した。

内部は二階に分かれており、一階には木箱に入った漆器や焼物がたくさん納められていた。とりわけ漆器の量は多く、木箱には「輪島黒本膳二膳共十人前」などと墨書されており、中には「天保十亥年」(天保《てんぽう》十年の亥年)などと購入年の書かれたものもあった。近世以来伝えられてきた立派な什器類である。重ねた漆器と漆器の間を保護するように、たくさんの和紙が挟んであったが、それ自体が墨書きの古文書の切れ端であった。

しかし古文書の本体は、二階部分から発見された。それもかなりの量であった。びっしりと古文書の詰め込まれた簞笥が奥のほうから幾棹も見つかったのである。この初回調査時にはとりあえず土蔵全体にわたる文化財の概要を調べることを目的としていたので、細かな内容の点検まで

写真 2-13　猛暑の中で行われた土蔵まるごと調査（2004 年 8 月撮影）

写真 2-14　暗い土蔵の中で現状記録の記入（2004 年 8 月撮影）

はできず、全体の見取り図を描き、エリアや容器ごとに記号番号をつけるところまでで終了した。しかしこの調査で、どこに置かれたどの箪笥の中に古文書があるか、といった基礎的な情報を収集することができたのである。

このような旧家に伝わる貴重な文化財は、高度経済成長期以来の変化の中で、代替わりや家の建て替えを機に失われていくケースが非常に多いことを考えれば、ここ数十年空き家であったH家の場合は、昭和四〇年代の状態のまま「冷凍保存」状態にあったようなもので、母屋の二階に残された多数の民具類も含め、H家のまるごとがたいへん貴重な文化財「群」をなしていたといえた。つまり断片としての古文書や漆器などではなく、それらが家の中でまとまって残されていたことが貴重なのである。ただ悲しいかな、筆者たちの調査団は文献史学（歴史学）に携わる者が中心で、民家に残る什器類などを見る目をもった者がいない。それらについては、おおまかな収納状況の写真と見取り図を残すことくらいしかできなかった。

それにしても真夏の炎天下、薄暗い土蔵の中で参加者は汗まみれ、埃まみれになって奮闘してくれた。慣れない作業ではあったが、懐中電灯を片手に汗を拭き拭きスケッチを採り、写真を撮り、積み上げられた家財を動かしと、生き生きと動き回った。この日のビールがこのうえもなくうまかったのはいうまでもない。

一年後の二〇〇五年夏、再び教育委員会からの依頼で、こんどは古文書に的を絞った概要調査を実施した。役場庁舎内の一室をお借りし、土蔵から目当ての箪笥などを運んで、抽斗《ひきだし》一つずつについて古文書を点検していった。箪笥や木箱などのスケッチを採り、写真を撮り、納められた古文書を開いていく。あくまで概要の調査なので、正確な点数などは出さないかわりに、束ねられたり畳み込まれた原状はなるべく崩さずに記録を採っていく。ネズミに齧られた跡のある古文書の束が出てきたり、すでにネズミが巣にしたため紙吹雪のようになってしまった行李などもある。虫が喰った古文書もあり、微細な埃がたくさん部屋に舞う。そのままでは喉や気管支を傷めることもあるので、皆マスクをしながらの作業である。しかし奮闘の結果、三日間である程度の状態はつかむことができた。調べた範囲では、H家文書は土地関係のものが比率的には高く、まさに地域の有力者として大きな役割を果たしてきた家であることがわかった。しかし古文書の収められたすべての容器を調べ終えたわけではなく、まだ開けられていない箪笥や木箱もあり、さらに古文書が下張りに貼られた襖や屏風もあるので、それらを含めたら膨大な量になることは明らかである。

後日談になるが、この家の古文書は長野県北部震災後にすべて救出し、現在整理作業を継続中である。すでに江戸時代末期に起きた善光寺地震に関する貴重な史料が見つかるなどの発見があり、まだこれからさまざまな成果が期待される。屏風や襖の下張文書を除けば、あと数年である程度の全体像が把握できるようになると考えている。

学際研究のフィールドとして

二〇〇六年（平成一八）度以降、この秋山調査は、大学共同利用機関法人人間文化研究機構に属し、京都に本部のある総合地球環境学研究所（地球研）の研究プロジェクトの一環として位置づけられることになる。地球研は地球環境の直面する問題について、理系・文系両方の研究者の智恵を集積して分析し、解決方法を探っていこうとする公的研究機関である。生態学を専門とする湯本貴和氏をリーダーとして「日本列島における人間―自然相互関係の歴史的・文化的検討」というプロジェクト（湯本プロジェクト）が同年から本格的に始動し、その中の中部班《ちゅうぶ》と呼ばれる研究グループの責任者を筆者がお引き受けすることになったのである。このプロジェクトは、きわめて人口稠密《ちゅうみつ》な日本列島になぜ生物多様性が維持されてきたのか、その疑問を三万数千年の時間軸の中で歴史的・実証的にたどろうとするものであった。歴史学の史料調査・整理にはかなりの年月がかかることを考えると、今後五年間で動くこのプロジェクトにあたって、新たなフィールドを探して史料調査にとりかかるのでは、成果が五年目までに出せる見通しは立たない。そこで、すでに数年の蓄積のあった秋山を本プロジェクト中部班の共通フィールドとすることにしたのである。ちなみに中部班では、歴史学のみならず、自然地理学・人文地理学・民俗学・環境経済学・生態学・林学などの諸分野の研究者の方々に共同研究をお願いし、幸いにも了解を得てともに同じ秋山を各専門分野から集中的に調査研究できることになった。皆それぞれの分野の気鋭の研究者たちである。地形学を専門とする自然地理学の長谷川裕彦氏と佐々木明彦氏、山地や温泉の研究を積み重ねてきた人文地理学の関戸明子氏、秋山に青年時代から通い詰め、広くアジア全体を見据えて狩猟研究をしている田口洋美氏、コモンズ論の視点から秋山に切り込んでいただけることになった環境経済学の森元（原田）早苗氏、すでに以前から秋山で木鉢作りなどの技術・文化を研究していた民俗学の井上卓哉氏、湯本リーダーのもとで生態学を研究し、熱帯雨林や屋久島での調査で実績を挙げていた辻野亮氏、旺盛な好奇心で歴史的な事象にまで深い関心を抱いておられた林学の小山泰弘氏、そして秋山調査の当初からともに調査にあたってきた歴史学の仲間である鈴木努氏や荒垣恒明氏、赤澤春彦氏・寺島宏貴氏・柴﨑啓太氏を始めとする山村研究会のメンバーたち。さらに中世史の分野で狩猟をめぐる心性などに深い関心を抱いてきた中澤克昭氏。これらの方々が自然系・人文系の枠を超えて秋山という一つの地域を共同で研究することになったのである。このプロジェクトの一環となってから、秋山調査は旅費も以前より多く確保できるようになり、調査地も長野側から新潟側に広がって、何件もの史料群を調査できるようになった。そして調査は二〇一一年三月をもって無事終了することができた。

湯本プロジェクトは、花粉分析・個人骨分析など手法別の研究班と、北海道班・東北班・奄美沖縄班などの地域別の研究班とで構成されていたが、メンバーの選び方や研究の進め方は各班のリーダーに任されていた。筆者は中部班を形式的・義務的な集まりだけのつまらないものにはしたくなかった。なぜなら、筆者が関心を抱いてきた秋山地域に、普通なら絶対に集まってもらえないような各分野の第一線の研究者が一堂に集い、研究し尽くしてくれるのである。こんなワクワクする機会は滅多にあるものではない。そこで、少なくとも年一回は調査地で実際に顔を合わせ、それぞれが専門分野の調査を行うと同時に、夜には宿でミニ報告会を開き、食卓を囲み、酒を酌み交わしながら調査や研究、そして人生まで語り合う機会を設けたいと思った。基本的には毎年夏か秋、二泊程度が重なる予定にして、メンバーが揃う共同研究を実施した。こうしてプロジェクト初年度から中部班では妙な連帯感が生まれ、新たな試みも始動することになった。

地元への成果還元とメンバーのつながり

それは年度末の二月か三月、各専門分野でわかった最新の調査研究成果を地元秋山地区や栄村の方々に発表する報告会である。古くは民俗学の宮本常一氏が指摘し、近年では文化人類学の安《あん》渓遊地《けいゆうじ》氏が改めて強調しているように、学術的な現地調査では、しばしば現地の住民たちが調査に協力させられるものの、情報は現地から吸い上げられていく一方で、現地の方々には研究の中身や結果が何も知らされず、置いてきぼりにされるような事態が起こる。そればかりか、調査に名を借りた生活の踏み荒らしで、さまざまな被害を被ることすら起きる場合がある。ある程度のご迷惑をおかけしてしまうのはやむを得ないとしても、少なくとも調べさせていただいてわかったこと、これまでの通説や一般的な理解から一歩抜け出た発見は、いち早く現地の方々にお知らせしたいし、そうすべきであろう。実はこうした考え方は、奥能登の共同調査の議論の中で得たものであった。研究者と調査現地とはいかなる関係にあるべきか、能登でも多くのメンバーが夜を徹して激論を交わしてきた。それをこの機会に実践してみようと考えたのである。こうして、初年度から毎年報告会を開くことになった。

その際、リーダーとして、メンバーの方々には非常に難しいリクエストを出した。「最新の専門的な成果を、村の一般の方々にわかりやすく説明してください」とのお願いである。難しいことを難しく表現するのは、実は易しい。難しいことを平易に表現するのは、なかなか難しいのである。しかし共同研究者の皆さんはこれに見事に応えてくれた。結果的には報告会は好評で、その後も毎年度末に報告会を重ね、プロジェクト最終年度にあたる二〇一一年（平成二三）三月まで全五回の報告会を開くことができた。この成果の一部は、湯本プロジェクトの正式な成果本シリーズ『日本列島の三万五千年――人と自然の環境史』（湯本貴和編、文一総合出版）全六冊のうちの一冊『山と森の環境史』（第五巻、二〇一一年）に収録された（ただし中澤克昭氏の論文のみは、取り上げたテーマの関係で第二巻『野と原の環境

写真 2-15　秋山報告会（2011 年 3 月撮影）

史』に収載となった)。

ところが、この現地報告会全五回総計数十本に及ぶ膨大な成果は、このオフィシャルな成果本だけではとうてい掲載しきれなかった。中部班の面々からは、このまま口頭報告だけで終わらせてしまってはあまりにもったいないとの意見が出され、成果をさらに中部班独自の本にまとめようという話が持ち上がった。普通、共同研究のプロジェクトが終了したら、とりわけ普段顔を合わせることのない異分野の研究者によるプロジェクトが終了したら、そのつながりはそれまで、というのが一般的である。が、中部班の場合は、最後のミーティングの際に、このまま中部班を終わらせるのは惜しいという意見が多くのメンバーから出された。そこで、「この異分野の研究者どうしのつながりを、これからも緩く長く続けていこう、そして互いに刺激を与え合っていこう」という趣旨でゆるやかな活動継続をはかることになった。中部班独自本出版に向けての打ち合わせは、プロジェクト終了後一年間のみ残された地球研のメーリングリストを使って行われ、さらに民間のメーリングリストに移行しながら続いた。私は編集責任者となり、いくつもの出版社に話をもちかけてみたが、今は一〇名を超える執筆者が共同で執筆するような本は売れないからとの理由で、次々と刊行を断られた。最後に引き受けてくれたのが高志書院という小さな出版社であった。そして各メンバーも、それぞれの専門分野について書いて終わりではなく、お互いの成果をマンダラのように絡み合わせながら、秋山を中心とする栄村地域の自然と歴史をあぶり出していこうという企画意図に沿って、気持ちのこもった熱い原稿を寄せてくれた。そしてこの本はプロジェクト終了の二年後、『新・秋山記行』というタイトルで形にすることができた（白水智編、高志書院、二〇一二年）。本書のタイトルの元になった『秋山記行』は、言うまでもなく鈴木牧之の著作であり、それにあやかったものである（実はこの本には「人と自然が育む環境史」というサブタイトルが付く予定であったが、最終段階の編集ミスでこれが落ちてしまった。そのため、タイトルだけでは何の分野の本かわかりにくくなってしまったのが悔やまれる）。中部班メンバーをここまで結びつけたのは、研究の素材も分析方法も学会の作法も異なる異分野からの学問的刺激と、メンバーの人間的魅力であった。信頼できる恵まれたメンバーに囲まれた、本当に幸福な共同研究であったといえる。

では実際に、秋山を対象に共同研究をすることによって、どのようなことが明らかになったのであろうか。共同で研究することの利点はどういうところにあるのだろうか。以下、本研究の中での刺激的な体験を二例ほどお話ししたい。

多分野共同研究の醍醐味——江戸時代の鉱山跡を探る

総合地球環境学研究所のプロジェクトでは、信越国境の秋山という一つの地域の研究に、これまで手を組んだことのない他分野の研究者と取り組んだが、そこで認識したのは、歴史学の重要性・有用性と、史料を通じてさまざまな分野と協同することの面白さであった。まずは近世の銅

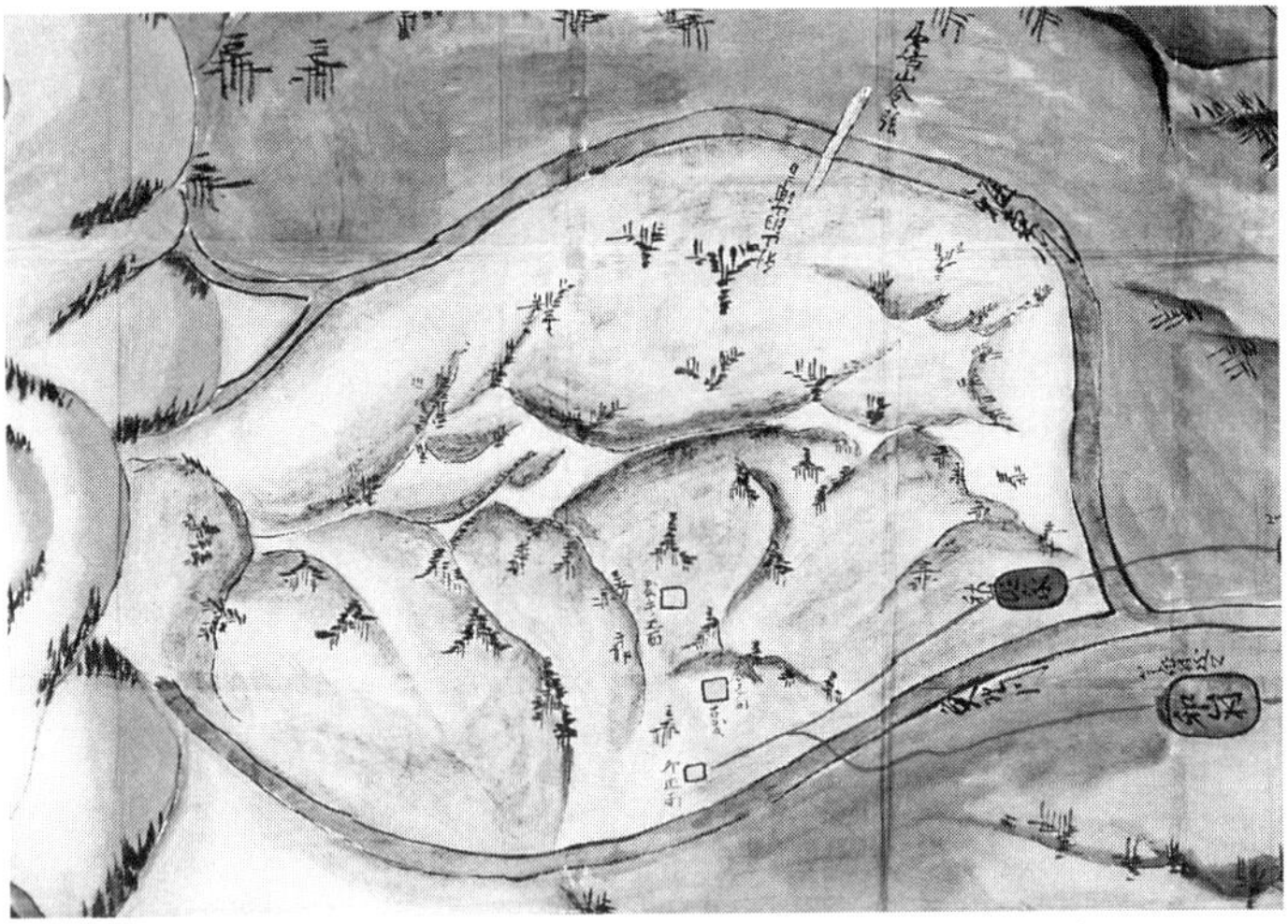

図 2-2　銅山の鉱口や鉱脈を示した絵図（島田汎家文書 1708 号・部分）

山をめぐる話からしてみよう。

秋山には江戸時代、銅を採掘する鉱山があった。銅山の全容についてはいまだはっきりしたことは解明されていないが、一八世紀の前半と後半の二回、採掘が行われていたことが明らかとなっている。すでに秋山銅山に関する記載は二、三の研究に出てきていたが、本格的に論じたものはなかった。今回、江戸時代に秋山を管轄した箕作村名主宅の古文書を点検する中で、操業の実像が少しずつ解明されつつある（柴崎啓太「銅山と秋山」、前掲『新・秋山記行』）。

ところでこの銅山に関しては、江戸時代の絵図が残されている。二股に分かれる川とその周囲の山々が描かれ、その中央に銅鉱山の鉱口とおぼしき場所が金色で示されているものである。鉱口は全部で三カ所あり、その他に川を跨いで続く鉱脈らしきものが、同じく金色で示されている。しかし作成された年代は明らかでなく、誰がどのような意図で描いたのかもわからない。謎の絵図といってもいい。

プロジェクトの中部班でこの絵図の話が出たとき、メンバーの口から、それなら今度その絵図を頼りに巡検をして、銅山の位置などを探してみようという提案があった。すると全員これに賛成し、二〇一〇年（平成二二）秋の共同調査の際に、銅山跡の巡検をすることになった。鉱山の専門家にも同行願ったほうがいいとの提案があり、地質学の専門家である熊本大学の細野高啓氏をゲストにお迎えしてともに歩いていただくことになった。

さて、巡検前日の同年一一月四日、集まったメンバーは秋山郷和山地区にある民宿に宿を取り、翌日の打ち合わせを行った。とはいうものの、メンバーの誰も、どこを歩けばいいのか、さっぱり見当がつかなかった。銅山絵図を現在の地形図と引き比べてはみたが、絵図のほうはかなり川の様子などをデフォルメしてあるようで、実際にどの場所に鉱口や鉱脈があるのか皆目わからない。あれこれ議論していても埒が明かなかった。そこで、民宿のご主人に話し合いに加わっていただくことにした。実はその民宿のご主人Yさんは、猟や釣りの達人で、周辺の山を熟知しておられる方だったのである。Yさんは、「前から気になっている場所が一カ所あるんですよ」と切り出した。聞くと、金属様の細い筋の見える岩が渓流沿いの右岸側にあるのだという。一同その話に惹きつけられ、まずはそこに行ってみることになった。

次々見つかる手がかり

翌日、早速現場に着いてみると、確かに幅数センチの金色の帯が岩の表面に一筋見える。ハンマーを手にした細野氏に調べてもらうと、それは黄鉄鉱のようであった。黄鉄鉱自体はありふれたものだったが、しばらくその周辺を探っていた細野氏が、やがてたいへん興味深い話を始めた。

その周辺は川筋の両岸が切り立った岩であったが、黄鉄鉱の筋が見えた付近から少し上流寄りに進むと、黄銅鉱が存在したらしく、銅の含有比率が増してくる気配があり、さらに二〇メートルほど上流寄りから逆に下ってきてみると、やはり銅の比率が高まってくるようだという。つまり黄鉄鉱の筋からわずかに上流寄りの箇所がいちばん銅の鉱脈の走っていた可能性が高い地点ということになる。そして、細野氏が「このあたりに銅の鉱脈があったと考えるのが自然だと思います」と指さした場所、そこには岩の壁が大きく断ち割られたような崩れ目が走っていたのである。一同はハッとした。今まで何の変哲もない自然の岩の裂け目だと思っていた場所が、実は人工的に掘り取られた跡ではないかと気づいたのである。さらに誰かが対岸を指さして「あれ！」と叫んだ。ふと気づくと、ちょうどその対岸にも、同様な岩の大きな裂け目が通っているではないか。……ということは、右岸の裂け目と左岸の裂け目は、川床を跨いで連続した鉱脈を掘り崩した跡ではないだろうか。しかも対岸の裂け目の下寄りには、今まで気づかなかったのだが、小さな洞穴の入口のようなものが見える。鉱道掘りをした鉱口の可能性もある。

その後、周辺をさらに探索してみると、右岸の岩の裂け目から一〇メートルほど登ったところに少し広めの二段の平場を発見した。そのあたりの地形からすると不自然なほどの平場であったが、地形学の長谷川裕彦氏が、これは周辺の地形から考えると明らかに人工の平場だと思うと意見を述べた。そして林学を専門とする小山泰弘氏が、上段の平場が開かれたのは一五〇年から二〇〇年ほど前ではないかと思うと発言した。なぜそのようなことがわかるのだろうか。訊いてみると、そこに立っている木の樹齢と枝の伸び方から判断できるという。平場の端のほうには樹齢二〇〇年ほどの木が育っていたが、その幹から伸びる下寄りの枝が、平場と反対方向のみに出ている。しかし上のほうにいくと、枝は平場の方向へも伸びている。これはその木が幼木であった時期、平場の中央側に大きな木が生えており、そちらの方向へは枝が伸ばせなかったためだという。その木が伐られてなくなったあと、端のほうにあった木は平場のほうへも枝を出せるようなったから、上部で

写真 2-16　銅山調査（2010 年 11 月撮影）

は四方に枝が伸びているのだと説明してくれた。つまり、平場を造成したときに当然邪魔になったであろうかつての大木が伐採されたのが一五〇〇年から二〇〇年ほど前のことではないかというのである。

さらに、下段の平場の隅には、ドーム状に石が組まれた窯《かま》のようなものが残っているのを発見した。炭竈かと思い、また地元の老人にうかがうと、そういう型の炭竈はあるというが、内部にはまったく焼けた痕跡はなかった。いったい何に使った平場でありドームなのか、いまだに明確な答えは出ていない。ただ今後の探索につながる可能性はいくつか見えている。絵図に描かれていた鉱口は、巡検した川の左岸側のはずで、まさにその左岸側にあたる対岸に見えたあの穴は、もしかすると三カ所の鉱口のうち一番川寄りのものであったかもしれない。もし岩の断ち割られた付近で銅の採掘をしたとすれば、上の平場は採掘人夫の小屋や鉱石処理の作業場が建てられていたなど、鉱山と関連する場所として使われた可能性が高い。平場の端にあった木の樹齢なども精査し、再検討してみれば、あるいは今から二三〇年ほど前に掘られていた鉱山の文献記録と整合してくるかもしれない。

このように、確実に銅山採掘の跡だと確証をもっていえるだけの成果はなかったが、多様な分野の知識を集合することで、知見が深まる現場を実体験することができたのは、貴重な機会であった。歴史学による絵図とその関連文書の読み解き、山で暮らしてきた経験者の細かな注意力と豊かな知識、地質学の鉱物に関する知識、自然地理学の地形に関する知見、そして樹木の伸び方に関する林学の解釈、これらが総合することで、このときの巡検は非常に意義深いものになった。

江戸時代の森林が甦る――歴史学と林学とのコラボレーション

このプロジェクトを通じて知り合った林学の小山氏からは、さらに大きな刺激を受けた。残されている古文書と林学の知識・解釈の技法を合わせることで、江戸時代における秋山周辺地域の山の景観が見事に復原できることを教えられたのである。小山氏は長野県林業総合センターに勤務されていたが、職場では将来を考えて森林施業をよりよく行い、森林を効果的に育成するための研究を行うのが仕事であり、前近代の古い史料などにはまったく知識も関心もなかったという。ところが文献史学を専攻するメンバーと出会ったことで、過去の森に関する豊富な史料が残されているのを知ることになった。一方、私は古文書はある程度読めても、林学的知識などは皆無であったから、無味乾燥な（と見える）史料から過去の森の姿を復原するという発想自体をまったくもち合わせていなかった。ところが両者が出会ったことで、新たな研究の可能性が開けてきたのである。

江戸時代の秋山地域は箕作村という村の一部として扱われていたが、箕作村の本村自体は山奥ではなく、千曲川沿いの平地にあった。その箕作本村から二キロメートルほど山寄りに江戸時代、「仙道御林《せっとうおはやし》」と称される森があった。御林《おはやし》というのは領主の利用のために確保され、一般百姓が手出しすることを厳しく禁じられていた山林をいう。地元の百姓が御林守《おはやしもり》（御林管理人）などとして管理を委ねられ、領主の命令に応じて山林の状況を報告したりしていた。この仙道御林に関しても、そうした史料が複数残されていた。文政《ぶんせい》四年（一八二一）の「御林木《おはやしき》数寸間目《かずすんけんめ》通書上帳《どおりかきあげちょう》」（島田汎家文書一三六号）もその一つで、中には、栗・楢《なら》・朴《ほお》・板屋楓《いたやかえで》など樹種別に、長さ・太さどれほどの木が何本ずつあるか、という数字が五〇〇行ほどにわたってひたすら列挙してある。歴史学をやっている者には読めるが、内容的にはとくに興味も引かれにくい史料である。ところがこれを活字に直したものを提供して分析していただいたところ、非常に興味深いことがわかってきた。小山氏の研究をもとに紹介してみたい。

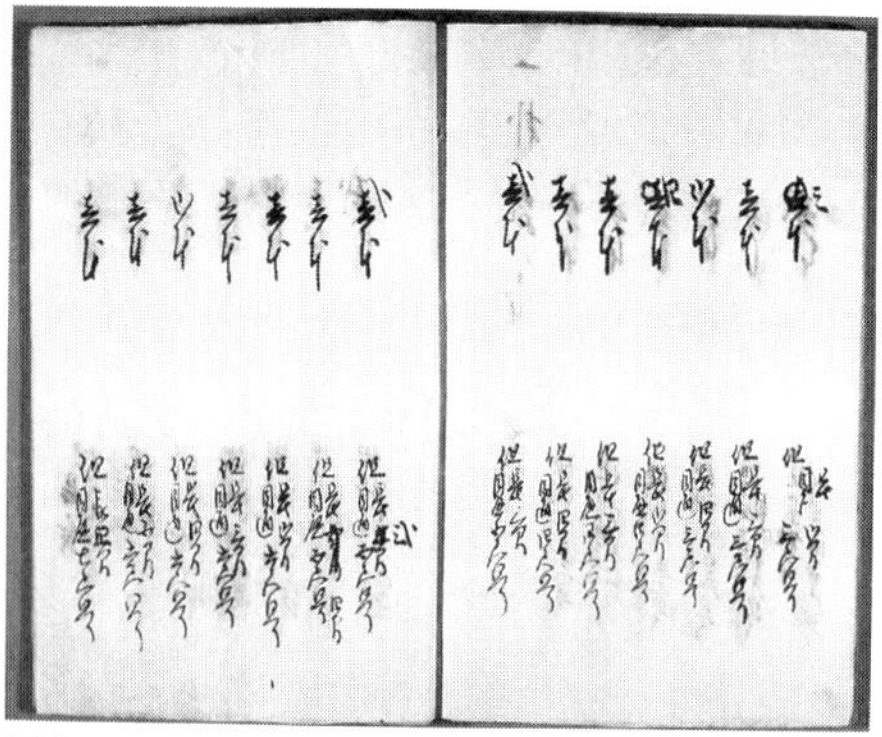

写真 2-17　一見無味乾燥な記載の並ぶ御林の書上帳

まずこの森は、直径が二メートルを越すような大径木がある巨木の森で、最大のものではナラで直径二〇三センチメートル、ブナで直径一四五センチメートルもあった。これは天然記念物級のサイズといってよい。明治一九年（一八八六）の書上によれば、

数百年前より聊手入等不致森林故、立木目通シ丈余モ廻ル古木ニテ、小木と雖モ六七尺ヨリ下ダラザル義ニ付

（数百年前よりいささか手入れなど致さざる森林ゆえ、立木目通し丈余も廻る古木にて、小木といえども六、七尺より下らざる義につき）

とある。すなわち、長く人の手が加わっていない森で、目の高さでの幹周りが一丈（約三メートル。直径にして約一メートル）もの古木ばかりで、小木でも幹周り六、七尺（直径にして六〇〜七〇センチメートル）を下らない、というのである。

しかし、箕作村の森林が皆このような巨木の森だったのかというと、決してそうではなかった。さきほどの明治一九年の文書には、このようにある。

民有地ノ義ハ山林原野ニ不係、是迄数度切替畑或ハ薪伐採等致候義故、木立ハ漸々四、五尺廻リニ止リ、余ハ柴木立・秣場等ニ御座候

（民有地の義は、山林原野にかかわらず、これまで数度切替畑《きりかえばた》あるいは薪伐採など致し候義ゆえ、木立は漸々《ようよう》四、五尺廻りに止まり、余は柴木立《しばこだち》・秣場《まぐさば》等にござ候）

（御林は明治に官有地とされたが）民有地は山林原野に拘わらず幾度も焼畑や薪採取をしてきたの

で、木立はようやく幹周り四、五尺（直径四〇センチメートルから五〇センチメートル弱）くらいまでであり、その他はひょろ長い木が生えていたり馬草をとる場所になっている、というのである。つまり、御林はひときわ目立つ巨木の森であるのに対して、周辺の山はほとんど木が生えていないか、生えていてもひょろひょろとした樹林程度であったということになる。小山氏は長野県北部にかつてあったその他の御林を三例調べてみたが、どれも樹木がまばらな林で、木の大きさも仙道御林よりははるかに細いところばかりであったと報告している。

さらに小山氏は、享保《きょうほう》六年（一七二一）に作成されている「高井郡箕作村山里蠟木改帳《ろうきあらためちょう》」（島田汎家文書一三六号）を手がかりに、林学の知見を総動員して、先ほどの仙道御林の史料より一〇〇年ほど古い森の姿を復原してみせた。

この蠟木改帳というのは、蠟を採ることのできるウルシの木の本数を調べ上げた帳簿である。当時箕作村を含む一帯を支配していた代官所では、ウルシの実から採れる蠟の生産を奨励しており、積極的にウルシの木の保護を行っていた（なお、江戸時代における当地の蠟生産とその課税については、共同研究の仲間であった鈴木努氏が前掲『新・秋山記行』の中で「山から町を照らす」と題して報告している）。この帳簿もその関係で作られたものと考えられるが、これを見ると、箕作村の里山には八五〇本のウルシがあると報告されている。これは果たして多いのであろうか、少ないのであろうか。実はウルシの木というのはごくありふれた樹種で、小山氏が箕作近隣の山をほんの少し車で移動しながら見ただけで、一〇〇本くらいはすぐに見つかったという。とすると箕作村全体で八五〇本というのは、非常に少ない本数ということになる。ウルシは明るい樹林に生える木で、鬱蒼と茂った暗い森や逆に開かれすぎた草原には育たない性質をもっている。箕作村にごくわずかしかなかったウルシは、自然環境がこのどちらかであった可能性を示唆している。すでに享保期、平地部で森林が枯渇していたことは、同じ享保年間に箕作村と、隣接する越後（新潟県）の村々との間で薪や木工材料となる木をめぐって激しい争論が起きていることからも明らかである。となれば、ウルシの本数がごく少なかったのは、特別に保護された御林や奥山地域を除けばかなりまばらな林しかなかったことを示している。もちろん、ウルシの木の書上は代官所からの命によるものであり、ウルシ実の供出など後の負担増を考えて、村側が少なめに見積もったことは充分考えられる。それにしても桁外れの少なさである。その背景にはやはり、こんもりと茂った森林がなかったことを想定しなくてはならない。小山氏によれば、閉鎖後数年経ったスキー場のような光景が広がっていたのではないかとのことである。当地で焼畑が盛んであったことは、他の史料からも知られるところで、おそらく鬱蒼と木々の茂る現代の景観とは異なり、草原状の山や丘の広がる風景が、江戸時代の一八世紀前半にはすでに一般的だったといえそうである。

こうして思いもかけず、江戸時代の史料から当時の山の景観を復原することができた。これは文献史学の研究者にはまったく無理なことで、林学との協同作業で初めてなしえた成果ということができる。なお、小山氏の研究の一端は、「江戸時代の栄村の森とは――その景観を読む」と題して前掲『新・秋山記行』に収載されている。

総じて、十数年に及ぶ秋山・栄村調査は、筆者にとって非常に刺激的で意義深いものであった。調査を通じてお世話になった地元の方々や機関、そして共同研究を通して知った多様な分野の研究者の方々との深い関係からは、実に多くのことを学ばせていただいた。また手弁当の時代から古文書調査をともにしてきた仲間を数多く得たことも、筆者にとっては何物にも代え難い喜びであり、財産となっている。

調査経験から得たもの

以上、筆者がこれまでに関わってきたいくつかの主要な調査経験について、多少具体的に述べてみた。調査の経験というのは、多分に個人的なものであり、またどのような人・史料に出会うかも偶然に左右される部分が大きい。したがって、筆者の経験を安易に一般化することはできない。とはいえ、いくつもの調査の積み重ねから得た、共通する要点もある。

一つは、常に史料の全体、すなわち史料群に目配りすべきだということである。研究目的の調査の場合、ともすれば自分が関心をもつ一部の史料のみに目が向きがちである。事前の準備で「あるはずだ」という目当ての史料がある場合など、多数の史料の中から、目的の古文書を探して史料の山をひっくり返し、かき回して見つけ出すということがあるかもしれない。しかし、それをやってしまうと、史料どうしの関係や順序を断ち切ってしまうことになり、より大きな情報を失ってしまう可能性がある。一点の史料の位置づけや、場合によっては真贋なども、史料群全体の状況からわかってくることが多い。その意味では、個別の史料だけでなく、全体として「この家にはどのような史料が蓄積され、残されてきたのか」を見る姿勢が必要となる。

二つ目には、史料に軽重の分け隔てをしないことが挙げられる。古物商の世界では、古文書にも値段がつく。有名人の出したものは高く、名もない庶民の書いたものは安い。時代の古いものは高く、近代以降のものは安い。これが一般的な傾向である。しかし最初にも述べたように、歴史研究の手がかりとしての文化財とみた場合、史料に軽重はないのである。たとえば、戦国大名として有名な武田信玄直筆の古文書はまことに稀少で値段をつければ高額なものになるであろうが、それとて明治時代の地方行政制度を調べようと思っている人には「役に立たないもの」なのである。また三代前のその家の当主の事績を調べたいと思っている人にとって、後醍醐《ごだいご》天皇の出した命令書は特段の価値をもたない。あるいはまた、今の世で直接調べる対象にならない古文書でも、いつか有益な史料となるときがくるかもしれない。それはあたかも考古学の発掘遺物と同じである。出土した遺物を、現在の研究に役立たないからといって廃棄してしまうわけにはいかないのと同じである。いつか必要なときが来たときに調べられるように、きちんと保全しておかなくてはならない。古文書もまずはあるがままのものとして記録し、あるいは残していくべき文化財といえる。江戸時代の史料も現代史の史料も一緒に出てくるからといって、「私は江戸時代を調べている者ですから大正時代の文書は扱いません」というわけにはいかない。昭和期の文書は「新しい時代のものだから価値がない」と思われるかもしれない。しかし昭和も平成も歴史の一齣にすぎないのであって、やがては過ぎ去っていく時間の流れに呑み込まれていくことに違いはない。歴史を扱う者は、目先のタイムスパンを物差しにすることは避けなくてはならない。一〇〇年、二〇〇年という長い視野で現代を意識することが重要である。要は、史料というものは、調査に携わる人の関心や古物市場の価格によって価値を決めることはできないものなのである。ことほどさように、古文書は外見や作成者に関係なく、あらゆる歴史事象を調べる手がかりとして活用されうる可能性を秘めているのであり、その意味ではどの史料にも軽重はないのである。一時の個人的な関心や価値観で史料の軽重を判断しないことが重要である。

三つ目には、史料所蔵者との関係である。史料館に収められた古文書を閲覧する限りにおいては、とくに問題となることもないが、個人宅や寺社、あるいは地区として保存し、残されてきた史料を見る場合には、史料所蔵者や管理者と人間的な関係をもたなくてはならない。それは面倒な場合もあるかもしれないが、必要なことなのである。近現代史の場合には、当事者や直接の関係者が存命であることもあるが、多くの場合、歴史学研究の過程においては、史料に出てくる歴史上の当事者（関係者）と直接に対することはほとんどない。それは制約のない自由な思考をもたらすメリットもあるが、一方でこの自由をはき違えると、どうせ当事者はこの世にいないからと誠実な史料との対峙を忘れることにもなりかねない。その点で、地域というつながりの当事者、関係者の子孫という当事者が目の前にいることは、ある種の稀有な緊張感を歴史学に与えることになる。当事者にとって有利なことも不快なことも含めて、史料から導き出されたことをきちんと伝えられるだけのしっかりとした史料の読み込みが求められる。ずいぶん以前のことだが、あるお宅の古文書の撮影を終え、写真をもとに作成した目録をお届けしたとき、年配のご当主が、眼鏡を取り出し、食い入るように読みながらページを繰っている姿を見て、ハッとしたことがある。地域と関わりのない調査者にとっては、古文書に出てくる名前が何左衛門であろうが、何兵衛であろうが、差し当たり目録の体裁が整っていればできあがり、と思ってしまうところがある。しかし子孫にとっては、我が家の先祖が何左衛門なのか、何兵衛なのかは重大事である。たかが人名、されど人名。苦労して仲間と作成し、決して手抜きはしないように心懸けた目録であったが、このときは、改めていい加減なものを作らなくてよかったと思ったものである。

第三章
史料の調査と整理を考える

研究か史料整理か

個人の家の片隅に眠っている古文書は、決して地域の歴史や日本全体の歴史と無関係ではない。その意味では、「我が家にある古い古文書はどうせ紙くずみたいな価値のないものだろう」と決めてかかるのは誤りである。まさに紙くずとして捨てられる運命だった古文書から、新しい発見があり、歴史像が変えられていく場合もある。第五章で触れる時国家の襖下張文書の場合は、まさにそうした好例といえる。

もっとも眠ったままの史料は、誰かが発見し、整理し、紹介することなくしては、日の目をみることはない。歴史を書き替えるかもしれない史料を地道に見出し、整理を加え、世に公表していく仕事は、その意味では派手さはなくとも重要な意味を担っている。そして、そうした作業はしばしば史料を使った研究そのものよりも大きな意味をもつことがある。

歴史研究と一口に言っても、分野やタイプはさまざまである。分野的には政治史、経済史、法制史、社会史、文化史などと分けられ、タイプとしてはある時代の時代像を大きく転換させるような、社会や制度の構造を明らかにするもの、知られていなかった細かい事実関係を明らかにするもの、全体史の新たな構造を地域に即して検証するものなど、多様な類型がある。だが、いずれも史料にもとづいて、実証的に行われる点はほぼ共通している。歴史学も学問であるから、単なる個人の思いつきだけで記述するのでは意味をなさない。史料に書かれていないこと、関係史料の存在しないことを思い込みで記述しただけならば、単なる妄想にすぎない。学問として何事かを明らかにするためには、あくまで最大多数の人が納得できるように、史料から事項を立証する必要がある。その意味では、史料は歴史研究の最も基本的な分析素材であり、前提となるものである。

一方、研究内容は時代による流行に左右される面も多く、ある研究テーマがはやると、猫も杓子《しゃくし》も同じテーマで論文を書くような状況もある。もちろん地域を変え、微妙に課題などをずらしたりはするが、大枠としては類似したテーマの論文が量産されるケースがある。しかし流行を過ぎ（というと言葉が悪いが、ある観点からの研究が方法論的に限界を指摘されたり、画期的だった論点がやがて当たり前の視点となって陳腐化するなど）、人々の興味関心が離れてしまえば、それら量産された研究は、顧みられることも少ない。ありふれた業績の一つとして忘れられていくこともよくある。口の悪い研究者は、こうした論文を「産業廃棄物」とまで呼ぶ。要は研究には流行り廃りがあり、時代とともに価値を低下させていく論文も多いのである。

しかし、史料には基本的にこうした価値の低下はない。ジャガイモを使った料理の種類や味付けに流行り廃りがあったとしても、ジャガイモそのものが価値を失うことはないのと同じである。史料はすべての歴史研究の原点をなす素材であり、さまざまな観点からの分析を可能にする、可能性のつまった材料である。であるから、そうした史料を見出し、整理し、時に補修を施し、それらが後世まで保全されるように措置を講ずる仕事は、いつの世にも必要とされる大切な業務である。研究と史料整理のどちらが大事かなどは簡単に比べられないことだが、史料あっての歴史学であることを思えば、時には研究よりも重要な史料の整理・保存作業もあるのは確かである。

史料整理は「雑務」なのか

ところが、史料整理の仕事は、現在のところ、思いのほかにその評価は低い。史料整理は、歴史学分野に属する仕事であり、崩し字の解読はもとより、時代背景に関する広い知識などが求められる専門性の高い業務であるが、学界では基礎作業たる史料調査・整理の業績は必ずしも高く評価されてはこなかった。もちろん史料館などの機関では史料調査・整理・保存、あるいは編纂を主業務とするので、それなりに評価はされるであろうし、一九八七年（昭和六二）にできた公文書館法や二〇〇九年（平成二一）に成立した「公文書等の管理に関する法律」とも絡んで、歴史的史料を扱う専門職アーキビストを養成しようという動きもある。しかし歴史研究者の世界では、論文の作成は評価されるものの、史料の調査・整理などは、そもそも評価の対象とする仕組み自体が明確化されていない。未発見の中世までの史料はごく限られているので、一般研究者がそうした史料の発見や整理を担う機会自体がほとんどないし、近世以降の史料に関しても、地域に残されてきた史料を研究者が自ら現地を訪れて発見し整理する動きは、昨今鈍くなっている。研究者自体の中にも、「自分たちは活字になった、あるいは写真化された史料を使って分析する側であって、そうした下準備をするのは別の人間の仕事」とするような感覚が今でも見受けられる場合がある。史料原本の調査や整理などの「雑務」は、自治体史に関わる職員か資料館の学芸員・アーキビストに任せておけばいいのだ、とする感覚も根強いのが現状である。

ある大学院生のこんな話を聞いたことがある。多額の研究費が出ている研究プロジェクトを指導教授が主宰しており、その院生は幾人もの仲間とともにそのプロジェクトで行われた現地調査に参加していたのであるが、撮影してきた古文書の写真を読んで目録を作成する仕事をしていたところ、当の教授から「雑用ご苦労さま」というメールが届いたという。彼は憤慨して、「僕は雑用をやっているつもりはありません」と返信したそうだが、それも単なる謙遜《けんそん》の言葉と思われたのではないかと語っていたという。この指導教授は市民的な立場に立った研究者であるから、そのメールも労《いたわ》りの気持ちで出したものであったのであろう。しかしここには、史料整理は「雑用」という感覚が透けて見える。まして自らがその作業に主体的に関わることが重要であり、それ自体が研究の一環をなすという認識は持ち合わせていないようである。とすれば、史料整理をどんなにしても、何らの実績とも評価されないのは明らかであろう。ことほどさように、史料整理の評価は低いのである。

最初にしか採れない情報——現状記録の重要性

ではここから、史料整理の際に注意すべきことについて、具体的に考えていこう。

新たに史料調査に入ったお宅で、ご当主が木箱に入った古文書を持ってきて、我々の前に置いてくれた。——古文書との出会いは、このような形で始まることが多い。未知の史料群を前にしたとき、早くどんな古文書があるのか見て確認したい、と思うのが人情である。ではそのとき、我々はまず何をしたらいいのだろうか。とりあえず箱から全部出してみる、そして年号に従って時代順に並べてみる、あるいは内容別に分類していく、または古文書の形態別に帳簿類や一枚物に分類し、山を作っていくなど、さまざまなやり方が考えられるであろう。どれもごく普通にありそうな調査・整理の方針である。

ところが、今述べたような方法には、近年大きな疑問がもたれるようになっている。なぜなら、いちばん初めに採るべき情報、最初にしか採れない情報が失われてしまうからである。その情報とは何か。それは、残されてきた史料どうしの関係を示す「現状」の情報である。

残される書き物は時代とともに増えていくが、その際、史料は必ずしも古いものから順番に地層のように積み上がって残るとは限らない。ある時期の当主によって整理され、不要とみなされたものは大量に処分されることもある。また領収書類、土地証文類、書状類といった内容別に分類され、こよりなどで括って整理されることもある。あるいは何らかの訴訟に際して昔の証文を参照し、新しい訴訟関係史料とともに封筒に入れてとっておくこともある。さらには、外部からの参照者、たとえば市町村史の編纂委員がやってきて整理したり、親戚の人が家系調べのために本家の古文書を見に来てかき回していくこともある。まとまりとしての史料群には、さまざまな形で手が入ってきているのである。そして史料の調査者は、そのようなさまざまな過程を経たある時点での史料群の現状に出会うことになるのである。

さて、実際に史料調査に出向いて作業をすると、いろいろな機会に行われたと見られる括りや整理の痕跡には日常的に出会う。ある書類を開いていったら、その中にまったく別の書類が挟み込まれていたり、帳簿の袋綴じの内側に手紙が入っていたりといったこともときどきある。箱の中の古文書を順番に取り出していき、江戸時代前期の帳簿の次に明治期の書類があったとしても何らそれは珍しいことではない。それは偶然そうなったのかもしれないし、何らかの意図や作為のためにそのように並べられたのかもしれない。しかし、このような「残され方」の情報が、ある古文書の来歴や扱われ方、利用のされ方、そして史料群全体の中での位置づけなどを知るうえで、重要な意味をもつ場合もあるのである。ところが、こうした史料どうしの関連性、相互の位置関係を示す情報は、当然ながら一度無造

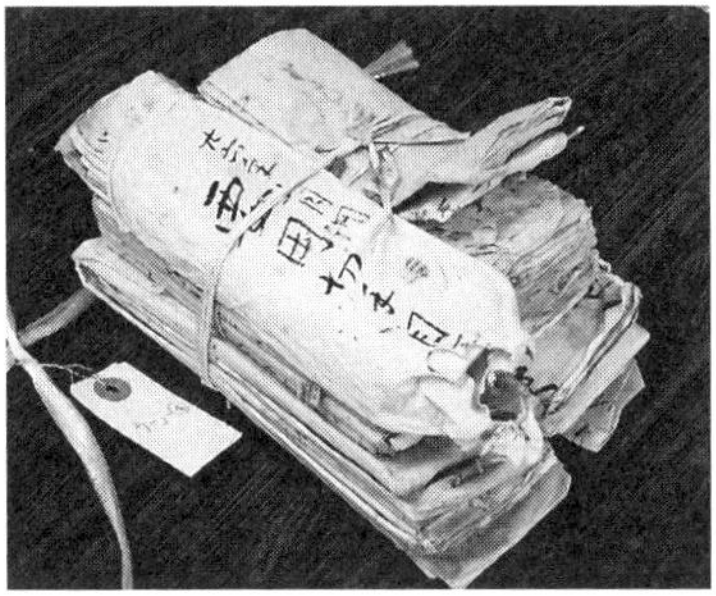

写真 3-1　古文書はさまざまなまとまりの形で出てくる

作に取り出してしまったら、もう二度と復原することは困難となる。どの古文書の下にどれがあったか、どの古文書がこよりで括られていたか、どの古文書の中にどれが挟み込まれていたか……など、調査者が出会ったときの「もとの状態」についての情報は、最初にしか記録できないものなのである。これを残すことは欠かせない作業といえよう。次に挙げる例を考えれば、さらにわかりやすいかもしれない。

「ともにあること」の史料的価値

考古学調査で土地を発掘する場合、もちろん出てきた遺物は過去を知るための大切な情報には違いない。しかし、遺物が大事だからといって、宝探しのごとく、やみくもに遺物のみを掘り出せばいいかというとそうではない。その遺物が所在していた地層の上下関係や遺物相互の位置関係が、遺物そのもののもつ情報と同じくらいに大きな意味をもつのである。それがどの層位から出土したか、また遺物と遺物がどのような配置で出土したか、それは遺物の意味を相対的な視点から考えていくうえで、是非とも必要な情報である。あるいは縄文時代を専門に研究している研究者が、自分は縄文時代にしか興味がないからといって、その上層にある平安時代や弥生時代の遺跡を記録もせず破壊して、縄文時代の地層にたどり着けばいいのだろうか。当面自分の関心がそこにないとしても、残された平安時代の遺跡の情報をきちんと記録しておくことは、そのときにしかできないことであり、のちのち誰かが平安時代のその遺跡を調べるときのために必要な作業であることはいうまでもない。

実は同じことが古文書の調査にもあてはまる。古文書それ自体のもつ内容情報は大事には違いないが、それがもつ相互関係の情報も、現状を「破壊」する前にしか採れない大切な情報なのである。たとえば、明治時代の地租改正時の書類と、江戸時代初期の検地帳とが一括りにされて一緒に出てきたとしよう。年代別の整理をすれば、前者は近代のところに、後者は近世初期のところにと、まったく異なる場所に置かれることになる。しかし、近代税制の大幅な改変にあたって、近世以来の村に残された土地保有データを参照することは充分ありうることである。とすれば、時代を隔てた二つの史料が一緒に残されていたことには意味がある。すなわち、地租改正という近代の大改革に、近世初期の検地帳が一定の基礎となっていたことを明瞭に示唆する事例となるのである。しかしこの場合は個々の史料そのものの内容がもつ価値とは違う種類の役立ち方なのであって、「ともにあること」自体が史料的価値をもつのだということができる。

こういうケースもありうる。たとえば「天保五年」作成の書類と年代のない古文書とが重なって出てきたとしよう。年代順の分類でいえば、一方は天保五年の場所に、一方は末尾の年代未詳の分類に置かれることになる。しかし、両者をよく見ると同じ筆跡で書かれている。こうした場合、時期的には年代のないほうも天保期頃の史料と推測することができる。しかしもし機械的に年代順にバラしてしまったら、たとえば数百点、数千点といった史料群の中で、それらを筆跡から同時期のものと関連づけるのは至難の業である。また、バラバラな時期の十数点の古文書が束になってこよりで括られていたとしよう。ところがそれらをじっくり読み込んでよくよく検討したら、実は同じ一件に関わる関係書類であることがわかった。しかし調査の現場では、一点ずつの中身まで踏み込んで、じっくり検討する時間的余裕はない場合が多い。とすれば史料整理の現場では、その史料のまとまりが一括され、ある順序で重ねられていたことを、当面失うべきでない情報として残す必要がある。

右に述べてきたような、最初にしか採れない「残され方」の情報を記録すること、これを「現状（原状）記録」と呼んでいる。我々が調査先で古文書と出会ったとき、まずしなければならないのは、この現状記録なのである。ちなみに、現状の情報については、もとの状態という意味で「原状」と表現する場合もあるが、右に述べたように史料群の姿は変遷していくものであって、絶対的な意味での「もと」の状態があるわけではない。調査者が見るのは、あくまでその史料群に出会ったときの「もとの状態」でしかなく、それはすなわち現今の状態にほかならないので、ここでは「現状」と表現することにする。

こうした情報を残すべきではないかという考え方は古くからあり、たとえば東寺百合文書や東大寺文書など古代から中世初期に遡る一大史料群の目録などでも、何らかのまとまりになっていたものはそれを崩さずに整理することは意識されていた。ただ、日本に無数に残されている近世文書の整理にまでこうした考え方が導入され、実際に意識的に記録が採られるようになったのは、一九八〇年代後半からとみていいであろう。東京大学などを中心とする有志の団体で始められた「房総史料調査会」の活動はその嚆矢《こうし》といってもいい。その後、やはりこれも学習院大学の有志などを中心に始まった「甲州史料調査会」も、試行錯誤しながら現状記録を残す整理方式を採用し、積極的に実践してきた。筆者の属している「中央大学山村研究会」でも、前述のように、活動の途中から現状記録を採るようになった。

内容と形態による整理方式は適切か

第二次世界大戦後、近世文書の本格的な調査、整理が広く行われるようになった。そこではさまざまな整理方法が採られたが、中でも多かったのが、内容別・形態別の整理である。

内容別とは、史料を「A 支配」「B 土地」「C 農業」「D 家」などの内容分類によって区分けし、整理していく方式である。これらの大項目をさらに細かい項目に区切り、体系的に整理していくことも一般的である。また、地域性や史料所蔵者の性格によって、独特な項目が設けられることもよくある。漁業の盛んな海辺の史料であれば、漁業に関する項目が独立して細かく分かれたり、酒造家の史料であれば、酒造に関わる史料が大項目として立てられたりするなどの例である。この方式は、何かの事項について調べたいというとき、利用にあたってたいへん便利なため、現在でも各地で広く行われているやり方である。ただ、当初の現状に関する情報を採らず、史料現物自体を直接前記の項目別に分けてしまうことが多かったため、現状から得られる情報を失わせてしまうことになりがちである。

さらに、もう一つの問題は、個々の古文書を基本的に一つの分類項目に無理やりあてはめてしまうことである。いくつかの項目のどれにも分類しうるという史料でも、基本的にはどれか一つの区分に編入することが原則とされてきた。そこには当然、目録編成者の判断や恣意が入ることになる。そもそも一点の古文書には、書き手が意識したこともそうでないことも含め、実にさまざまな情報が盛り込まれている。たとえば林業をめぐる争論史料の場合、通常ならば「山林」「林業」などの項目に入れるところである。しかし、それだけではない。文面を読むと、自説の正当性を補強するために、村の開発由緒に遡ることが書かれていたり、薪採取や山菜採取など多様な山の利用について触れられていたり、村としての意志の表し方、訴訟の制度に関わる事項に触れられていることもある。さらに、争論のために書かれた書類であれば、意図的な歪曲や事実の隠蔽など一方の主張に偏った内容になることもあるが、そうした本筋の主題とは外れた一文や文言に重要な歴史的事実を見出すこともありうる。そうなると、この古文書はたとえば「林業」以外の事柄についても、さまざまな論証の手がかりを与えてくれることになる。しかし、「林業」に分類されてしまえば、そうした利用はしにくくなる。その意味では、あくまで分類目録は便宜的な目安にすぎないことを充分心得て利用する必要がある。

史料内容の豊かさを生かすには

具体例で考えてみよう。宝永五年(一七〇八)一一月付で作成された「乍恐口上書を以御訴詔(恐れながら口上書をもって御訴詔)」という文書がある(斎藤義直家文書A—j—②—17—1)。現在の山梨県早川町内にあった京ヶ島村の六左衛門という百姓が名主などと連名で代官所に提出した訴状で、次のような興味深い内容のものである。現代語訳を掲げよう。

京ヶ島村と近隣の塩之上村とは前々から入会の山で馬草や薪を相互に採取してきたが、一〇月二三日に塩之上村の村人七人が薪など採取の際、六左衛門の山畑に勝手に運び出し用の新道を作ってしまった。六左衛門がこれを見つけ、七人を取り調べると、なんとそのうちの一人が「猪鹿おとした丶き板(猪・鹿威し叩き板)」を薪の中に紛れ込ませて盗み取っているのが発見された。そこで六左衛門は不正があった証拠として、彼らから鉈《なた》一丁を押収した。ところがその二日後、六左衛門親子が楮《こうぞ》伐りに山に入ったところ、塩之上村の百姓全員が待ち構えていて、親子を追い剝ぎ、命を奪うぞと申しかけてきた。そこで京ヶ島村としては、長百姓瀬兵衛が塩之上村の名主にそういう事実のあったことを申し伝えたうえ、塩之上村の責任者ら四名を取調べて欲しいと代官所に訴え出た。

さて、この史料を分類方式で整理する場合、どのような項目にあてはめればいいのであろうか。まず思いつくのは、全体として山の利用をめぐる争いであるから、「山林」などの項目に入れる、ということである。しかし、内容はそれだけでは充分に反映されない。「猪鹿おとしたゝき板」なるものが中に登場する。これは山畑を荒らす害獣を追い払うため、叩いて音を出す板を指すとみられ、当時も獣害があったこと、そしてその対処として畑に付けられていた板を叩く方法がとられていたことがわかる。これは「獣害」の史料と分類することもできよう。また、不正の証拠として鉈一丁を押収したとの文言も見られる。中世以来、山での紛争があった場合に、鉈や斧など山道具を不正の証拠として取り押さえる習俗があり、それが近世の甲斐国にも生きていたことが知られる。これは「習俗」とか「慣習」などという項目を設けてもいい内容である。あるいはまた、「楮伐り」の文言も見える。この近辺の山には、和紙の原料となる楮があり、それを出荷するために伐りに行くのが百姓たちの生業《せいぎょう》の一つとなっていたことが知られる。これは和紙作りなどの「産業」に関わる史料でもある。

　こうしてみると、わずか一点の史料であっても、実に豊富な内容を含んでおり、一つの項目に分類すること自体に無理があることがわかるであろう。ある項目に分類されることで、多様な関心をもつ目録の読者を、その他の事項について調べる手がかりからかえって遠ざけてしまうことにもなりかねないのである。これは項目分類方式のもつ大きな欠点といえるであろう。

　もちろん多量の史料の中から、見たい古文書にアクセスするためには、分類目録が有効な手がかりであることはいうまでもない。目録は時代順、分類順その他何種類でも揃えておけば利用しやすさが増すことはまちがいない。だからさまざまな視点からの目録が作成されること自体は否定すべきことではない。ここで問題としているのは、往々にして史料原本自体を、現状記録を採らずに分類項目に従って整理することが多かった点である。つまりは、一種類の項目に無理やりあてはめた形式で、史料のモノ自体が並べ直され、それ以外の現状情報などが一切顧みられないことが問題なのである。

もっとも、現在、右の問題は容易に解消できるようになってきている。史料の整理にもパソコンが導入され、個々の史料に関する情報をデータベースとして入力し、さまざまな角度からの検索を行うことが可能になったからである。史料原本を並べ替えなくても、特定のキーワードに該当する史料を目録上だけで抽出したり、それを年代順に並べ替えたりすることも容易である。これによって項目分類方式の欠点はカバーされるとともに、史料画像自体をリンクさせるなど、むしろ、より幅広い利用が可能な時代がやってきている。

形態別整理の問題点

次に形態別の整理について考えてみよう。しばしば行われたのは、古文書を状と冊、つまり一枚物の史料（一紙物《いっしもの》）と帳簿類とに分ける整理のしかたである。あるいは帳簿をさらに横帳《よこちょう》（長

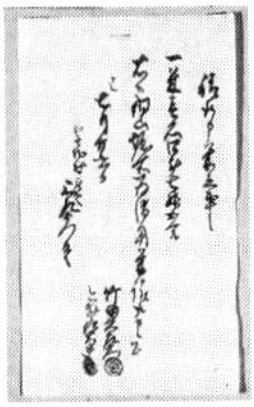

2　切紙
（竪切紙）

6　竪帳

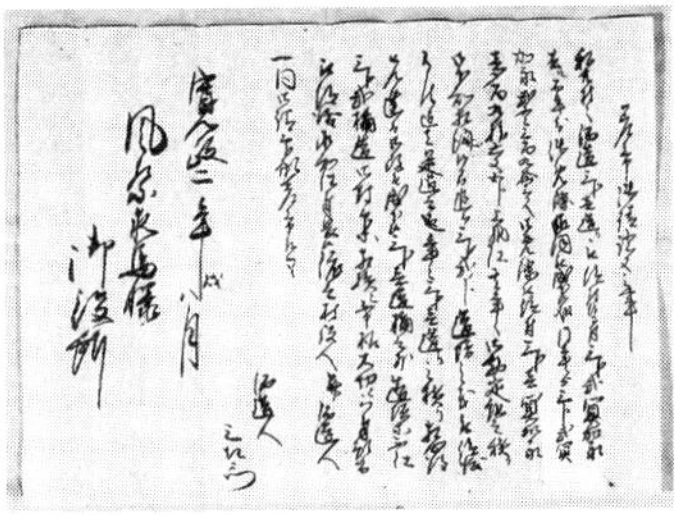

1　竪紙

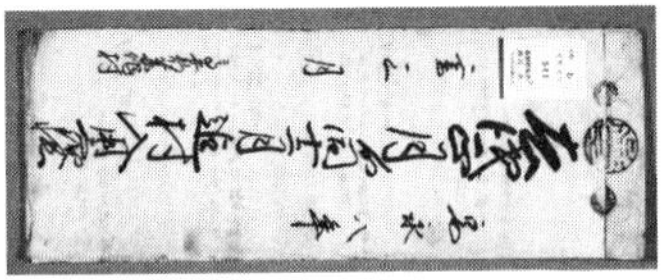

7　横帳

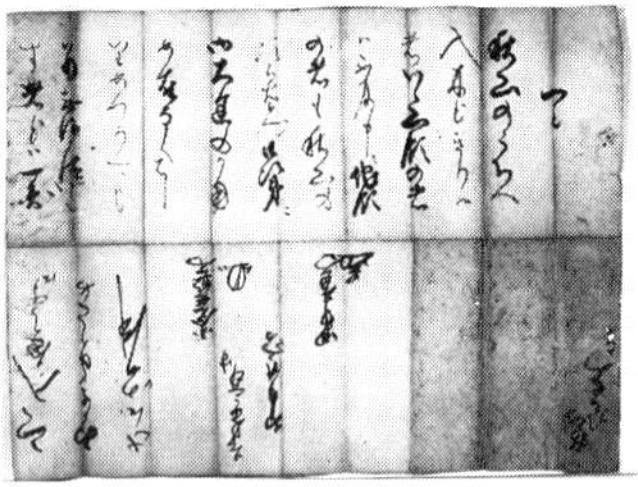

3　折紙

8　横半帳

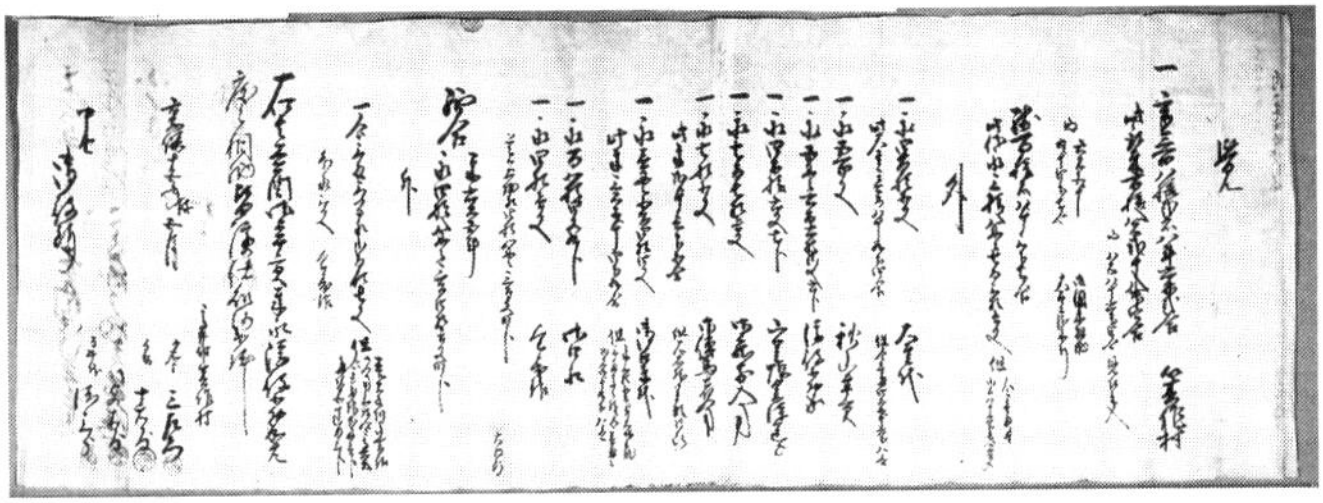

4　継紙

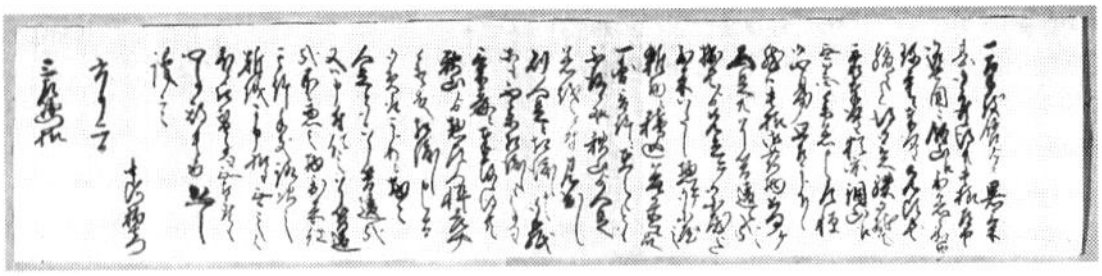

5　切継紙

写真 3-2　古文書の様式

【古文書の様式】

1　竪紙…いわゆる半紙大の標準的な１枚物の様式
2　切紙…竪紙の一部を切り取った様式
3　折紙…竪紙を横半分に折って使用する様式
4　継紙…竪紙を横に貼り継いで長く使う様式
5　切継紙…横長の切紙を貼り継いで長く使う様式
6　竪帳…竪紙を縦半分に折って複数枚を綴じた帳面の様式
7　横帳…竪紙を横半分に折って複数枚を綴じた帳面の様式
8　横半帳…横帳を半分に折って小型サイズの帳面に仕立てた様式

※これらは主に江戸時代まで普通に利用された一般的な様式で、竪紙は証文類や権利書、切継紙は書状など、それぞれにだいたいの用途が決まっていた。

帳）と竪帳《たてちょう》（袋綴じ）とに分けることもある。これは整理にあたって、見た目で明らかにわかる形態の違いを第一の分類基準として重視した結果といえるが、同時にごく概略的には、一種の内容分類に近い意味ももっていた。すなわち、一紙物は証文類や訴状などに多く用いられ、横帳は家の経営や商売に関わる帳簿であることが多く、竪帳は御用留《ごようどめ》などの通達類の筆写や由緒書、系図類に用いられるなど、その用途にはある程度の目安がある。もちろんこの目安から外れる史料もたくさんあるが、大量に出てきた古文書の現物をとりあえず整理していくには、一つの段取りとしては有効な面もあったのである。

ただし、現状記録の必要性が明らかになった現在からすると、当然ながら史料現物をいきなり形態別の山にしてしまうことには大きな問題がある。史料によっては、訴状の控（写し）が竪帳形式で書き写されている場合もあるし、系図が横帳形式で書かれる場合もある。結局、目録作成時にはより細かい内容分類が必要になることからすれば、形態による分類には、あまり大きな意味をもたせることはできない。

また、この分け方はあくまで近世までの文書《もんじょ》を対象としたものであって、史料の形態が多様になる近代には適用できない。近世史料は、一紙物では竪紙・切紙・折紙、簿冊では竪帳（木版刷りの書籍も形態としてはこれに類する）・横帳・横半帳、その他では綴りなどの形態でほとんど分類が可能であり、種類自体が限られている。しかし近代に入ると、ハードカバーの書籍やら雑誌、市販品のノート・新聞・写真など、現在と変わらないようなあらゆるスタイルの史料が現れてくる。これを近世までの基準に従って形態分類することは不可能となる。元来、近代史料を目当てに現地史料を調査すること自体がほとんどなく、地域史料の調査は、ほとんどが前近代の史料（一般に地方史料の調査といわれるものは主に近世史料が対象）を探索するために行われてきた。その意味では、大雑把な形態分類形式は、あくまで前近代史料のみを視野に入れた整理方式といってもよいであろう。

すなわち形態別分類の方式は、近世までの史料の整理において一定の長所をもつとしても、現状を無視した整理方式という一点において、やはり今となっては問題が多いといえる。

現状記録に意味はあるのか

目録を時代順にするか、内容項目別に並べるか、はたまた史料の出てきた順番にするか、それは使いやすいように編成すればいいのであるが、原本に関しては少なくとも最初にしか採れない現状の記録をしっかり遺しておくことが必要である。ただ現在のところ、現状記録の採り方には、別にこれと定まったやり方はない。おおまかな共通性はあったとしても、細部については、各調査団体、調査者によってさまざまな方式が採られている。たいへんに詳しく記録するところもあれば、かなり大雑把な記録のみで済ませることもある。

このように記録の方法が確立されていないこととも絡んでくると思われるが、現状記録が提唱されて以来、史料整理の経験者からも、その必要性や有効性に対して、しばしば疑問の声が出されてきた。大量の史料を整理する際に、いちいち現状記録などを採っていては作業効率が非常に悪くなる、あるいは現状記録自体にどこまで有効性があるのか、といった疑問である。まずは後者の疑問について考えてみたい。

たとえば、史料調査に入る前の日に、所蔵者が土蔵の中をいろいろと片づけ、見つかった古文書をあり合わせの段ボール箱に適当に入れて用意をし、調査者の前に運び出したとする。これでは現状は破壊され、それを記録しても意味がないのではないか、という疑問である。

しかし筆者は、それでも採るべきであるし、採ることに意味があると考えている。というのは、史料群というのは、幾度もの廃棄や整理の手を経て残ってくるのが普通のことであって、前に述べたように、地殻変動のない地層のように、古い順にそのまま古文書が積み重なるものではないからである。常に史料群は変動を経つづけているのであるから、固定的・原初的な「原状」というものがあるわけではない。ある家に残る史料群の履歴を考えたとき、それらを学術的・文化財的価値をもつ一つの史料群として認識し、その伝来の過程や残り方などに意を払おうとする最初の機会として、そのときの現状を記録しておくことは意味があると考える。そしてその時点での状況を記録しておけば、それ以後は、何年経ってからでも、最初に記録された時点での現状を調査者は追体験することができることになる。

また、ある古文書の中に別の古文書が挟み込まれていたとか、どの古文書どうしが重なり合っていたというような情報は、その家の当主が古文書を別の容器に詰め替えたとしても、たいていの場合完全に破壊されるものではない。ある程度のまとまりや重なり具合は残るものである。あるいは、外部からの調査にあたって当主が見せたいもの、見せたくないものを事前に整理したとすれば、それ自体も一つの史料群の履歴とみることができる。ともかく、どこかの時点での状態を学術的意図をもって記録することは、そのときの状態を固定化・明確化し、後世にも再現可能とすることになる。こうした意味で、筆者は現状記録を採る意義を認めたいと考えている。

現状記録の重要性

次には現状記録の有効性、より端的にいえば、どのようにそのデータが使えるか、という問題を考えてみよう。この問題は、実は疑問の中にあった、調査作業の効率性の問題とも関連してくる。

史料調査の現場では、普通、史料一点一点をじっくり読み込んだり点検したりする時間的余裕はない。限られた時間の中で、できる限りの情報を得て帰るというのが基本となる。したがって、史料どうしの関係を丹念に比較したり、内容を深く読んで何らかの考察を深めるようなことは難しい。その一方で、現場では次々と迅速な判断が要求される事態が起こる。目録を採るとして、箱から取り出した古文書が他の古文書に挟み込まれているように見えるのは何か関係があるのか、それとも偶然にそういう形になっただけなのか。両者は年代も違うし筆跡も違う。この二通を何らかの形で一括しておいたほうがいいのか、バラしてしまっていいのか。あるいは、麻紐で括られた古文書とこよりで括られた古文書には何らかの差異があるのか。整理した時代が違うのか、それとも意図的に何かの区別をしたものなのか、はたまた麻紐が尽きたのでたまたまこよりで代用しただけなのか。これらを紐を外して一括して通し番号をつけてしまっていいものかどうか……。

調査の際には、こうした限りない「迷い」にぶつかることになる。これをいちいち史料の内容にあたって調べていたのでは、作業はまったくはかどらない。かといって、目の前の現状を一切破棄して、年代順に並べ替えるといった方式を採っては、あとあとわかるはずのこともわからなくなってしまう。現状記録は、実はこうした「迷い」に拘泥せずに作業を進められるようにする意味ももっているのである。近い位置どうしにあったものは、近いことをわかるような形で記録に遺す。こよりや紐で括られていたものは、その関係がわかるように記録に遺す。しかも簡単な原則に従って、ある意味で機械的に処理することによって、整理を進めていくことができる。これが現状記録の一つの長所である。

では、そのデータはいつ利用するのか、またはいつ役に立つのか。これに関しては、いつと答えられるものではない、というしかなかろう。現状記録データは、何か特定の研究目的のために採るデータではないからである。あるがままを記録しただけのものなのである。前に述べたように、それは考古学でいう遺跡の発掘データと似通った性格のものである。遺跡発掘のほとんどは、工事や開発にともなって見つかったものであり、破壊を前提とすることが大半である。もちろんすべての遺跡を残せればそれに越したことはないが、現実にはそれはできない。その場合、記録保存をしたうえで、現場は工事で破壊される。遺るのは記録のみである。しかし、その遺跡データがいつ役に立つのかはわからない。とすれば、いつかその遺跡データが必要になったときに、いつでも引き出せるようにしておくことが重要なのである。「破壊してしまったので、何も残っていません」という事態だけは避けなくてはならない。史料の現状記録もこれと同じことなのである。

一体化する配置と記憶

ただ、こういう事例があったことを紹介しておきたい。二〇〇七年（平成一九）三月二五日、能登半島を中心とする大規模な地震が発生した。とりわけ震源域にあたる奥能登地域は大きな被害を受け、多くの文化財が被災することとなった。かつて神奈川大学日本常民文化研究所の調査で筆者も訪問したことのある、とある旧家でも、土蔵が被災し、今にも倒壊しそうな状態になってしまった。美術系の博物館が建物内の文化財を救うべく、緊急に中の什器類を運び出したのだという。ところがこれが後で困った事態を招いてしまった。というのも、この家の老人は、土蔵内部の配置で、什器にまつわる詳細や用途などを把握していたというのである。おそらくは、土蔵の一階右奥の器はどういう来歴のもので、何に使うためのものというように、配置と内容情報が一体となった形で記憶していたのであろう。しかし記録をせずに手当たり次第運び出してしまったため、そうした内容がわからなくなってしまったのだという。潰れそうな建物からの文化財の救出となれば、きちんと現状記録をして、という段取りは望むべくもないであろうから、ここで懸命に中身を運び出した学芸員を非難することはできない。

むしろ私たちがここから学ぶべきは、配置と一体で意味をもつ情報が実際にある、ということである。考えてみれば、これは誰にでもある経験ではなかろうか。机の横の書棚の三段目の右端あたりにあの関係の書類を入れていたはずだ、というような記憶のしかたは、書類を探すときなどに日常的に役立っている。もし地震で書類の束が書棚から落ちて散乱したとしたら、それだけで捜し物はさらに苦労を増すことになる。つまり、「そこにあること」が意味をもつとすれば、古文書の収納された場所や順序にも同様に意味がある場合を想定しなくてはならない、ということである。この箱の上のほうにまとまっていたとか、あの書類と一緒に保存してあったというような情報は、第三者が史料群を分析していくときに重要な手がかりになる場合がありうる。これこそがまさに現状記録のもつ意味なのではないかと思う。

未来に備える

現状記録のデータが思わぬ形で役立った事例を一つ紹介しておきたい。それは第二章で紹介した栄村での「土蔵まるごと調査」のデータである。

この調査にあたっては、古文書の収められている容器だけでなく、まさに土蔵まるごとを調べることが求められたため、漆器や陶磁器の入った木箱、衣装簞笥、長持、小物の入った多数の木製や紙製の箱、畳んで収納されていた屛風など、ありとあらゆる収蔵品が調査対象となった。そのため、容器を表すのに通常用いているA・B・Cなどの大文字アルファベットだけでは記号がまったく足りなかった。そこで、土蔵一階の見取り図を採るのに、まずエリア記号という概念を使った。入口から向かって左手壁面の手前寄りに固まっている物品のまとまりを「あ」、同じく奥寄りにまとまっているものを「い」、入口正面の壁面に三段に造りつけられた棚を上から「う」「え」「お」……という具合に記号化した。そして、そのエリア内にある物品のまとまりや容器にカタカナで「ア」から順に記号を付けていった。このような方法で、土蔵内の配置を記録するとともに、あらゆる物品やそのまとまりに記号をふることができた。そして同時にカタカナを記したカードを写し込んだ写真でも記録を採り、図面と写真が対照できるようにした。これで「土蔵一階－う－キ」は法螺貝、「土蔵一階－え－ノ」は「皆朱　吸物膳弐十人」と墨書された漆器の木箱、というように現状がわかるようになったのである。

ただ、このような記録は採ったものの、この土蔵は長くそのまま文化財を保存することになっており、現状データが何らかの役に立つ場面が訪れるとは考えてもいなかった。ところが七年後の三月、思いもかけず長野県北部地震が栄村を襲ったのである。くだんの土蔵も大破し、箪笥は倒れかかり、木箱に入っていた器物は蓋が外れて散乱してしまった。私は仲間とこの土蔵に駆け付け、片付けを始めたが、足の踏み場もないほどに散乱した漆器をもとの箱に戻し、床に落ちた器物をもとの棚に戻すときに大いに役立ったのが、以前に採った現状記録の図面と写真であった。これがなければ、散乱した器物を震災前の状態に復原することはまちがいなく不可能であった。私たちは散らばったものを片付け、床を掃除し終えると、以前の記録と突き合わせながら一点一点の器物を確認していった。そしてほぼ元の場所に収納し終えることができたのである。

また、現状記録として残された記号番号は、その後この土蔵の解体にともなって器物すべてを村内の他の施設に運び出すときにも、器物を特定するＩＤとしてそのまま使うことができ、そのあとの段階で始まった民具や古文書の整理に際しても、基準となる記号として継承して使用することができた。今や元の土蔵は失われてしまったが、かつて土蔵がしっかりと建っていた時点での配置はすべて記録として遺すことができた。正直なところ「これだけの図面や写真を採っても、いつ何の役に立つのだろう」と思っていたが、震災後は、「あの記録をあのときに採っておいて本当によかった」と感じる場面が幾度もあった。一般的な古文書の現状記録も、「採っておいてよかった」と思える日がくることを想定し、きちんと記録していくことが未来に備えて必要であろう。

何をどこまで採るか

では、現状記録の作業では、どういう情報をどの程度採ればいいのだろうか。これについても、決められていることは何もない。各調査団体・調査者によって、さまざまな方法が試みられている。

現状に関する情報は、細かく採ろうとすれば限りなく細かく採ることができる。たとえば、上に置かれた古文書とその下の古文書がどのような角度で何センチメートルずれて置かれていたなどという情報も、「大切な事項だ」と考えれば採る必要が出てくるかもしれない。史料取り出しの一部始終を動画で記録するという試みを行っている団体もあると聞くが、それはこの種の情報をも細大もらさず記録しておこうという意図から発したものであろう。

しかし、この作業は細かくやりだせばきりがない。いかなる情報が重要なのか、何が後日必要とされる情報なのかはたいへん難しい問題であるが、どこかで線引きをしないことには、作業そのものがまったく進められなくなる。とすれば、経験的に必要とされやすい情報を厳選し、時間的な制約との兼ね合いの中で決めていくことになる。この場合の時間的制約というのは、場合に

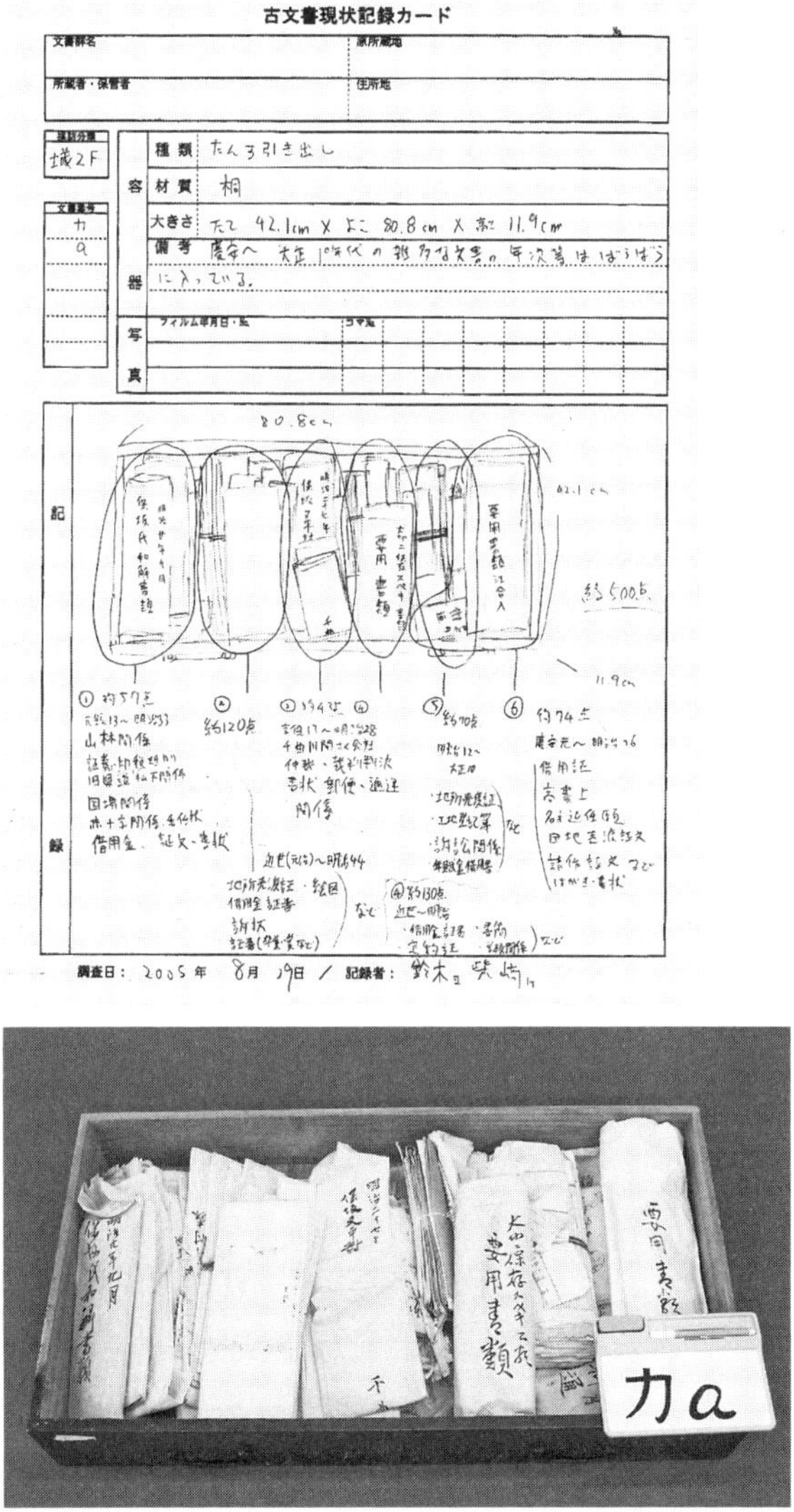

写真 3-3　簞笥抽斗の現状（下）とそれをもとにした現状記録（上）

よって異なる。どうしても採っておくべき情報なのに、調査者の一時的な都合で時間が足りないというのであれば、その場合は、調査自体を延期したり、調査をやめるべきだという考え方もありうる。つまり、一時の都合で調査を焦り、採れるべき情報を永遠に失わせるのであれば、その調査はやるべきでないということである。

ただ、史料の存続自体が危うく、次の機会はないかもしれないという切迫した場合もある。まさに廃棄寸前の史料、あるいは誰とも知れぬ不特定の人に売り払われようとしている史料、所蔵者が病気や高齢で、次の調査機会を設けられない可能性が高いなど、理由はさまざまであるが、そういう場合には、現状情報の簡略化や、あるいは現状記録を省略してでも史料自体の保全を優先させなければならない。採るべき現状情報とは何かということは、机上ではいくらでも議論できるが、現実には現場の状況によって臨機応変に対応することが何より求められるといえる。現状記録は、教条主義的・杓子定規に捉えるものではない。史料を失わせることなく、将来に向けて保全・保存することが何にも増して重要なことであり、そのうえでできるだけ残せる情報は残す、ということを原則にすべきだと考える。要は、現状記録の意味を理解したうえで、柔軟に対応することが何よりも大切ということである。

専門家でなくてもできる現状記録採り

現状記録を採らなくてはならない史料群はいくらでもある。これを専門家のみに行える作業と考える必要はない。そもそも史料調査の「専門家」という決まった範疇があるわけではない。一般の市民からみれば、博物館や資料館の学芸員は専門家に思えるであろうが、学芸員も歴史系の勉強をしてきた人ばかりではない。美術系や考古系の学芸員は、古文書に触れる機会はほとんどない場合が多い。また、歴史系の学芸員でも、専門とする時代が古代や近代であれば、必ずしも近世文書に通じているとはいえない。近世史を専攻した人であっても、学生時代に史料調査を豊富に経験しているなどということは、昨今の学問状況では望み薄である。博物館なども、県立レベル以上であれば、各分野、各時代ごとの専門学芸員が置かれているであろうが、市町村レベルでは、自分の本来の専門にかかわらず、町医者のように何でもやらなければならないことがままある。

こうして考えると、史料調査の専門家などというのは、ごく限られたほんのわずかな経験者にすぎなくなってしまう。逆にいえば、文化財に興味をもつ地域の市民有志の人たちが手探りで試行錯誤していっても、必要な情報は比較的容易に採れるようになるともいえるわけである。要は現状記録の意味を理解することと、筆記用具・カメラなど若干の道具類があれば用は足りるのである。

史料調査自体の記録を

もう一つ、史料調査にあたって心懸けなければならない大切なことがある。それは、自分たちの調査自体を記録しておくことである。調査に夢中になっている間は案外気づかないのであるが、調査者は自らの調査も、やがてその史料群にとっては過去の履歴の一つになっていくと認識しておくことが大切である。

史料調査は、一種の宝探し的な要素もあり、自分の関心や研究にとって役立つ史料を見出そうと焦ってしまいがちである。新たな史料群に出会ったら、まず無闇に古文書を引っ張り出すのではなく一呼吸おいて現状記録から、というのも、その意味では一つの戒めである。同様に、史料の前では、自分たちの調査があとあとその史料群のたどる運命を決めている一面があることも、冷静に自覚しておかなくてはならない。

史料群には、これまでまったく手つかずで、自分たちの調査が初めての調査ケースになる場合もあるが、過去に調査を重ねてきた史料群の場合もある。自治体名の印刷された封筒に収められていたり、古文書の隅に鉛筆で番号が書き込まれていたり、記号番号の記入されたラベルが貼り付けられていたり、あるいは史料全体が段ボール箱に整然と収納されていたり、とそのあり方はさまざまである。

そうした過去の調査の痕跡を見ながら、首をかしげることもある。いったい段ボール箱に整理されたこちらの史料と、それ以外のバラの史料とはどういう関係にあるのだろうか、この記号はどういう意味なのだろうか、この番号はいかなるルールに従って付けたのだろうか、あるいはビニール紐で括られた束は何か関連のあるものをまとめたのだろうかなど、頭をひねって考え込んでしまう場合もある。やがて中身を見ながら整理していくうちに、はは あ、この調査の際には母家にあった史料のみを年代順に番号を付けながら整理していったのだなとか、紐で括られているのは、単純に大きさの同じ束にして整理しやすくするためなのだなどと、その理由がわかってくる。ただ中には、どういう理由でそのような整理をしたのか、判断がつきかねるようなケースもある。

そしてあるとき、ふと気づいたことがある。それは、自分たちの調査も同じなのではないか、ということである。つまり、もし今から一〇年後、あるいは五〇年後に誰かが同じ史料群と対面したら、筆者たちが行った整理を見て首をかしげるかもしれない、ということである。いったいこの人たちはどういう状況の中で、何を考えて、このような整理方法を採ったのか、と疑問をもつに違いない。あるいは、地元教育委員会でもないこの人たちは、そもそも何者で、何のためにこの史料群の調査を行ったのだろうか、という疑問ももたれるだろう。目の前の史料群に夢中で取り組んで終わり、となりがちだが、冷静になって振り返ってみれば、自分も同じ「わけのわからない調査者」でしかないのである。とすれば、調査の現場には、調査者のことや整理方針・内容などに関する記録をできる限り遺しておくことが必要なのではないだろうか、と考えるようになった。

このことに気づいて以来、調査に入った際には必ず現場で「史料調査記録カード」を記入し、遺してくるようにしている。様式は図3－1に掲げたようなものであるが、要は調査者・目的・内容・連絡先などを記入できるようにした用紙である。連絡先には職場と自宅の両方を記入し、異動などがあってもあとの人がたどり着きやすいようにしている。一回の調査ごとに一枚ずつ記入し、コピーのできる環境にあればコピーをし、なければカーボン紙で複製を作り、これを現場と自分自身の手許に残すようにしている。現場では、いちばん若い番号の史料が収められている容器に、目立つ封筒に入れて一緒に入れておく。つまりは、調査に入った人が必ず見るであろう容器にしまっておくのである。

大事なことは、自分の調査をも醒めた目で引いて見る、ということである。一面ではこれは、史料主体でものごとを考えるということでもある。当該史料群にとっては、筆者の調査もまた史料群に加わった手の一つに過ぎない。その意味では、「私」の調査中にすべての史料を調べ尽くす必要は必ずしもないといえる。たとえば虫喰いがひどくて開けない古文書があったとする。もちろん中身を見たいのはやまやまであるが、ここで無理をすると史料自体を傷めてしまう恐れがある。とすれば、時を改め充分な用意をして出直すとか、あるいは後世の調査者にそれを委ねるという選択肢もありうるであろう。もちろん史料群によっては、今見ておかないと、あるいは今整理保存の手を講じておかないと、という場合もある。そういうときには積極的に手段を尽くす

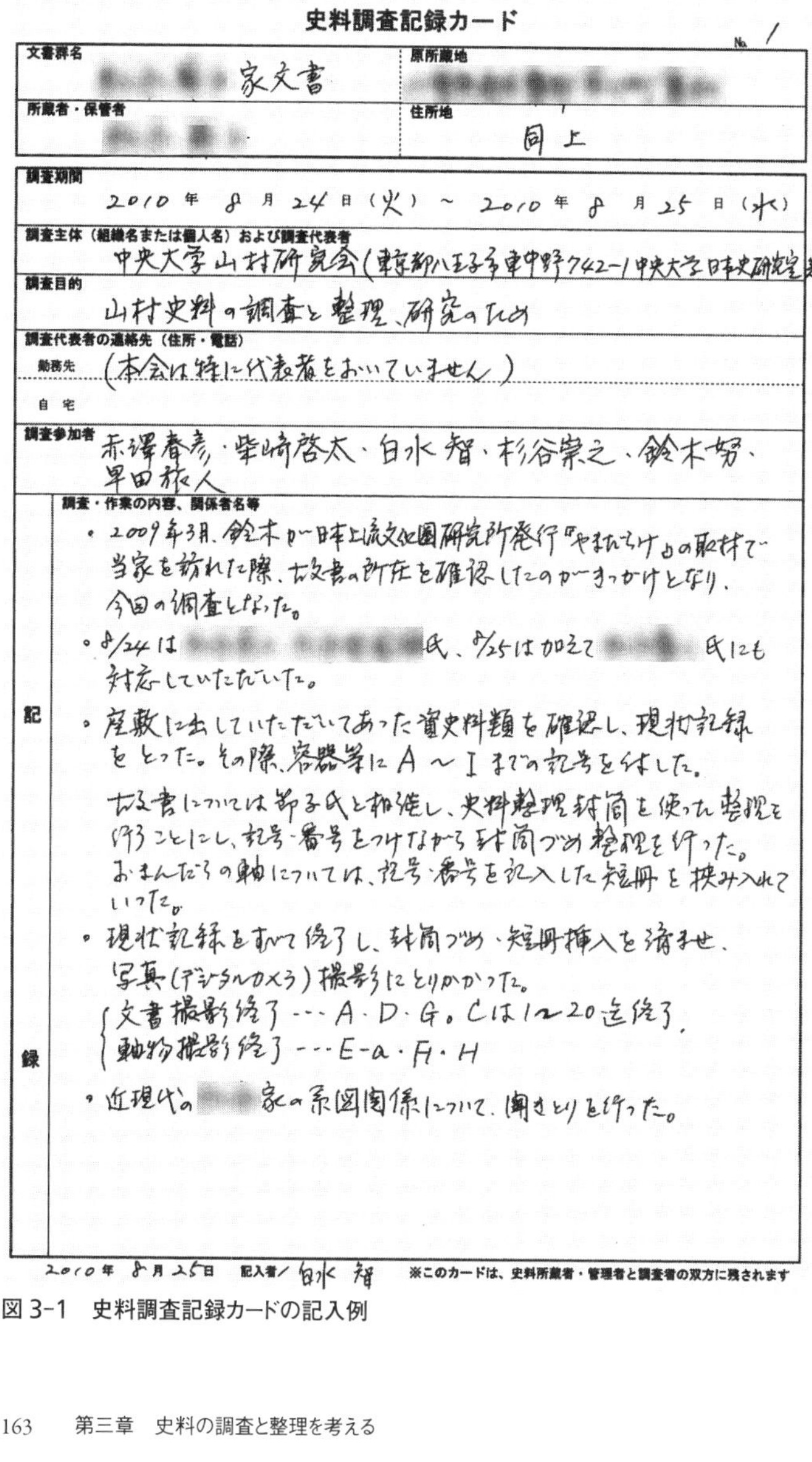

史料調査記録カード

No. 1

文書群名 [redacted]家文書	原所蔵地 [redacted]
所蔵者・保管者 [redacted]	住所地 同上

調査期間
2010年8月24日(火)～2010年8月25日(水)

調査主体（組織名または個人名）および調査代表者
中央大学山村研究会（東京都八王子市東中野742-1 中央大学日本史研究室気付）

調査目的
山村史料の調査と整理、研究のため

調査代表者の連絡先（住所・電話）
勤務先 （本会は特に代表者をおいていません）
自宅

調査参加者
赤澤春彦・柴崎啓太・白水智・杉谷崇之・鈴木努・早田旅人

記録

調査・作業の内容、関係者名等

・2009年3月、鈴木が日本上流文化圏研究所発行『やまだらけ』の取材で当家を訪れた際、古文書の所在を確認したのがきっかけとなり、今回の調査となった。

・8/24は[redacted]氏、8/25は加えて[redacted]氏にも対応していただいた。

・座敷に出していただいてあった資史料類を確認し、現状記録をとった。その際、容器等にA～Iまでの記号を付した。
古文書については節子氏と相談し、史料整理封筒を使った整理を行うことにし、記号・番号をつけながら封筒づめ整理を行った。

おまんだらの軸については、記号・番号を記入した短冊を挟み入れていった。

・現状記録をすべて終了し、封筒づめ・短冊挿入を済ませ、写真（デジタルカメラ）撮影にとりかかった。
文書撮影終了…A・D・G。Cは1～20迄終了。
軸物撮影終了…E-a・F・H

・近現代の[redacted]家の系図関係について、聞きとりを行った。

2010年8月25日 記入者／白水智 ※このカードは、史料所蔵者・管理者と調査者の双方に残されます

図 3-1 史料調査記録カードの記入例

ことが必要となる。だが、当面史料所蔵者宅は安泰で、散逸の恐れもないのであれば、焦って手柄を立てる必要はない。その史料群がどのような履歴を経ることが望ましいか、史料主体で考えるということである。

第四章
史料の具体的整理方法

現状記録を採ってみよう

読者の中には、自宅に古文書があるという方もおられるかもしれないし、仕事上史料を扱う必要があるという方、あるいは歴史を学ぶ一般市民や学生として、出会った史料を何とかしたいと思っている方もおられるかもしれない。それぞれの動機や立場は異なるかもしれないが、史料に出会って目の前のものをとりあえず何かの形で整理したいと思っているなら、まずはやってみることである。筆者の紹介するやり方が必ずしもベストだとは考えていないし、これからも試行錯誤しながら修正していくことになるであろうが、まずはとりかかる必要がある方のために、一例として現在行っている方法を紹介したいと思う。必要なものは「現状記録カード」と鉛筆、メジャー、そしてカメラである。用紙に要点を記録するとともに、カメラで現状の写真を撮っておく、というのが基本である。最初に「現状記録カード」から説明したい。

「現状記録カード」は別にこれを使わなくてはならないというものはないが、何もなしでは説明がしづらいので、参考として近年筆者が使っているもの（記入例）を掲げておく（図4－1）。これはもともと二〇年近く前に、甲州史料調査会から学んだものをアレンジして使うようになったものである。ご自分で使いやすい形に改変して作られてもいいと思う。

最上段の史料群に関わる基本情報については、「文書群名」「原所蔵地」「所蔵者・保管者」「住所地」の四項目からなる。「原所蔵地」と「住所地」を分けてあるのは、「もともと〇〇家に伝わ

古文書現状記録カード

No.

文書群名	原所蔵地
[redacted]区有文書	山梨県[redacted]
所蔵者・保管者	**住所地**
[redacted]区	同上

採訪分類		

容器		
種類	箪笥抽斗	
材質	木製	
大きさ	高さ 14.0cm × 巾 36.0cm × 奥行 35.0cm	
備考	木製箪笥の左下の抽斗	

文書番号
A
C

記録

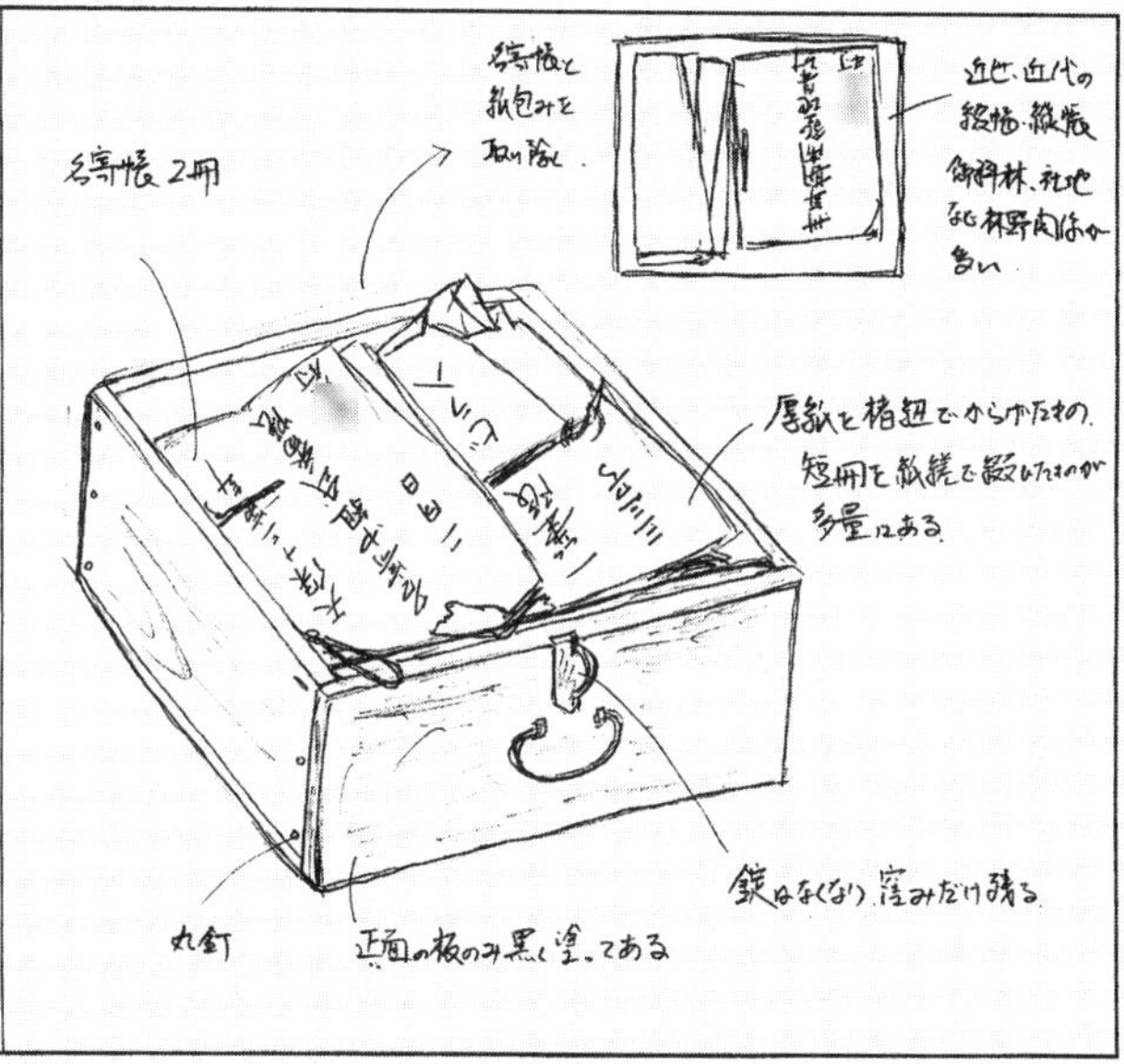

調査日：2014 年 9 月 3 日 ／ 記録者：鈴木

図 4-1　現状記録カードの記入例

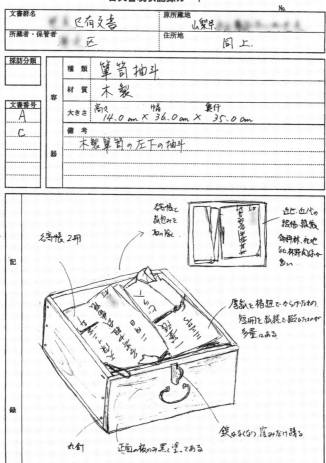

った古文書だったが、現在は〇〇市立図書館の保管になっている」というような場合に対応するためである。

「採訪分類」の項は、「第一次」「第二次」など調査の時期や、「母家」「土蔵」あるいは「納戸《なんど》」「天袋《てんぶくろ》」といった収納場所の区分などを自由に設定するための欄である。もちろん必要なければ空欄でも構わない。「文書番号」欄は六段に分かれているが、これは史料の記号番号を、後述するように階層的に把握して付けていくのに便利なためである。ちなみに、記入例にある「Ａｃ」というのは、箪笥《たんす》Ａの抽斗《ひきだし》ｃという意味で、この前に箪笥Ａ全体についての現状記録が採ってあるのを前提にしている。

その右側には「容器」欄があり、「種類」「材質」「大きさ」と「備考」の項目が設けてある。現状記録は、母家・土蔵・納屋といった建物配置から書いて説明していく場合もあれば、土蔵内の箪笥類の配置図から説明していく場合もある。用紙は項目にかかわらず自由に書き込んで使っていただいて構わないが、これまでのところ、目の前に出された容器の概要から記録していく場合が多かったので、まずは史料が収納されている「容器」から説明を始める形の用紙になっている。「種類」の欄には、「箪笥」とか「木箱」「長持」「抽斗」などの区別を書いておく。「材質」については、「杉」「桐」などの細かい情報がわかればそれを書いてもいいが、当面「紙」なのか「木」なのかといった当たり前の情報がわかればそれだけでも充分である。「大きさ」欄には、縦・横・高さ、または高さ・幅・奥行きなどのサイズをメジャーで測り、〇・一センチ単位までで記入する。「備考」欄には、当該容器についての基本的な所見があれば書き込む。「茶色の文書箪笥で、右上部の塗りが剝げている」「抽斗bの右の取っ手が欠損している」など気づいたことを自由に書けばよい。記入例では、「木製箪笥の左下の抽斗」との注記がある。

いちばん大きなスペースを占める「記録」欄には、配置図や容器自体の略図を描く。図を描くというと大げさに考えて「絵は苦手だから」と尻込みする方がいるかもしれないが、要はどんな箱なのかということがイメージできればそれでいいのである。あるいは写真を撮るから必要ない、と思われる方もいるかもしれない。しかしスケッチは必要なことがらが自由に書き込める点が大きなメリットであり、これまでの経験から言っても非常に役に立つので、是非お勧めしたい。なお、用紙最下段の「調査日」「記録者」欄も忘れずに記入しておくと、のちのち現場の情報を問い合わせるときなどに大いに助けとなる。

次に写真を撮ることについて簡単に触れたい。といっても、これも取り立てて難しいことはない。カメラも特別高機能のものである必要はない。要は史料と対面したときの状況がわかるように写真をたくさん残せばいいのである。今ではコンパクトなデジタルカメラが多種類出回っているので、それを使うのが手っ取り早い。それでとにかく史料群の置かれた状況や容器の外観、内部、史料の収められている状況、調査の様子など、手当たり次第に撮影しておくのがよい。あとで「あの箱はどんな箱だったか」とか、「いちばん上に酒代の領収書が載っていたあの容器は何だっただろう」など、何か調べたいことが出てきた場合に、いろいろな角度から撮られた写真があると何かと便利である。調査の様子を写した写真は、「あの調査のときにAさんは参加していたっけ」というようなことを気軽に確認する際にも役立つ。

写真を撮るのにとくに難しいテクニックは必要ないが、ただ一つ心得ておくべきことがあるとすれば、それは現場を見ていない第三者でも、写真のみである程度現場の状況や収納の様子をわかるように撮影する、ということである。現場に身を置くと、当事者になりきってしまいがちだが、史料に突進せず、ちょっと視線を引いて客観的にその場の状況を記録できるようになることが望ましい。現場にいる者にとって当たり前すぎることがらでも、第三者の立場で見ればこういう状況も写しておくほうがいいのではないか、と考え及ぶ冷静さが必要であろう。

以上、「現状記録カード」に最初に出会ったときの容器の状況・史料の状況を書き込めば、まずは現状記録は一段落である。ここまでにかかる時間は、容器一つについて、だいたい一〇分から二〇分というところであろう。容器が五つあっても、五人が同時に作業できればかかる時間は同じである。中身にとりつきたいのは人情であるが、それをちょっとだけこらえて冒頭にこの一手間をかけることが大事である。この記録がのちのち非常に大きな役割を果たすようになる。「初めはどうなっていたか」と、繰り返しこの用紙、このスケッチを見返す場面が出てくる。

史料調査は、そもそも何のためにやるのだろうか。歴史的文化財としての史料を、後世に長く伝えるために整理するとともに、どのようなものがどれだけあるかを一覧できるようにして歴史を知るための利用に供する、というのが筆者の考えている史料調査の意味である。ただ残すことだけを考えるのならば金庫の中に厳重にしまっておけばいいのかもしれないが、それで誰の目にも触れないのでは、歴史史料を遺す意味は半減してしまう。原則的には、このような史料があるという一覧を公開し、誰でもが利用できるように環境を整えていくことが大事だと思われる。そのような目的をもって調査を行うとすれば、その目的にかなう調査方法が必要となるし、史料の一覧〈目録〉を作成することも不可欠の作業となってくる。

ここで一つ考えてみたいのは目録の内容である。史料目録とは、史料の作成された年月日を始め、作成者・宛名・表題（標題・文書名）・文章内容・形態など、史料のもつ諸情報を簡潔に一覧化したものである。目録にもさまざまな形式があり、全国的に統一されたフォーマットがあるわけではない。年月日・内容・作成者・宛名は、どの目録にもほぼ共通する項目とみていいが、その他の項目や、各項目内容の採り方などは実にさまざまである。中世文書か近世文書かといった、対象とする史料の時代によっても、項目名自体や内容の採り方は異なっている（中世までの文書では、通常、表題は「文書名《もんじょめい》」、作成者は「差出《さしだし》」、宛名は「充所《あてどころ》」と呼ばれることなど）。大きく見れば、様式論が古文書学としてほぼ確立されており、様式と内容とが不即不離の関係を築いている古代・中世の史料と、そうした厳格な社会的合意やルールが次第に崩れ、書類の書き手も多様化してくる近世、さらにあまりに多種多様な様式・内容に分化していく近代・現代の史料という違いがあるが、これは時代背景にある社会の差異が反映された結果といえよう。このようにいつの時代の史料かによって目録内容や項目が異なってくることはあるが、いずれにしても整理作業としての最終到達目標は、正確でわかりやすい目録を作成することである。

調査や目録の深度――概要調査と精細調査

史料調査に際して、筆者はどの家にはどの程度のものがあるということを簡単に把握する程度の調査と、より細かく、史料一点ずつの目録まで作成する調査とを区別し、必要に応じてどちらか、あるいは両方を行っている。ここでは便宜上、前者を概要調査、後者を精細調査と呼んでおこう。もちろん、概要調査と精細調査という史料整理の専門用語があるわけではない。これは、前述した土蔵のまるごと調査などさまざまな調査を経験する中で、必要な概念として自然発生的に使うようになった言葉であり、論者によって同じ「概要調査」の語が多少異なる意味で使われる場合もある。しかし、調査の実際を説明する際にはわかりやすい用語なので、ここでは右のような意味で使っておきたい。また、場合によっては概要調査と精細調査の中間、ある程度古文書の内容が知られるが完全に一点ずつの目録までは作成しないおおまかな目録を作成するというやり方を併用することもある。このような目録を筆者は簡易目録と呼んでいる。

要は新しい史料群と接触したとき、研究上の必要、予算や人員、時間的制約などの諸事情を考慮して、どのような整理をするか、その方針を決めればいいのであって、あまり杓子定規に考える必要はない。一般的にはまずは概要調査で全体像を把握し、場合によって簡易目録の作成、あるいは精細調査の段階に入ると考えておけばいいであろう。

まずは概要調査というものを意識した発端から話をしてみたい。これが調査の一手法として生まれたきっかけは、前述した栄村での土蔵のまるごと調査からであった。まるごと調査を行った翌年、今度はその中で見出された古文書を対象に、全体像を把握することになった。これは地元教育委員会からの依頼によるもので、今後の整理計画を立てるために、どのくらいの古文書があるのか基礎的なデータが必要なので調べて欲しいと依頼されたのである。古文書のみとはいっても、かなりの量がある。しかも基本的には有志によるボランティアの参加で行わなければならなかった。そのために割ける時間はわずか三日しかなく、人数も九人ほどと限られていた。そのため、有志の少人数でどのようにして調査をしたらいいのか、事前に考える必要があった。

頭を悩ませた挙げ句、筆者は「いつ頃の」「何に関する史料が」「どれくらいの量あるか」の三点に絞った調査をすることにした。精細なデータではなく、おおよその全体像を把握するための調査として、右の三点をそれぞれの容器・収納単位ごとに集計しようというわけである。ある程度調査の経験がある人には容器（箪笥の抽斗など）一つずつ、慣れない人には二人で一つずつを割りあて、その内容物について簡略なデータを採ってもらうのである。これを集計すれば、土蔵内の史料全体がいつ頃からいつ頃の、どういう関係のもので、全体として何点くらいあるか、という概要が把握できる。

この調査に際しては、基本的にこよりで括られた束などはまた元の順番で元のように括り、基本的に現状を変えないように配慮しながら中身をざっと点検していった。容器に史料を戻す際も、元のとおりの順序で戻すのである。容器には記号を付け、記号を書いたカードとともに写真に撮影しておく。そして、「現状記録カード」に容器ごとの簡単なスケッチと前記三点の調査内容を書き込む。こよりで括られた束や封筒入りの束が多数ある場合には、それらに番号をメモした短冊を挟み込んでいく。このような手順で三日間作業を続け、史料全体の八割ほどについての概要把握を終えることができた。調査全体の日程の関係上、このときにはここまでで時間切れとなってしまったが、調べた範囲では、江戸時代初期の元和期から昭和二〇年代にかけての租税や土地関係の史料を中心に構成された史料群で、総計約一万三〇〇〇点の分量であることが判明した。そして、これ以後、史料群全体の概要を把握する際には、まずこうした三点式の「概要調査」を実施するようになったのである。

もちろんこれ以前から、新たな史料群と出会った際には現状記録を採り、概要を見ようという作業は行っていたのだが、この三つの観点から、という意識を明確にもったのは、この調査のときからであった。この史料群は一万点を超える相当量の文書から構成されていたが、数千点、数百点という規模のものであれば、一日から三日程度で充分概要把握は可能であることがわかり、以後の史料所在調査などもやりやすくなった。

以上のような概要調査は、かなり大きな史料群でも数日もあれば終わるが、一方で古文書一点ごとの目録（リスト）を作成するところまで行うとなると、これは簡単にはできない。それなりの時間がかかることになる。しかしそのぶん、誰でも利用しやすい形での目録が詳細にできるだけに、調査としては完成度の高いものとなる。これが精細調査にあたる。

精細調査が概要調査と異なる点は、史料一点一点をきちんと開いて、巻き込んである古文書や挟み込まれた古文書なども取り出して記号・番号を登録するとともに、内容を読んで正確・詳細な目録を作成するところにある。その意味では、概要調査と精細調査は必ずしも二者択一の関係にあるのではなく、段階の違いということもできる。つまり、概要調査を経たうえで、条件が許せば、さらに詳細な目録作成に進むという段階差と捉えてもいい。もちろん初めから詳細な目録を作成する意図があれば、現状記録後、概要調査を経ることなく詳細目録の作成にとりかかる場合もある。精細調査で作る目録については、のちほど解説しよう。

簡易な目録づくりも重要

前述のように、目録を作る際には人員や時間などの諸要因を考え、どこまで詳しい目録を作成するかを柔軟に考える必要がある。分量が膨大である、人手が足りない、時間がない、経費が足りないなどの場合には、簡易な目録作成で済ませることもありうる。目録作成を簡略にする方法としては、①「表題（標題・文書名）」の部分を簡略にする、②目録採りの対象となる古文書そのものを絞る、の二つの方法がある。

まず①から説明しよう。目録作成で最も手間と時間がかかるのは、「表題（標題・文書名）」欄の記入である。ここは古文書に書かれた内容を要約・摘記する欄なので、ある程度古文書が読解できないと書くのは難しい。冊子の古文書（横帳・竪帳など）であれば、その表紙に書かれた原題だけである程度の内容はわかるが、一枚物の古文書で表題が書かれることがない書状（手紙）や、表題だけあっても中味のわからないものは一とおり文面を読まなくては摘要部分が書けない。具体例で見てみよう。

冊子史料の場合には、「宗門人別書上帳」や「村明細差出帳」のように中味を示す表題が表紙に書かれている場合が多い。前者は現代の住民登録に相当する江戸時代の人別調べの帳簿であるとわかるし、後者は村の地勢・人口・産物などを領主に報告した帳面の控えであることがわかる。ところが「乍恐以書付奉申上候」（恐れながら書付を以て申し上げ奉り候）のような表題（柱書）がついたものはどうであろうか。これは一見中味を表すタイトルがついているように見えるが、「恐れながら書面で申し上げます」というだけの意味であり、具体的な内容については何も書かれていない。つまり何の書類なのかはわからないのである。この場合には、具体的に本文を読んで内容を把握する必要がある。目録は古文書を特定するものであるから、この場合には内容まで要約・摘記して初めて目録の用を足すものになる。たとえば「乍恐以書付奉申上候（山田村との村境争論につき森村より訴状）」というような具合である。これなら二つの村の境界に関する紛争の訴状だとわかる。このカッコ内をごく簡単に「村境一件」とか「村境争論の件」とだけすれば、目録作成は容易になる。

また、個人から個人宛の書状の場合、今日でもそうであるが、基本的には表題などはつけない。時候の挨拶などから入るのが一般的である。となると、書状の目録を採るには、手紙の文面を読まなくてはならないことになる。しかし手紙は崩した文字で書かれることが多いうえに、当事者間だけで了解していることを前提にした話が展開される場合も多く、現代の調査者が理解できない事項もしばしばある。これを目録に採るのは容易ではない。その場合には、思い切って内容摘記は諦めて「（書状）」とか「（書翰）」で済ませる場合もある。

次に②目録採りの対象となる古文書そのものを絞る、について考えてみたい。目録を作る以上、最終的には全点の古文書を対象にした目録を仕上げるのが理想ではあるが、古文書が数千点・数万点と多量に及ぶ場合、片端から丁寧な目録を採っていくというのは並々ならぬ忍耐のいることであるし、完成するまで達成感が得られないことにもなる。そこでこれを回避する一つの方法として、おおまかな目録から段階を逐ってだんだん詳細な目録にしていく、という方法がある。

古文書は、一点ずつがすべてバラバラの状態で保存されているとは限らない。むしろ関連する書類が一つの封筒にまとめて入れられていたり、こよりや紐で括られた束になっていたり、風呂敷に包まれていたりと、多様な姿で保存されている。全点目録では、これらもすべて中身を確認し、一点ごとに目録を採っていくのであるが、これは相当骨の折れる作業で時間もかかる。時間や人手を考えた場合、束は束のままで、封筒は封筒のままで、そのまとまりでの目録を採っておくことを考えるといい。つまりこの束は「年貢割付状一括」であるとか、この封筒は「隣村との境争論関係文書」であるといったおおまかな把握で済ませるわけである。束や袋・包みなどのまとまり単位での目録であれば、早く史料群全体の概要を把握することができる。細かい情報は、その後時間や人手のあるときに改めて採ればいい。こうすることで、全体像を早く摑むことができ、達成感も得られる。これら簡易な目録を作成する場合には、簡易目録の用紙を用意するとよい。

図4－2に掲げたのは、栄村で万の単位にのぼる古文書を所蔵するH家の史料を整理する際に使用している目録用紙である。これはごく簡単な目録で、項目は史料番号のほか、年月日・表題・作成・形態・単位・備考・注のみ。宛名はなく、形態も状か冊かの区別しかない。ただここで重要なのは、「単位」という項目である。束や封筒入りなど、まとまりの単位での目録を記入する場合が多いことから、「一点・綴・括・包・袋」という五種類から一つを選んで丸をつける方式を採っている。要は目録を採る単位となる見た目の形を選ぶわけである。この五種類にあてはまらないものがある場合には、（　　）の中に自由記述をしてもらう。

そしてもう一つ、この目録用紙には史料整理のモチベーションを高めるための工夫を設けた。

それは右端にある「注」という項目である。これは目録整理者が興味あると感じた古文書を優先して撮影するための欄である。つまりここに丸が付いている史料については優先的に撮影し、早くに読めるようにするわけである。古文書の目録を作成中は、人員や時間の関係でなかなか撮影

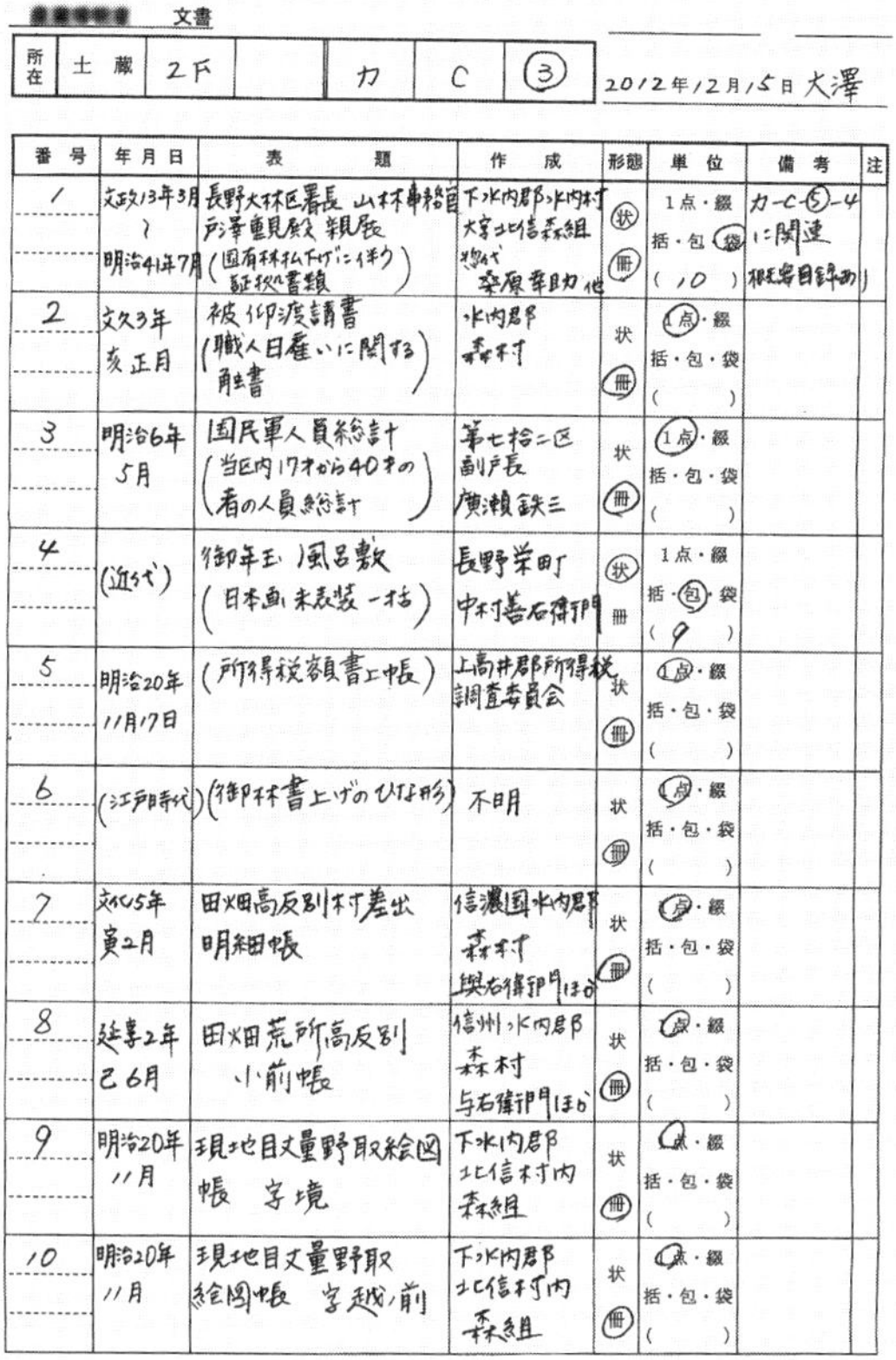

[redacted] 文書

所在	土蔵	2F		カ	C	③

2012年12月15日 大澤

番号	年月日	表題	作成	形態	単位	備考	注
1	文政13年3月 ～ 明治41年7月	長野大林区署長 山林事務官 戸澤重見殿 親展 (国有林払下げに伴う証状書類)	下水内郡水内村 大字北信森組 惣代 桑原幸助 他	状 冊	1点・綴 括・包・袋 (10)	カ-C-⑤-4 に関連 (概要目録あり)	
2	文久3年 亥正月	被仰渡請書 (職人日雇いに関する触書)	水内郡 森村	状 冊	1点・綴 括・包・袋 ( )		
3	明治6年 5月	国民軍人員総計 (当区内17才から40才の者の人員総計)	第七拾二区 副戸長 廣瀬鉄三	状 冊	1点・綴 括・包・袋 ( )		
4	(近代)	御年玉 風呂敷 (日本画 未表装 一括)	長野栄町 中村善右衛門	状 冊	1点・綴 括・包・袋 (9)		
5	明治20年 11月17日	(所得税額書上帳)	上高井郡所得税 調査委員会	状 冊	1点・綴 括・包・袋 ( )		
6	(江戸時代)	(御林書上げのひな形)	不明	状 冊	1点・綴 括・包・袋 ( )		
7	文化5年 寅2月	田畑高反別村差出 明細帳	信濃国水内郡 森村 與右衛門ほか	状 冊	1点・綴 括・包・袋 ( )		
8	延享2年 乙6月	田畑荒所高反別 小前帳	信州水内郡 森村 与右衛門ほか	状 冊	1点・綴 括・包・袋 ( )		
9	明治20年 11月	現地目丈量野取絵図帳 字境	下水内郡 北信村内 森組	状 冊	1点・綴 括・包・袋 ( )		
10	明治20年 11月	現地目丈量野取 絵図帳 字越ノ前	下水内郡 北信村内 森組	状 冊	1点・綴 括・包・袋 ( )		

図 4-2　栄村での緊急古文書整理に利用している目録用紙

作業を並行させることが難しいが、ひたすら禁欲的に目録作成のみ行い、それが完成するまで古文書の中身をゆっくり読むことができないのでは、楽しみや張りあいがなく、目録採り自体の意欲も低下してしまう。栄村の歴史を解き明かすうえで「これは重要だ」「これは面白い」という史料、また整理者個人の関心から「是非早く読んでみたい」という史料を優先的に写真に撮るために設けたのが、幅わずか一文字分の小さな「注」欄であった。

史料IDをつける

目録を作成するには、古文書を一点ずつ容器から取り出し、中身を確認しなければならない。その際、史料個々がそれとわかるようにID（史料番号・文書番号などという）をつけていく必要がある。前述したように、基本的には取り出し順、言い換えれば容器に収められていた状態順に記号・番号をつけていくので、たとえば容器Aのいちばん上にあった史料は「A－1」となり、そこから順に「A－2」「A－3」……となっていく。

筆者の関わっている調査団体の場合は、経験上これに多少の工夫を加えて、a・bなどの小文字アルファベット、①・②などの丸数字、場合によっては「ア」「イ」などのカタカナ記号、「あ」「い」などのひらがな記号も用いることがある。容器Aが簞笥であった場合、その抽斗には上から順にアルファベット小文字の記号をつけている。大容器内の小容器を表す記号なのである。

大きな長持の中に小さな木箱が入っているような場合にも応用できる。丸数字は、木箱を開けたら大きく三つの配置で古文書がまとめられていた、というような場合に、配置番号として利用している。どのまとまりを①にしたか、というような情報も、容器の現状記録スケッチに随時書き

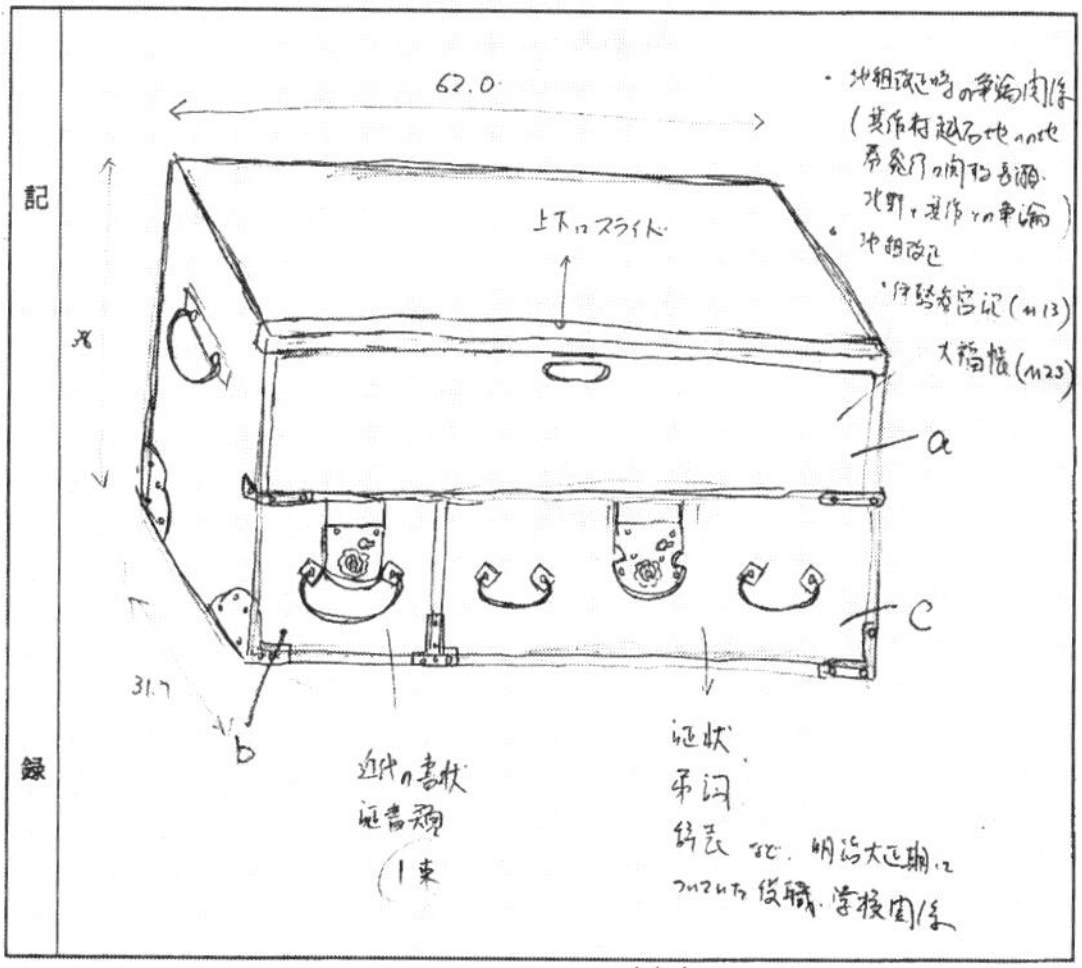

図 4-3　容器 C（箪笥）の現状記録

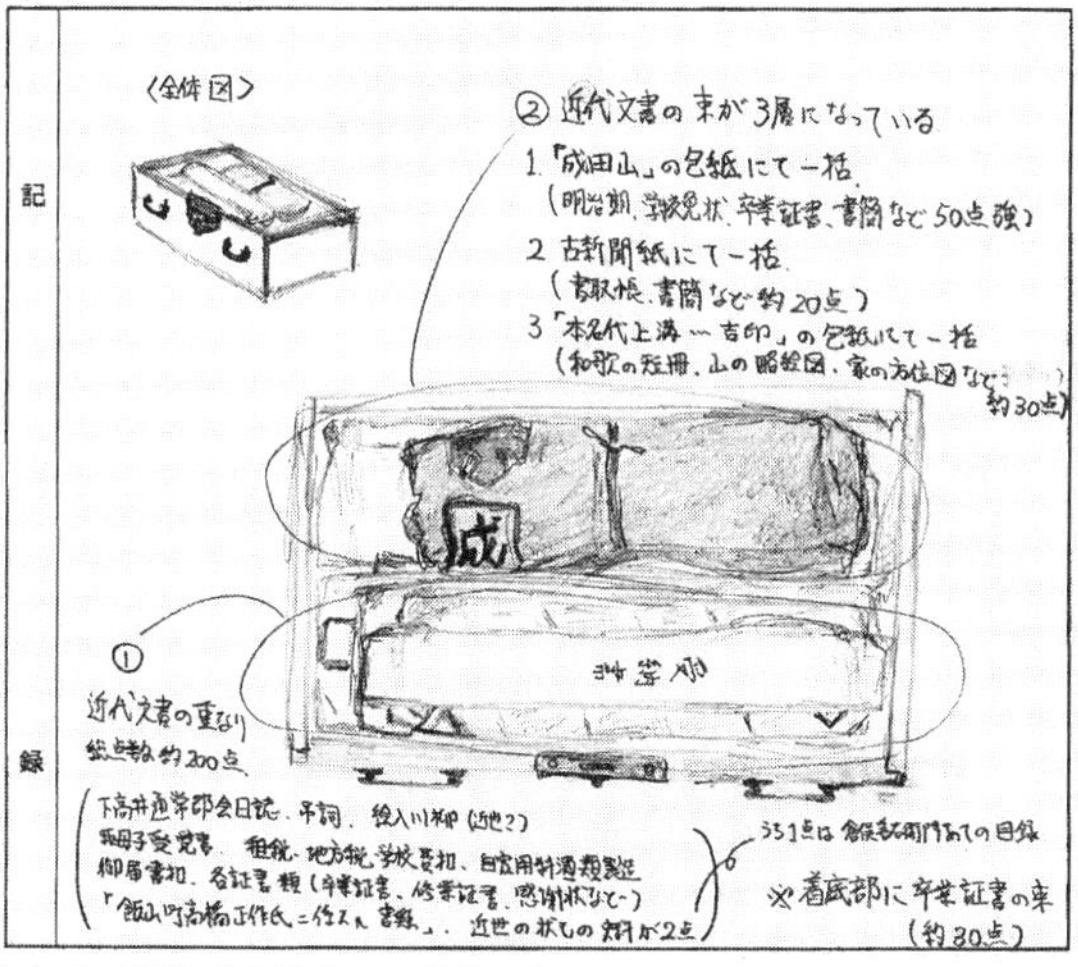

図 4-4　容器 C の抽斗 c の現状記録

込んでいくことで、一目で状態がわかるようになる。箪笥Aの上から二番目の抽斗bを開けたら左右に古文書がまとまりになって入っていて、そのうち左を①、右を②にした、というような場合、①のいちばん上にあった史料は「A－b－①－1」ということになる。多くの史料調査の場合、だいたいこの四種の記号・番号で史料個々のIDを表すことができる。「A－b－①－1」が紙包みで、中に複数の古文書が入っていた、という場合には、さらにその下に枝番号（子番号・孫番号）をつけていけばいいのである。「A－b－①－1－3」といったような具合である。

この方式では、包みの中にまた包みがあって……というような場合、史料IDの桁数が多くなり、煩雑に感じることもある。団体によっては、これを避けるために、番号は二階層までというように決め、それより細かくなりそうなときには包みの関係をスケッチにとって記録し、番号自体は下位に増やさず通し番号で処理するというやり方をしているところもある。「A－2」の袋中に古文書が入ってるとき、「A－2－1」「A－2－2」……とせず、「A－2」「A－3」……と番号をつけ、ただし「A－3からA－6まではA－2の袋に入っていた」ことを別途記録に残すわけである。これならば階層が増えすぎる心配はない。ただ、スケッチや備考などでさらに一手間増えてしまう欠点がある。それに、「実は後で丹念に古文書を開いてみたら、巻きの内部にもう一点別の史料が挟み込まれていた」といったようなズレが生じた場合、番号をずらすのは容易ではない。その点、単純な階層方式では、そこだけ一階層足せば済んでしまう。このあたりはIDが長くなるのを避けるか、作業の単純化を優先するかという判断の問題で、別にどちらが優れているとはいえない。好き嫌いの問題といってもいいわけである。

また、史料番号の階層を増やしてしまうことにもなるが、大量の史料の所在状態を把握するところから始めなければならないような場合、たとえば土蔵のまるごと調査をしたような場合には、容器の記号から入る前に、まずそれが土蔵のどこに置かれていたのか、その場所の記録から始めなければならないことがある。いわば史料ＩＤ以前の「所在情報」である。実際Ｈ家の土蔵調査をした際にも、土蔵内のあらゆる容器・むき出しの品々がどこに置かれていたものなのか、おおまかにでも把握しなければならなかった。また、土蔵全体の調査ともなれば、容器の数も非常に多く、当然単純なアルファベットや仮名だけでは数が足りない。そこで、前述のように「エリア記号」というものを案出し、試みた。

現在、ＩＤをつけるにあたっては、アルファベット大文字と小文字の容器記号、そして丸数字の配置番号、そして史料番号という三種を基本としているが、場合によって仮名などの記号を利用するという方法を採っているわけである。どのような記号番号をつけていくべきかは状況によるので、臨機応変に対応することが重要である。ただ、アルファベット・カタカナ・ひらがな・丸数字・そのままの数字などをあまり無秩序に使ってしまうと混乱する。少なくとも自分の中で、ひらがなはエリア記号に使う、丸数字は配置番号に使うなど、記号・番号の用途は統一しておくほうがよいであろう。

史料自体をどう整理するか

次に考えたいのは、史料自体（史料の現物）をどのように整理するか、という点である。史料にIDをふるのはいいとしても、ではこの古文書のIDは何か、を具体的にどう識別できるようにするかという問題である。最も単純な方法は、古文書そのものに記号や数字を記入するとか、ラベルを貼るというやり方である。これならばいちばん確実である。しかし、史料の原本に整理者が新たな書き込みをすることは大きな問題である。一種の現状変更となり、場合によっては史料の価値を損ねることにもなりかねない。また、ラベルを直接史料そのものに貼付することにも抵抗がある。これもある意味で史料の現状変更であり、「ラベルの貼られていない状態」を保存できないからである。無数にある近世文書では感覚的にわからないかもしれないが、たとえば重要文化財や国宝レベルの貴重な古文書にペタンと現代的なラベルを貼る、という場面を想像してみれば多少想像しやすいかと思う。ラベルに使用する糊や紙が問題視される場合もある。化学物質の影響で、シミになったり紙の劣化が起こらないのか、という不安である。ラベル式のやり方をとっている団体の中には、古来使われていて安全性が確認されており、いざとなれば水で剝がすことのできる生麩糊《しょうふのり》で和紙のラベルを貼り、そうした懸念を払拭している場合もある。ただ、現状変更という点では疑問も残る。

これに対し、しばしば史料整理で使われるのは、封筒を利用した方法である。封筒（史料を酸化させて劣化させないように、中性紙を用いた封筒が使われる）の表に記号・番号を書く欄を設け、そこにＩＤを記入したうえで、中に該当史料を収納する方式である。封筒から出してバラバラにしてしまうとラベルのように確実な同定はできなくなるが、そのような混乱はあまり起きるものではないし、何より史料そのものに直接手を加えるわけではなく、かつ簡単・便利な方法のため、一般的に行われている。ただしこれにも大きな欠点がある。決まった形式の封筒（それは折りたたまれ、保存されてきた状態の史料よりもたいていは大きい）に一点ずつ収納されるため、嵩《かさ》が非常に大きくなり、元の容器に入りきらなくなるのである。当初の容器収納の状態は現状記録に採ってあり、また収納順についてはＩＤから追跡できるが、それでも史料自体を元の容器から引き離し、あるいは元の姿とかけ離れた形で収納することになる点、抵抗を感じる部分がある。事情を説明して所蔵者の同意が得られ、かつ記録をきちんと採って、史料に負荷をかけない形で保存がなされるならば、許容される場合もあろう。ただしその場合でも、元の収納容器自体は、史料とともに保存されるのが望ましい。

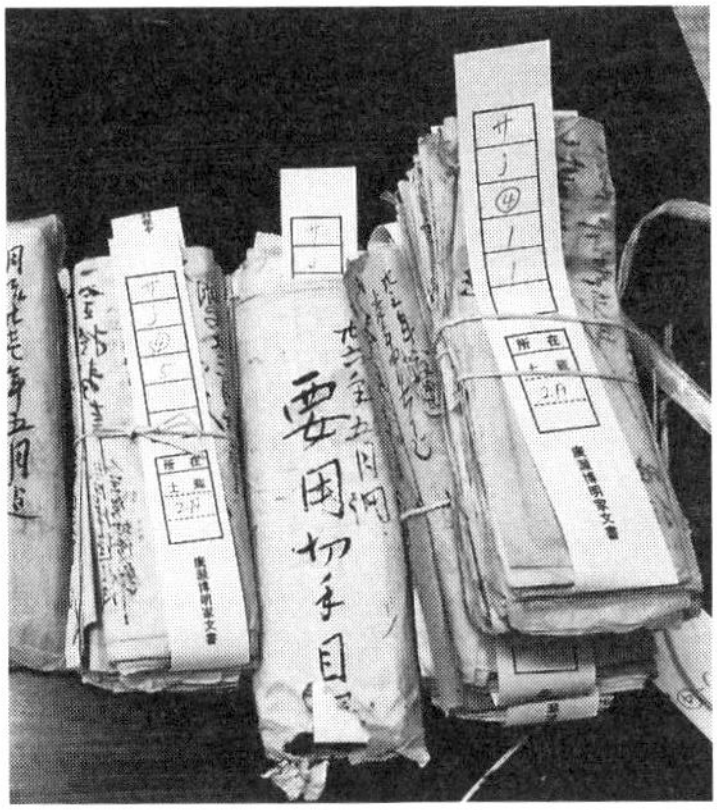
写真 4-1　短冊方式の整理（2012 年 12 月撮影）

　封筒などの用意がない応急の場合、また元の容器に収めるため嵩を増やしたくないときなどに使われる方法が、短冊を挟むという手である。中性紙を細長く切った短冊状の紙に史料IDを記入し、古文書に差し込んで使うのである。これならば嵩が増えることはほとんどなく、簡易で非常に実用的な方法である。ただこれにも短冊そのものが脱落しやすいという欠点がある。落ちてしまえば「この古文書のIDは?」ということになってしまう。短冊の端を折るなどして脱落しにくくする工夫はするが、それでも気づかぬうちに落ちてしまうことはあるし、もともと折目のない小さな紙片の場合にはそもそも短冊の挟みようがない。筆者の場合、たとえば名刺大の紙片など短冊を挟めない古文書の場合には、古文書整理用封筒の角にあたる部分を史料より一回りか二回り大きく切り取って表にIDを記入し、その中に史料を挟んでおく方法を採っている。

ところで、史料群そのものはできれば元から伝わってきた状態のまま保存できればいいが、必ずしも元の状態が史料にとっていい環境ではない場合もありうる。古文書の納めてあった段ボール箱が破損しているとか、木箱が壊れそうだというときには、思い切って新しい容器に入れ替えることも必要になる。前にも述べたように、史料の保存環境自体がたびたびの改変を経てきているのが普通であるから、収納状態の変化も史料群のたどってきた履歴だということができる。ある時期に「調査」という形の手が加わったというのも履歴の一つなのであり、その時点を境に収納状態が変わることがあっても、必ずしもおかしいことではない。むしろ調査を機に「史料」として今後長く保存していくことを意識したとすれば、それは史料にとって望ましいことであり、かつ誰もが利用しやすい環境で保存されていくことになったとすれば、それは悪いことではない。

もっとも、その際には、所蔵者の了解を得るとともに、元の環境をどう変更したか、逆にいえば元はどうなっていたかをわかるようにしておくことが前提である。現状記録などのデータを残しておくことが望まれる。

近世史料に合わせた目録仕様の不都合

さきに触れたように、地域に残る史料（在方史料）の発掘・調査は、多く近世史研究者によって担われてきた。古代・中世史に比べても、また近代・現代史に比べても、圧倒的に近世史の研究者による調査が多いのである。これは、それだけ多数の近世史料が個々の家や社寺など地域に残されてきたからでもある。一方で近代史研究者が地域史料に目を向けることは必ずしも多くない。この間の事情については、すでに第二章で詳しく述べた。しかし、村内の有力者であることが多かった名主や庄屋の場合、近代になってからも、制度的にはともかく、実態としては村落の共同体的機能において中心的役割を果たし、あるいは村を巻き込む大きな事業などの中心に立つ場合がままある。近世の村落が近代に入ってどのような変遷を遂げたか、またそれぞれの地域において、どのような形で近代化が進んでいったのか、制度はともかく、それが現場においてどう受け容れられていったのかを知るためには、相変わらず地域史料は有効な手がかりとなるに違いない。その意味では、個々の家、あるいは区有などの形で残る史料は充分調査・研究に値するはずである。

ところで、主に在方史料の調査が近世史研究の立場から推進されてきたため、史料目録を作成する際の採取項目は必然的に近世史料に合わせたものとなってきている。しかし調査に行けば、必ずしも近世文書のみが出てくるわけではない。中世の文書が出てくることもあるし、近現代の書類があわせて出てくるなどは普通である。その場合、近世史料のみに関心をもって整理・調査の対象とし、他の時代の史料に見向きもしないという姿勢は問題である。その家の所蔵史料の調査という観点でいえば、近現代の文書も同じ一つの史料群のはずである。調査者としては、当然それら全体を「群」として把握し、整理・目録化する必要が生じてくる。もちろん調査の目的や時間的・人的な余裕のあるなしなどによって、他の時代の古文書には手をつけないという判断はありうる。が、その場合でも、他の時代のものも含め全体としてこのような容器に何個分の史料があったが、今回はその中でこの部分のみを調査・整理した、という明確な全体認識をもつべきである。いくら一部のみを調査対象とするからといって、初めからそれしか視野に入らないというのでは、群としての史料が調査されたとはいえないし、調査から外れた史料自体も残りにくくなる。所蔵者にしてみれば、調査された一部分は価値があるが、それ以外はどうでもいいものなのか、と思い込むことにもなりかねない。今回はこの部分しか調査しませんが、こちらも時代を経て残されてきた大切な史料ですから、是非長く保存なさってくださいというような対応が必要とされるのであろう。

標題		原 写 控 刊	
		形態	
		数量	冊 通 枚
年代	年 月 日		
	自 年 月 日 至 年 月 日		
作成			
宛名			
摘要			

図 4-5　日本常民文化研究所で以前使用していた目録様式
（提供：神奈川大学日本常民文化研究所）

番　号		分類番号		収蔵場所	
表　題（資料名）			数　量	枚・通・冊 綴・巻	
年　代			成　立	原・控・下書・写・刊	
発信者			受信者		
形　態	簿冊・一紙・巻物・軸・絵図・袋入・封書・葉書・その他（　　　）				
	所有者（寄託者）		住　所		
備考					

図 4-6　某町史編纂用の目録様式

(原・写・控・刊の別) (原・写・控・草・木版・活版の別) 成立（原・控・下書・写・刊の別）	検索 分類番号	撮影 撮影	マイクロ フィルム番号	製本	筆写

※(　)は、項目名は書かれていないが、それ用の欄があることを表している。

一方で、近代・現代の史料を含めた調査を行うとしても、これを近世文書の様式に合わせた目録項目に従って整理しようとすれば、当然無理が出てくることになる。家蔵文書などの史料調査にあたっては、(古代文書が発見されることはまずないが）少なくとも中世から現代までの書類に対応した整理ができるようにしておかなければならない。では、目録の採取項目、そして目録編成のしかたについては、どのように考えればいいのだろうか。それを次に考えてみたい。

目録編成の考え方

まず、これまでに見かけた古文書目録の様式を少し挙げてみよう。

古文書は一点ずつ封筒に整理される方法がよく採られるが、その際、整理用封筒の表に収納した古文書がどのようなものであるか、目録内容を記入する欄が印刷されている場合が多い。ここに書かれた情報が史料目録編成の元データとなる。図4－5、4－6に掲げたのは、日本常民文化研究所で一九八〇年代半ば頃まで使用していた封筒と、二〇〇〇年代に入ってからの某町史編纂の際に使用されていた封筒の印刷面である。同じ古文書の目録様式と

表 4-1　古文書整理用封筒に記載された目録項目

A	（文書番号）	年代	標題	作成	宛名	形態	数量	摘要
B	分類（文書番号）	年代	標題	作成	宛名	（形態）	数量	備考
C	（文書）番号	年代	表題	発信者	受信者	形態	数量	備考
D	（文書番号）	年代	表題	差出人	受取人	形態	数量	備考

※A は図 4-5 の日本常民文化研究所の目録、C は某町史編纂用の目録。

いっても、内容項目や精粗もさまざまであることがわかる。このほかにも若干手許に目録の例があるので、それらを比較してみた（ただし、史料群全体に共通する所蔵者や所在地などの基本的な項目は省いてある）。

さて、これらに共通した目録項目とされているのは、史料番号・年代・内容（標題・表題）・差出人（発信者）・宛名（受信者・受取人）・形態・数量・備考（摘要）の八項目である（表4－1）。いずれも史料目録を作る際には必須の項目といっていいであろう。細かい目録では、さらにいくつもの項目が加わることもある。では、どのような項目を設けることが目録として望ましいのであろうか。

目録は、あまりに簡単すぎても知りたい情報が足りないが、逆にひたすら詳しければいいかというと、そうでもない。煩雑で長すぎる目録は、かえって欲しい情報が埋もれて見にくくなってしまう。史料本文は載せずに、しかしどのような史料なのか、多様な情報が簡潔に記載されていることが望ましい。とくに近現代については、様式が前近代と比べて非常に多様化するだけに、これをどう分類するかが要点となってくる。ある近代史研究者がこういう話をしていたことがあった。

「ある家の史料についての目録を図書館で見て、貴重な古文書ではないかと興味をもった史料があり、わざわざ訪ねて行って、やっとのことで見せてもらったら、何のことはない活字印刷の本でガッカリした」。

近世史料の大半は、和紙に墨書きの体裁をとる書類であるが、近代以降の史料となると、それ以外にガリ版印刷あり、活版印刷あり、鉛筆書きあり、万年筆書きあり、洋綴じの本あり、写真あり、新聞あり……と、書かれ方も、印刷のされ方も、使用される筆記具も、製本の種類も、実にさまざまである。これを、近世の古文書を標準とした分類で整理するとなると、当然ながら無理が出てくる。たとえば、現在の史料所蔵者が小学校卒業時にもらった卒業証書が出てくることがしばしばある。前掲Bの目録様式では、前近代に一般に見られる主要な史料形態を「竪紙」「続紙」「折紙」「切紙」などの中から丸囲みで選択する形式になっているのであるが、このタイプで対応させようとすると、不自然とは思いながらも、これを「竪紙」に分類することになる。一方で、史料形態を自由記述式に書くタイプでは、人によって書き方が必ずしも一定しない不規則なことになりがちである。形態に関する項目のない目録もあるが、それでは近現代史料の場合、あまりに形態が多様すぎて、いったいどのようなタイプの史料なのか、そのイメージすらも摑めない。つまり、どのような形式をもつ史料なのか、おおまかな分類は書かれていたほうが望ましいものの、自由記述では表現しにくいし、近世史料に準拠した分類では役に立たないということになってしまう。

形態情報とイメージ情報の有効性

近世までの史料では、史料自体の形態は、かなり限られた分類で用が足りる。もちろん細かく分けていけばそれも可能であるが、一通り史料の形が想像できるくらいの分類でいえば、竪紙・折紙・切紙・切継紙・継紙・竪帳・横帳・横半帳、そして和本というくらいの分類でほとんどの史料は対応できる。目録用紙の中で、史料形態について選択式の欄をとっている場合でも、右に挙げた程度の区分があればほぼ充分であろう。しかも、史料の形態が内容と密接な関係を有しているため、竪紙で作成される史料はこういうものであるとか、この種の内容をもつものは、この形態ではありえないというようなところまで摑むことができる。これは古文書学の問題になるのでここでは深く立ち入らないが、たとえば中世でいえば、土地の支配権に関わる補任状・安堵《あんど》状、近世でいえば土地の売買証文の類は、竪紙で作成されるのが普通だ、というようなことである。

ところが、近代以降の史料となると、これはあまりに多様である。もちろんたとえば卒業証書のようなものは、前近代でいう竪紙に相当するような形態をとる、という類の様式はあるものの、パンフレットやチラシのような雑多なものも多く、前近代のように限定された様式で処理できないものが多い。となれば、近代以降の様式にある程度対応した目録を独自に付加したほうがいい、ということになる。近代以降の史料の様式分類については専門家ではないが、当面現場で困らない程度に区分・整理するために、現在は次のような選択肢方式を用いている。

形態……単票・綴じ帳・仮綴・便箋・葉書・封筒・新聞・洋装本・パンフレット・ノート・写真

若干の説明が必要と思うので、最少限の解説を加えておきたい。「単票」とは本来、プリンターでの用紙印刷に関するIT用語で、長くつながった形で印刷し、ミシン目で切り離すような「連続用紙」に対して、一枚ずつに切り離された用紙を指す言葉である。ここではその概念を拝借し、大きさや形状にこだわらず一枚物の紙史料を意味する用語として使用することにした。すなわち近現代の様式にかかわる一枚物の史料はすべて「単票」とする。ただし、明治時代初期の書類などの中には、江戸時代の様式をそのまま踏襲し、和紙の竪紙に墨痕黒々と認めた書類もある。これらは「明治五年」などと近代の年号が入っていたとしても、あえて近世と同じ「竪紙」に丸をつける。近世そのものを踏襲した古文書は、そのイメージが伝わるようにあえて近世の区分を用いるのである。しかし、それ以外のものは一枚物であれば、竪紙・切紙といった区分をせず、「単票」としてしまう。

「綴じ帳」と名づけたのは、袋とじなどにして自作で右端を綴じたよくある書類である。市販

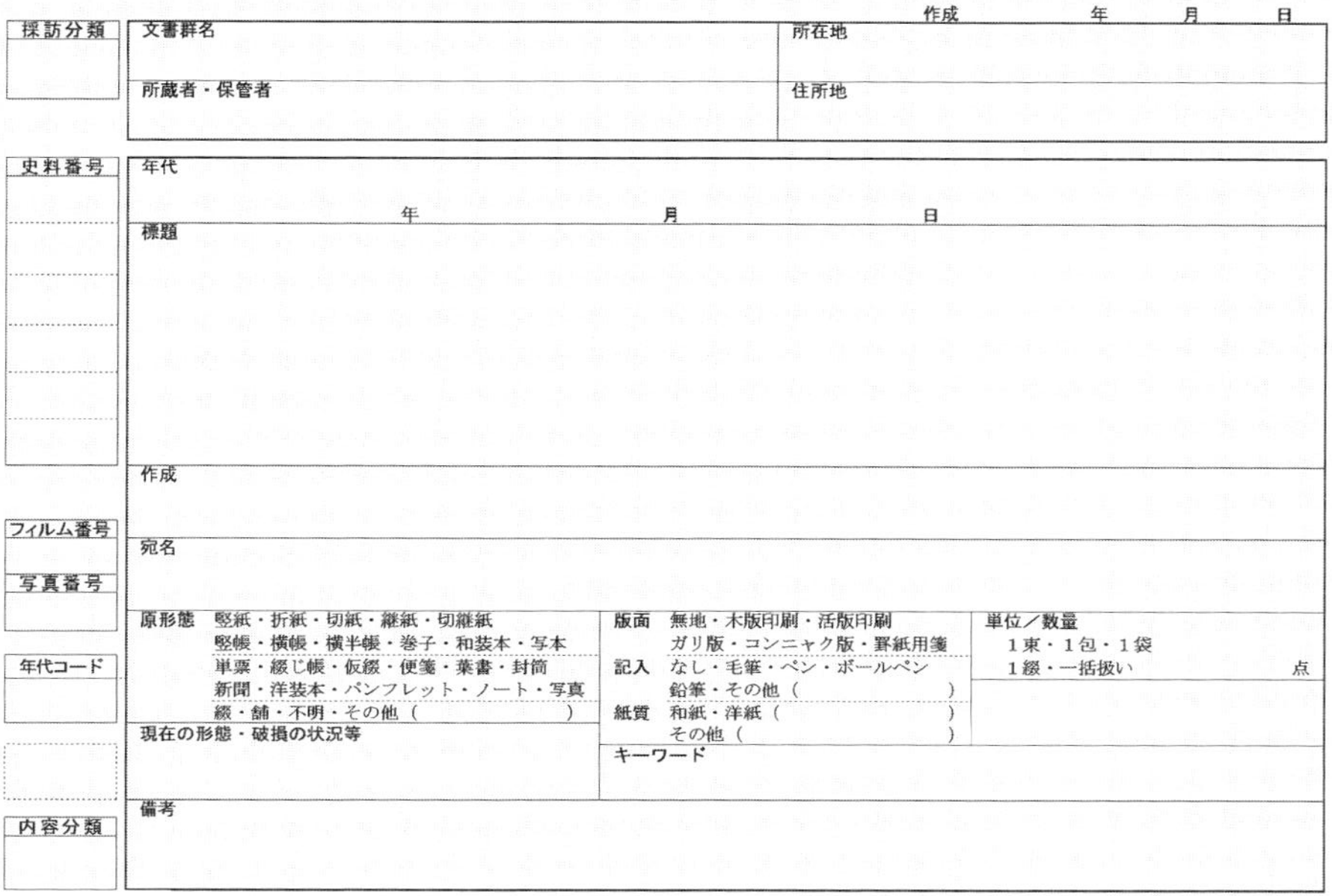

図 4-7　筆者が使用している古文書目録用紙（封筒用・カード用）

の「ノート」ではなく、あくまで自分で穴を開け、こよりで綴じた帳面というのが特徴である。近世までの「竪帳」とほとんど同じであるが、後に述べるような罫紙を使っているとかワラ半紙を使っているなど、明らかに近世とは異なる仕立てになっている場合、これを「綴じ帳」と分類している。「仮綴じ」というのは、二、三枚程度からなる一続きの内容の書類を、右上や右中央部などに一箇所穴を開け、こよりで簡単に綴じた様式のもので、近代にしばしば見られるものである。「綴り」は前近代にも近代にも共通であるが、それぞれ別々に作成された書類を一つに綴じたもので、内容が一続きになっていない点で他の帳面類とは異なる。ある訴訟に絡んで、それに関する訴状、裁判所からの召喚状、関係する図面や資料などを一括して綴じてある場合などがこれにあたる。

ところで、近代以降の書類が前近代のものと異なるのは、紙の大きさや切り方などの様式だけではない。さまざまな面で、近世までにはなかった書類の特徴が現れてくる。その多様性は、用いられている用紙が無地の白紙なのか、記入欄や罫線などが印刷された用紙なのか、また紙の種別は和紙か洋紙か、筆記具は何が用いられているか、毛筆か、万年筆か、ボールペンか、サインペンか、はたまた鉛筆か、など多岐にわたる。およそ近世以前には存在しなかった多様な要素が近代以降の書類を彩っている。これは複雑きわまる問題であるが、一方、これらの情報を生かすことで、目録は格段に使いやすいものにもなりうる。たとえば年未詳の個人宛書状があったとしよう。標題として「米相場等通知の旨、書状」とあるだけでは、どのような書類なのか、はたまたいつ頃のものなのか、イメージはまったく摑めない。ところが、これが無地の和紙に毛筆で書かれているのか、洋紙にボールペン書きなのかが明らかであれば、史料のイメージが浮かびやすいし、時代の推測も大きく異なってくる。近現代の史料を特徴づける、こうしたイメージ情報とでも呼ぶべき事項を何とか目録に盛り込めないかと考えたあげく、「版面」（どのような印刷がなされた用紙か）、「記入」（どのような筆記具を使用しているか）、「紙質」（おおまかに和紙か洋紙か）という三つの情報を取り込むことにした。

これらの情報は目録を採る個人の自由記述にすると、書き手によってかなりのブレが出てきてしまうし、書くほうも表現をいちいち考える苦労が必要となり、大いに手間がかかってしまう。誰もが簡単に迷わず情報を採れるようにしなければ、現場の作業には対応できない。特記すべき事項は備考欄に譲るとして、とりあえずは雛形のような選択肢があったほうがよい。そこで近代以降の史料については、「版面」「記入」「紙質」欄を以下のようにしてみた。

版面……無地・木版印刷・活版印刷・ガリ版・コンニャク版・罫紙用箋
記入……なし・毛筆・ペン・ボールペン・鉛筆・その他（　　）
紙質……和紙・洋紙・その他（　　）

近世までの古文書であれば、たいていは版面＝「無地」、記入＝「毛筆」、紙質＝「和紙」の三つに丸をつければ済む。近代以降の場合は、「和紙」の「罫紙用箋」に「毛筆」で記入したものや、「洋紙」の「活版印刷」の用紙に「ボールペン」で記入された申請書の類、あるいは「洋紙」（ワラ半紙）に「ガリ版」で印刷された役場からの通知でとくに手書きでの記入の見られない（「なし」）もの、などのようにその外見的な特徴を簡略に捉えることができる。たとえば「田畑在所・反別書上げ」と表題にある史料が年月日のわからないものでも、これに「単票」「罫紙用箋」「毛筆」「和紙」という情報が加われば、「ああ、明治期などに多い、和紙の罫紙に墨で書かれた一枚ものの古文書だな」というイメージがたちどころに湧く。

現在は、出てきた史料が近世以前のものでも近代以降のものでも柔軟に対応できるように、両者の形態を併記し選択できるようにした目録を利用している。いまだ試行錯誤の最中ではあるが、ここ十数年右の様式で目録を作成してきて大きな不便は感じていない。今後も必要に応じて、より使いやすい形に手直ししていければと思っている。

パソコンを利用した目録の作成

以上、目録として採る情報について述べてきたが、では作成した目録を見やすい一覧表にするにはどのようにすればいいのだろうか。

現在ではパソコンが普及しており、これを利用するのが後々のことを考えると最も有効である。

すなわち、データを入力してデータベースを作成してしまえば、後から特定の条件での並べ替えや抽出といった作業も簡単に行えるからである。標題に「飢饉」の語が含まれるものを抽出して年代順に並べるとか、作成者が「文右衛門」で「横帳」形式のものを抽出して年代順に並べる、

水野定夫家文書(第一次)目録

	文書番号 1	2	3	4	5	6	写	年号	支	月	日	標題	作成	宛名	原形態	現状	版面	記入	紙質	数	備考
1	中世	1					1	文永11		5	2	[ ](布教免許状)	城左兵衛奉	日蓮大上人	竪紙		無地	毛筆	和紙	1	後世の作
2	中世	2					2	天正6	戊寅	3	19	(穴山信君判物 河内中之蔵にて諸役免許)	(花押=穴山信君)	水野平大夫殿	折紙	折下部分欠損	無地	毛筆	和紙	1	
3	中世	3					3	天正11	癸未	9	17	(穴山勝千代朱印状 早川入用所申付につき)	(穴山勝千代) 大学、蘆伊、常陸、奉之	水野平大夫ニ付とのへ	折紙		無地	毛筆	和紙	1	宛所は後筆▼日付上に角朱印あり▼料紙奥は切断されており、本来の宛所の一部らしき墨跡がわずかに残る▼巻子本「甲州古文書」所載の写では、宛所が「佐野七郎兵衛尉」とある
4	中世	4					4	天正19		1	21	(佐藤長介証文写 早川入諸事委任)	佐藤長介 御判		折紙		無地	毛筆	和紙	1	
5	中世	5					5	(中世)		1	22	(穴山勝千代朱印状 小五六三〇〇丁申付)	(穴山勝千代)		折紙		無地	毛筆	和紙	1	冒頭の文字にかけて角朱印あり
6	中世	6					6	(中世)		3	9	(穴山勝千代朱印状 内房郷中川除人足申付)	(穴山勝千代) 兵左衛門尉 奉之	水野平大夫殿、横山喜四郎殿	折紙		無地	毛筆	和紙	1	日付上に角朱印あり
7	1						同	元和2	辰	10	25	(薬袋の左助、今度年貢うりとめにつまり地屋敷売却につき証文)	薬袋ノ左助(印)、証人・佐瀬兵(印)、証人・佐左平次(花押)、証人・唯院(花押)	水野長次郎殿 中山伊勢千代殿 両人へ参	切紙		無地	毛筆	和紙	1	
8	2						同	明暦2	申	8		河内領薬袋村申之御差出シ	薬袋村 新五郎、兵右衛門、惣百姓	御代官様	竪紙		無地	毛筆	和紙	1	端裏書「□(申カ)ノ年平岡右衛門様へ上ケ申候御差出し候ひかへ」
9	3						同	寛文5	巳	6	18	郷中連ん判手形之事(今度、新五兵衛・権右衛門・八兵衛出入りにつき内々にて相済すこと)	薬袋村 新五兵衛(印)、瀬兵衛(印)、証人同所円能坊(印)、他32名		継紙		無地	毛筆	和紙	1	「305年前」という付箋あり
10	4						同	寛文8	申	4	4	(今度与惣次分の田地埒明にて七郎右衛門合点仕るにつき手形)	証人 薬袋村 円能坊(印)、同 大島村 善行坊(印)、同 千津和村 市兵へ(印)、外11名	薬袋村 七郎右衛門殿 参	竪紙		無地	毛筆	和紙	1	形態については、継紙で前欠(一紙のみ遺存)の可能性もある
11	5						同	寛文11	亥	2		御訴訟(薬袋村名主新五兵衛と大小の百姓、戌御年貢の勘定・寅御縄の引方・御指紙の取扱につき出入り)	河内領薬袋村 市之丞(印)、七郎右衛門(印)、総百姓、外13名	御代官様	継紙		無地	毛筆	和紙	1	
12	6						同	寛文11	亥	3	21	定申手形之事(薬袋村名主と百姓中御年貢勘定の出入りにつき、惣百姓連判仕り、以後何事においても談合すべき旨)	市之丞(印)、七郎右衛門(印)、八兵へ(印)、外33名		竪紙		無地	毛筆	和紙	1	

図 4-8　古文書目録の印字例

などの作業が一瞬でできるのはパソコンならではの特技である。目的に応じて、ＩＤ順（取り出し順）方式・編年方式・内容分類方式などさまざまな形の目録を作ることも容易である。

データベースとしての入力には、データベース専用のソフトウェアを利用するのが便利であるが、表計算ソフトでもかなりの作業はできる。とにかく一度データを入力しておけば、そのデータだけを取り出して別のソフトウェアに取り込んだり加工したりは容易にできるので、目録を採ったならばデータ入力をしておくことをお勧めしたい。筆者もこの分野に関してはまったくの素人なので、試行錯誤を繰り返したが、Ａ４サイズの縦長用紙に縦書きで印字する史料目録のフォーマットを作成し、普段利用している。文字が九ポイントと小さくなってしまうのが難点であるが、かなり多数に及ぶ項目を一行に盛り込みつつ、ある程度の見やすさを確保している。パソコンやデータベースソフトの利用は、不慣れな文系の者には苦痛な部分もあるかもしれないが、身近な人に教えてもらうなどしながら挑戦してみてはいかがだろうか。

史料をどう撮影するか

我が家の古文書を整理する、という場合ならともかく、普通、研究や勉強のために他所の古文書を調査・整理する場合には、何らかの形で史料の撮影をする必要が出てくる。写真があれば、必要なときにいつでも史料を見ることができる。高度成長期以前には、史料所蔵者のもとに出向いていって、必要な史料を筆写してくるということも広く行われていたが、カメラが普及して以降は、まず撮影をしておくことが一般的となった。さらに一九九〇年代以降デジタルカメラが普及し、その性能が日進月歩で飛躍的に上がると、撮影の可能性が広がり、さまざまな選択肢を考えることが可能になった。ただ、それが逆に悩ましい点でもある。どのような媒体にどのように撮影するか、迷うことが多いのである。

現在であれば、デジタルカメラで撮影するのがまずは簡単で便利である。ところがデジタルカメラにも大きな欠点が指摘されている。カメラ本体の問題ではなく、撮影した画像データの問題なのである。簡単にいえば、今一般的に実用に供されているJPEGとかTIFFといった画像のフォーマットが十数年後、数十年後、あるいは数百年後まで利用できる保証はどこにもないという点である。史料写真は、もちろんすべて紙に焼き付けしておけば基本的には問題はないが、一軒の史料所蔵者宅に数百点から数千点の古文書が残されているのは普通である。仮に二〇〇点としても、これを撮影すると、帳簿類などもあるから、撮影コマ数は数千コマにのぼる。これを一点ずつ紙焼きしていたのでは費用がかかりすぎる。当面必要な画像だけは紙に焼くとしても、それ以外のコマはいつでも見られるが普段はデータとしてのみ保存したい、というのが通常の利用のしかたであろう。デジタルデータそのものは劣化しないが、データの記録方式が時代とともに変わってしまい、古いデータが読み出せなくなる可能性はあるし、さらにデータを保存するCDやDVD、HDDなどの媒体そのものも劣化することが明らかになっている。CDやDVDは、保存環境が悪ければ一〇年程度の時間で読み出し不能に陥る可能性もある。歴史研究に携わる者は、一〇〇年以上という長い時間単位で現在まで伝わってきた史料を扱うことが多く、その史料そのものを最低でも同じ程度の時間、できるならば永遠に残したいと考えるものである。その点では、将来的な保証がないというのは、大きな不安材料となる。

フィルムかデジタルか、フィルムならば白黒かカラーか、三六枚撮りフィルムかロールフィルムか、撮影に関しては、いろいろ迷わせられる部分が大きい。ここでは当面、従来よく使われてきたマイクロフィルムと、近年急速に進歩・普及し一般化したデジタルカメラについて簡単に比較してみたい。

デジタルカメラとマイクロフィルム

史料調査の現場では、長く撮影にマイクロフィルムが利用されてきた。約三〇メートルの長さのフィルムに数百コマの撮影ができるフィルムである。多量のコマ数を必要とする史料撮影では、一般に普及していた三六枚撮りフィルムではすぐに交換しなければならなくなり、たいへんな手間がかかるうえに整理も面倒になる。その点でマイクロフィルムは便利であった。極端にコントラストが強いという写りのクセがあり、撮影には独特のコツが必要であったが、とにかく安価に大量に撮るためには、最も有効な媒体であった。保存さえよければ数百年はもつとされるフィルムも、長期保存という面からは信頼度の高いものであった。信頼度といえば、改竄《かいざん》の困難なマイクロフィルムは、裁判での証拠能力も認められているという。

ただ、マイクロフィルムには大きな欠点もあった。それは基本的に白黒写真しか撮れないという点である。一部カラーマイクロフィルムも存在はしたが、桁外れの高価さで、重要文化財ならともかく、民家に伝わる多量の古文書をそれで撮るのはあまりに非現実的であった。しかし古文書の中には、朱筆で書き入れのあるものや、多色で描かれた絵図の類もよく出てくる。これは白黒フィルムではお手上げである。「彩色されている」とか「朱筆」などの注記を写し込むくらいの対応が関の山であった。また、マイクロフィルムは比較的コンパクトな媒体であるものの、たまってくると保管にかなりのスペースが必要であり、かつ研究に使う人が誰でも自宅で見られるというものではなかった。フィルムは虫メガネがあれば見えることは見えるが、きちんと拡大して見たりプリントするには専用の機器が必要であったし、写真として紙焼きすれば一コマあたり数十円から一〇〇円ほどの費用がかかった。仮にフィルム一本六〇〇コマを焼き付ければ六万円である。とても個人で負担しきれる金額ではなく、機関での利用が一般的であった。

この点、デジタルカメラの普及は画期的な変化をもたらした。パソコンとカメラさえあれば、フィルム代も現像代もプリント代もかからず、大量の写真を撮り、ため込むことができる。しかもフルカラーの情報である。CDやDVDなどの媒体にして配布すれば、誰でも自宅でパソコンの画面に拡大して見ることができる。ハードディスクなどに保存すればスペースもとらず、検索も容易である。最近は普及型のデジタルカメラもずいぶんと性能がよくなってきたので、誰でも簡単に史料写真が撮れるようなったといえる。媒体の保存性や画像フォーマットの将来性などの不安さえなければ、理想的なシステムといっていいであろう。

　こうして見てくると、マイクロフィルムとデジタルカメラは、互いに片方の長所がすなわちもう一方の欠点となるような関係性をもっていることに気づく。個人で撮るのか、組織で撮るのか、当面の利用のためなのか、長期に保存するためなのか、彩色史料が多いか否かなど、予算や用途などに応じてシステムを選択していけばいいのである。ここでは大雑把な整理しかしなかったが、ほかにも絵図などは中判・大判のフィルムカメラを使用して撮るなど、さまざまな選択肢がありうる。いずれにしても、目前の史料を何らかの形で遺そうとする意識は大切なことである。

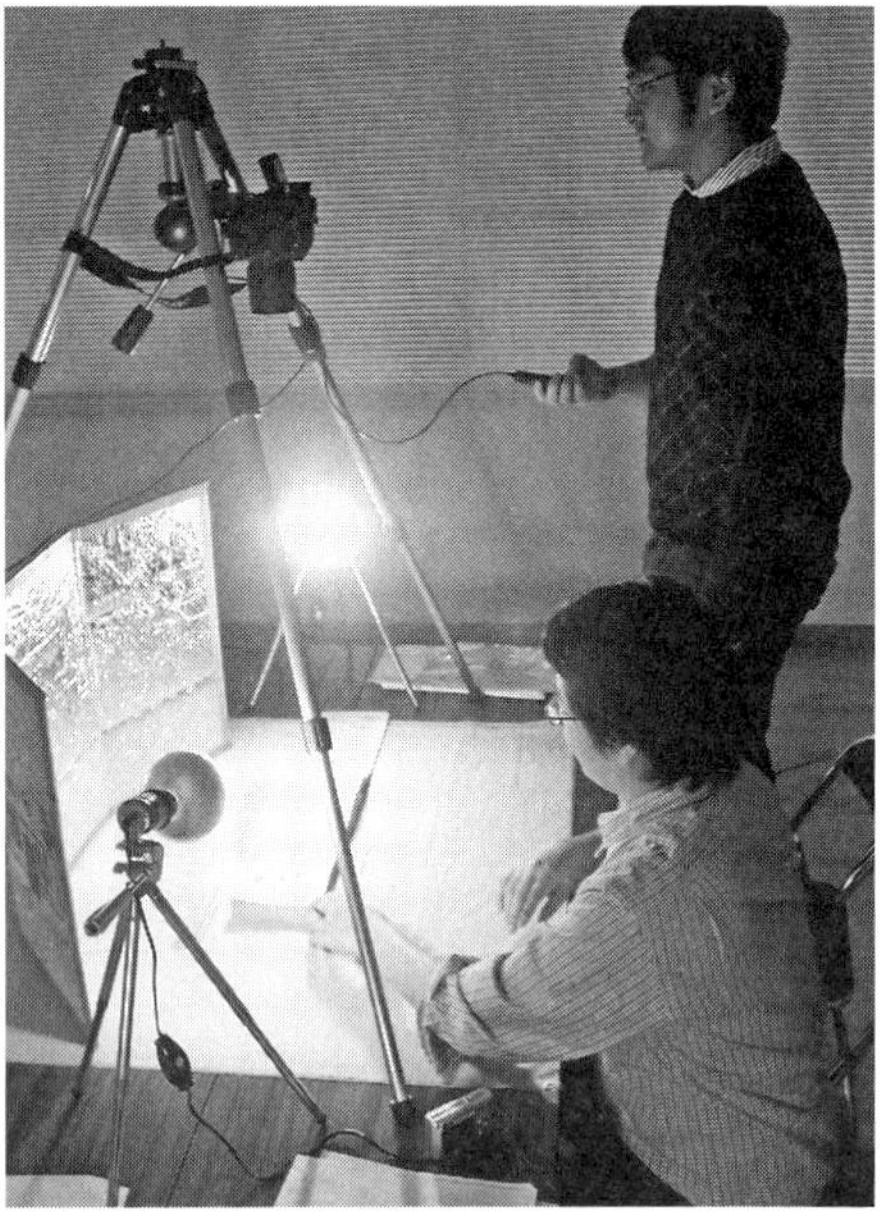

写真 4-2　デジタルカメラでの古文書撮影（2006 年 11 月撮影）

第五章

発掘・整理した史料から歴史を読み解く

一　断簡文書が明かす歴史

謎だらけの古文書

自らの足で現地調査に出かけることにはいくつもの長所があるが、その一つが、刊行された目録にきちんと掲載されていなかったり、自治体史では採録されていない史料に出会えることである。山梨県早川町で一九九一年（平成三）に見出した佐野弘家文書の一点もそうした史料であった（写真5－1）。

この古文書は、ご覧のように前後がともに切れた断簡文書である。しかも大きな穴があいて文字も一部欠損している。本来はこの前にも後にも紙がつながっていたはずであるが、おそらくは継ぎ目の糊の剝がれのため、この一枚のみが残ったと考えられる。佐野家には、昭和三〇年代に当時の静岡県清水市（現在の静岡市清水区）の関係者が市史編纂の関連史料調査のために訪問しており、史料を茶封筒に入れて、ある程度の整理をしている。この古文書も小型の封筒に入れられ、その表には「一、御材木奉行の事（断片）佐野七兵ヱ？天正末？　内申御帳ニ付申候場所之切かぶとも御目にかけ可申候事」とメモ書きされていた。文字どおりの断片で詳細もわからず、とりあえず冒頭の二行を書き付けておいたようである。当然この史料は『清水市史』にも、地元の

『早川町誌』にも取り上げられていない。実際、標題はおろか、年代も差出人も宛名もわからず、しかも文章の途中が残されているのみで、史料としてはあまり利用価値がないように見える。要するに日の目を見るような史料とは言い難いのである。ところが、内容をよく読んでみると、早川地域の重要性、権力者とのつながり、そして中近世移行期の土豪のあり方を知るうえでたいへん貴重な史料であることがわかってきた。翻刻した文字と現代語訳を次に掲げてみよう。

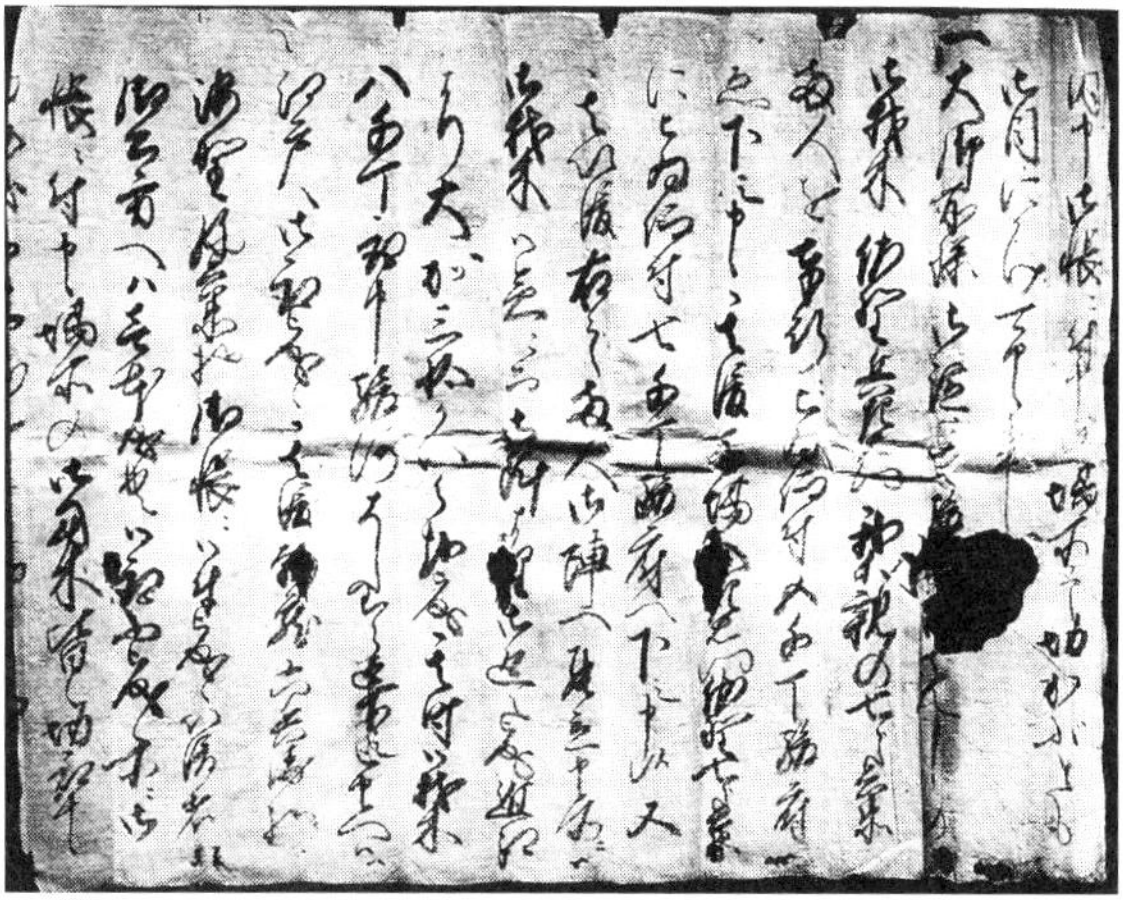

写真 5-1　佐野弘家文書 59 号は穴があき、前後が失われた断簡文書であった

（前欠）

内申、御帳ニ付申候場所之切かぶとも

御目にかけ可申候事

一、大御所様御諚ニて駿［　　］んしの

御材木、佐野兵左右衛門・我等親の七郎

兵衛

両人を奉行ニ被為仰付、五千丁駿府

ゑ下シ申候、其後馬場五左右衛門・佐野

七郎兵衛に

被為仰付、七千丁駿府へ下シ申候、又
其以後右之両人御陣へ罷立申候所ニ
御材木御急ニ而御陣より御返し被成、近郷
より大が三拾かい御越被成、其時御材木
八千丁取申、駿河よしわら迄下シ被申候へハ、
江戸へ御取被成候、其後朝蔵六兵衛様・
海野弥兵衛様御帳ニ御付被成候以後者、
御公方へハ壱本成共不被御取候所ニ、御
帳ニ付申候場所の御用木皆々切取申候

（後欠）

「内」申し、御帳に記録した場所の切り株をお目にかけたいと思います。

一、大御所様のご命令で「駿河（欠）んしの」御材木を、佐野兵左右衛門・我等親の七郎兵衛の両人が奉行（担当役人）に命じられて、五〇〇〇本駿府へ下しました。またそれ以後右の両人が御陣へ出かけたところ、御材木がお急ぎで必要とのことで、御陣から返されました。そして近郷から大が（大鋸）の人々が三〇回にわたってお越しになり、そのときに材木八〇〇〇本を取って駿河よしわら（吉原）まで下しました。するとそれを江戸へお取

り越しになりました。その後、朝蔵（朝倉）六兵衛様・海野弥兵衛様が御帳に記録なされて以後は、御公方へは一本も切り取ってはおりません。それなのに、御帳に記録した場所の御用木が皆々切り取られております。

まずこの文書は、筆致や墨色・文言などから、近世の早い時期のものであることが見てとれる。それは文中に見える「大御所様」「佐野七郎兵衛」などの人名からも明らかである。「大御所様」は徳川家康を指し、佐野七郎兵衛は佐野家の文書に戦国時代末期から見える、同家の実質的な祖とも位置づけられる人物である。そして文書全体の性格を考えてみると、材木の違法な伐採が行われた事態に対して、それを注進《ちゅうしん》（報告）するか、または自らに責任のないことを主張しているものとみることができる。

文中に「我等親の七郎兵衛」とあることからすると、この文書の作成者は七郎兵衛の子とわかる。佐野家の同族の家の文書を見ていくと、七郎兵衛の時代に続く元和・寛永期の当主として名が見えるのは瀬兵衛である（「佐野政男家文書」五・六号ほか）。また、「我等親之七郎兵衛」の文言が見える同一筆跡の文書（同家文書二三五号）があり、その差出者が瀬兵衛・弥次兵衛の連名であることからも、作成者は瀬兵衛、あるいは瀬兵衛と弥次兵衛の二人であるとみて間違いない。とすると、作成時期も、瀬兵衛の名の確認できる元和から寛永期（一六一五〜四五）と見当がついてくる。

ところで、本文書に書かれた事項の中で、ほかの史料と符合する事実は、朝倉（朝蔵）・海野両氏による材木の「御帳つけ」である。これについては、佐野政男家文書中に直接関連する史料が残されている（同家文書一三五号）。この文書は年未詳三月一九日付で、薬袋村の瀬兵衛・弥次兵衛から御奉行様宛に出され、同村加左衛門らの起こした「偽訴」に対して七項目にわたって反論したものである。文中には具体的な人名や時期、数字が多く書かれており、ある程度の信憑性が認められる。この中の第三項目に次のようにある。

二七年前の午年六月に、相国様（徳川家康）のご命令で、朝倉六兵衛様・海野弥兵衛様の両人が御材木改めのため、我等の家にお泊まりになりました。ご両人様のおっしゃるには、「『早川入《はやかわいり》の佐野七郎兵衛という者は、前々から材木を採らせ、奉公してきた者なので、その七郎兵衛に案内させて材木を見立て、帳面につけるように』との相国様のご命令である。よって其方《そのほう》が案内するように」とのことでした。そこで池の山にて一〇〇〇本、雨畑山にて三〇〇〇本、保山にて二〇〇〇本を御帳に記録なさいました。

朝倉・海野は、ともに甲斐国と接する駿河国の山間地に住む土豪である。家康の駿府再居住にあたり、両人は北方の安全を確認するため、信濃までの山岳地帯を実地に歩き、その険峻さを報告したこともある（宮本勉編著『史料編年　井川村史　第二巻』名著出版、一九七五年、一二三六〇号文書）。国は異なり、間に深い山が横たわるが、両人の本拠とする地域から早川入へは山越えをすればさほど離れているわけではない。慶長一〇年（一六〇五）のことと考えられるが、二人は家康側近の本多正信から駿河・遠江・信濃・甲斐の山々の見分《けんぶん》を命じられている。そして、山々で多数の木々を帳面に登載しながら甲斐早川入にまでやってきたのが、この翌年の慶長一一年（一六〇六）午年、すなわち前の文書にいう「廿《にじゅう》七年先午之六月」にあたるのではないかと考えられる。

写真 5-2　佐野家が拠点を据えていた早川町薬袋地区（2010 年 10 月撮影）

江戸城に提供されていた早川入の材木

この文書にはまた、大量の材木を伐採して家康に提供したことが繰り返し書かれている。七郎兵衛らが担当者となって、二回にわたり合計一万二〇〇〇本もの材木を駿府へ送ったとあるし、最終的に江戸に届けられることになる材木を八〇〇〇本流送したとある。これはいつの、何に関することであろうか。ヒントになるのは、「御陣」すなわち何らかの戦《いくさ》と同時期に行われた伐採である。これはわざわざ戦場から呼び返してまでの「お急ぎ」の仕事として行われたという。ここで何回も出てくる材木提供が「其後《その》」「又其《それ》以後」「其後」と、時間的順序を明確に示していることに注意すれば、二万本に及ぶ伐採・運材は、慶長一一年と見られる材木見分より以前に行われたことになる。そこで、慶長一一年より前で、「御陣」と江戸で緊急に多量の材木が必要になった条件が重なる時期を探してみると、文禄元年（一五九二）が浮かんでくる。

文禄元年は、初頭から豊臣秀吉の計画した朝鮮への出兵が動き出した年であった。あの有名な文禄の役である。全国の大名を動員した大規模な「御陣」で、秀吉自身も三月には肥前名護屋へ出向き、四月には朝鮮半島に向けて兵船を送り込んでいる。朝鮮にまでは渡らなかったとはいえ、当然、家康も名護屋の陣に動員された。一方、当時江戸では、江戸城の緊急修理が行われていた。家康は天正一八年（一五九〇）に江戸へ移ったが、記録によると、その頃の江戸城は雨漏りがし、畳は腐っているなど惨憺たる荒れようであったという（東京市編『東京市史稿　皇城篇第一』〔臨川書店、一九一一年〕所引「霊岩夜話」）。しかしまったく未知の領国を与えられた家康は城普請《しろぶしん》どころではなかったらしく、ようやく応急修理にとりかかったのが、まさに文禄元年始めのことであった。ただし、朝鮮出兵から関ヶ原の戦いと、大きな戦がうち続いたこともあって、当面の修理は翌年までで、いちおうの完成とせざるをえず、本格的な江戸城建設は、慶長一一年（一六〇六）まで待たなくてはならなかった。それだけに文禄の修理は重要で、しかも短期間で済ませなければならなかった。家康も進捗状況を気にしながらの出陣で、たびたび様子を尋ねる書状をよこしていたという。指図にあたった本多正信が毎日早朝に現場に出てくるので、大名や家臣たちがたいへん苦しんだとも伝えられる強引な普請であった（村井益男『江戸城――将軍家の生活』〈中公新書、一九六四年〉、前掲『東京市史稿　皇城篇第一』所引「聞見集」）。まさに緊急かつ、まとまった量の材木を必要とする事情があったのである。七郎兵衛らが戦場から呼び戻されてまで動員されたのもうなずける状況である。ただし、九州に置かれた陣、あるいは朝鮮の戦場から呼び返したとするには、あまりにも距離が離れている。出陣途中で返された可能性もある。

さらに、この伐採にあたって「大が三拾かい御越被成」とあるのも注目される。「御越被成」（お越しなされ）ということは何らかの人間について述べたものであるから、「大が」は「大鋸」の衆、つまり造材の職人たちと考えられる。「三拾かい」は「三〇回」の意味であろうか。三〇回にわたって、ということは彼ら職人がどこからか通ってきていたことを示しており、かつ「お越しなされ」と敬語表現が使われていることからすると、七郎兵衛配下の者ではないよそ者ということになる。早川入の山中にたびたび通って来られる山の職人でよそ者といえば、まず可能性のあるのは、海野・朝倉などの配下の駿河衆ではなかろうか。いずれにしても、これら種々の条件を考え合わせると、材木は、江戸城の緊急修築のために必要とされたものとみることができる。

ついで、駿府への材木はどうであろうか。これは文禄元年より以前で、かつ家康が初めて甲斐国に入部した天正一〇年（一五八二）以降のできごとであることが明らかになる。そして、二回にわたって送られていることからすると、一定の時間的幅をもった事業への提供材と考えられよう。この条件にいちばんあてはまるのは、天正一三年から一七年にかけて行われた駿府城の築城と考えるのが最も妥当である。

江戸城の応急修理も駿府城の建設も史料はほとんど残っておらず、用材がどこから提供されたかについては記録がない。しかしこの断簡文書による限り、両城の修築に関しては早川入の材木が使われたと考えてよさそうである。

危険を冒しての運材

謎だらけの断簡文書から次第に当時の具体的な状況が明らかになってきた。ところが、ここにどうしても不可解なことがある。それは「御陣」の年と推定した文禄元年に、家康が甲斐国の領主ではなかった点である。それどころか、家康はライバルの秀吉によって関東に移封させられ、甲斐国には秀吉子飼いの武将加藤光泰《かとうみつやす》が入部していたのである。これでは家康が佐野家を使って材木を集められるはずがない。そもそも家康には佐野家に材木提供を命ずる権限もないのである。それに、加藤は家康の動向を監視する役割も担っており、城や砦を築く材料となる材木をライバルに提供するなどということも考えられない。実際、文禄元年の前年（天正一九）には、加藤光泰が「身延山久遠寺《みのぶさんくおんじ》入用の材木とて信州の材木を運搬する話があるが、もしそれが本当は信州からの木でなく、甲斐国内の木であったら取り押さえよ。さらに家康の時代に伐採してある木を一切運ばせてはならない」と厳しく命じている（山梨県編集『山梨県史　資料編〈領主〉8』四八号文書、山梨日日新聞社、一九九八年)。ということは、家康が自分の領有時に伐採させておいた材木を、信州経由、または身延山の入用という名目で入手しようとする動きが確かにあったのである。

では、佐野家文書の矛盾はどう解いたらいいのであろうか。だが、文書内容からは、文禄元年以外の推定はどうしても困難である。となれば、あえて家康が文禄元年に材木を調達したことを前提として考えていくことが必要となる。では、いかにして家康は支配領国外の甲斐から材木を徴発したのであろうか。まず命令権がない、という点については発想を転換し、材木の提供が領主による命令ではなく、一種の商売であり取り引きであったと考える必要がある。駿府への材木一万二〇〇〇本についてもいえるが、これだけの規模の伐採・運材となると、いくら領主の命令とはいえ、まったく無償で行われたとは考えにくい。江戸向けの材木も一般的な注文取り引きの形をとったと考えるのが自然ではなかろうか。家康からすると、新たに所領となったばかりの関東で充分な材木が入手できない中、かつて駿府への材木提供に実績のあった旧知の土豪を頼って買い付けたということになる。

次にクリアしなくてはならないのは、加藤氏の監視の目をくぐることは可能であったのか、という点である。家康が甲斐国を離れて江戸に移ったのは天正一八年(一五九〇)八月のことであるが、その後、甲斐は秀吉勢力の羽柴秀勝による一時領有を経て、翌一九年四月から加藤の領地となった。形式上は文禄二年(一五九三)八月までが加藤氏の支配期間ということになるが、実は秀吉の腹心である加藤氏は、当然ながら朝鮮出兵に駆り出されており、文禄元年当時は甲斐に在国していなかった。そして、そのまま陣中に没したのである。留守を任された家臣たちにとっても、未知の土地であることに変わりはない。在地の状況もわからず入部したての領主と家臣団、しかも領主本人が留守となれば、実質的な支配・監視機能が国内に浸透していなかったとしても不思議はない。佐野氏としても、長く領主であり面識もあった家康からの依頼とあれば、むげに断ることはできなかったであろうし、新領主の支配状況からすれば家康方への材木提供は充分に可能だったと考えられるのである。

ただし、七郎兵衛にとってこの仕事は、危険を冒し、相当な覚悟で行わなければならないものであったことは間違いない。後に再び家康の世が訪れるとは知る由もない中、家康の依頼に応えたことは大きな決断であったであろう。そこで気になるのは、断簡文書の中で、文禄期の運材については「江戸へ送った」という書き方をせず、「駿河吉原に下したら、それを江戸へお取り越しになった」という一歩引いた表現を使っていることである。駿府への運材に関しては直接「駿府へ下した」という書き方をしているのと対照的である。吉原から江戸への運材は七郎兵衛の仕事ではなかろうからその意味では当然の表現であるが、七郎兵衛としては、あくまで吉原に材木を送る仕事、という形で引き受けたことを反映しているのかもしれない。

こうして見てくると、一点の断簡文書が実に豊かな内容をもつものであることがわかる。七郎兵衛は穴山氏が領主として甲斐国河内領を支配していた時代からその名が見え、少なくとも永禄一二年（一五六九）頃から慶長一一年（一六〇六）頃までその活動が史料上で確認できる。実に三十数年の長期にわたって激動の時代を生きたことになる。その間に甲斐は、穴山・武田の世から織田、徳川、豊臣（羽柴秀勝・加藤・浅野）、そして再び徳川と、多くの領主を迎え、支配体制も激しく遷り変わった。その中を生き抜いた七郎兵衛は相当の度量のある人物であり、また多くの危機を乗り越えてきたものと思われる。この断簡文書には、そうした危機的決断の一端が垣間見えるのである。

また、本文書からは、領主にとって山の資源を管理する土豪がいかに大きな存在であったかも読み取ることができる。山地が豊富な資源を包蔵することは確かであるが、それだけでは直接の役には立たない。資源を生かすためには、実際に材木を伐採、造材、運搬する職人が不可欠である。そして彼らを動かすことのできる要の位置にいるのが、在地の有力者たる土豪衆であった。すなわち、材木にせよ金にせよ鷹狩り用の鷹にせよ、大名領主が資源を手にするためには、山村を握る人間の掌握がまず欠かせなかったのである。朝倉・海野にもいえるが、山あい深くに居住する土豪であっても、政治的には平地の領主とつながりをもち、重きをなす存在であった。現在では、一見貧しく閉鎖的にみられがちな山間地域も、前近代には無視しえぬ意味と重要性をもっていたのである。そのことを彷彿とさせる品が早川には残されている。早川町雨畑地区は江戸時

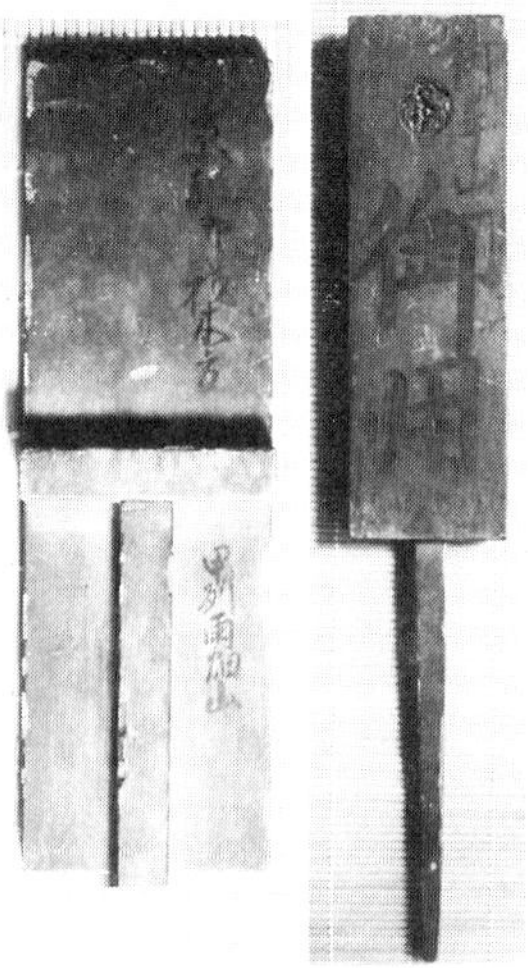
写真5-3　雨畑地区の旧家に伝わる江戸時代の御用札（1994年3月撮影。左は裏面の拡大）

代から林業の盛んなところであったが、その地区の旧家には、材木流送の際に立てたと思われる御用札が伝わっている。幅が九センチメートル、長さが二八・五センチメートルあり、柄の部分も含めると七三センチメートルほどの木札であるが、表面には「御手山　御用」、裏面には「京都御材木方　甲州雨畑山」と書かれている。雨畑地区に伝わった古文書によれば、山深い山村の住民が天明八～寛政二年（一七八八～九〇）にかけて京都禁裏《きんり》焼失にともなう用材の伐採・搬出を請け負っており、また安政二年（一八五五）にも京都造営用材の仕事を行っているので（拙著『知られざる日本――山村の語る歴史世界』〔NHKブックス、二〇〇五年〕一二八～一三五頁の一覧による）、そのどちらかに関わるモノ資料とみてよかろう。現在では物寂しい過疎化した山中の集落であるが、江戸時代にははるか京都御所の用材をも大規模に請け負う山林差配人がいたのである。

日本は山地が七割近くを占める山国である。山地が資源の宝庫として重要な意味をもっていたとすれば、そこにまったく目を向けない日本史像は歪んだものとならざるをえない。それだけでなく、山には平地とは異なった山なりの生活文化があり、日本の生活文化の多様性を支える一つの要素をなしている。日本を「農村」の国とばかりみなしてきた従来の見方では、多様性をもつ日本の歴史的実態を矮小化してしまう恐れもある。

近年、山地の産業、とくに林業をめぐる研究が進展している。「山村」をタイトルに含む研究書も増えてきた。こうした事情を反映し、日本史教科書でも、林業などの山地産業に触れる記載が現れるようになってきた。高校日本史の教科書としてシェアの高い山川出版社の『詳説日本史』の一九九四年版と二〇一四年版とを較べてみると、その違いがはっきりとわかる。

たとえば江戸時代の身分制度の部分である。旧版では小見出しが「士農工商」とあり、本文では「幕府や藩は、支配を維持し強固にするために、社会秩序を固定しておく必要があった。そのために**士農工商**という身分の別をたてた制度を定め」と記して「士農工商」を太字で強調している（一七三～一七四頁）。一方、新版のほうでは「身分と社会」という小見出しがつき、「社会の大半を占める被支配身分は、農業を中心に林業・漁業など小規模な経営（小経営）に従事する**百姓**、多様な種類の手工業に従事する**職人**、商業や金融、さらには流通・運輸を担う商人を中心とする都市の**家持**《いえもち》**町人**の三つをおもなものとした。以上のような社会の秩序を「士農工商《しのうこうしょう》」と呼ぶこともある」と大きく書き方が変更されており、しかも「士農工商」は太字ではなくなっている

（一八五〜一八六頁）。身分制度の説明がまったく変わってしまっていること自体も興味深いが、それはさておき、ここで注目したいのは「百姓」の説明にわざわざ「林業」に従事する者という一項を加えている点である。前後に何の説明もなく、唐突に林業や漁業という山・海の産業が加えられているのはあまりに不自然で、生徒も教師もこの文章ではとまどうのではないかと思うが、何にせよこれが山村や海村に関する研究の広がりを承《う》けての改訂であることは間違いない。続く部分でも「農業」という小見出しの説明のあとに「林業・漁業」「手工業・鉱山業」という項目立てで三頁近くを割いている（一九二〜一九四頁）。

また同じく江戸時代前期の産業に関する部分も注目される。「諸産業の発達」という小見出しに関わる本文では、旧版が「農業以外の産業も発達した。林業は都市の発達とともに建築資材の需要がまし、木曾の檜、秋田の杉などが有名となり、幕府や諸藩の直轄のもとにおかれる山林が多かった」とわずか三行のみの記述で終わっている（一八七頁）。これに対し新版では同じ小見出しにもかかわらず、山地産業の記述は約二倍に増え、材木生産のことだけでなく、楮・漆の特産地形成や都市近郊における薪炭生産のことにまで触れるようになっている（二〇四〜二〇五頁）。

教科書が市民レベルでの教養の一つの基準を表すものとみれば、山地産業に関する記述の増加は、従来の「農村」一辺倒であった日本史像からの認識転換を市民に促す方向性をもっているといってよいであろう。そしてこうした記述の変化が起きたのは、地域の史料にもとづいて個別事例を地道に研究した論文成果を反映した結果なのである。

二　襖裏張文書が明かす奥能登の記憶

今に残る船道具

奥能登の調査で中心となった家は、前述のとおり時国家という旧家である。時国家は江戸時代の初期に二つの家に分かれ、現在も輪島市の町野川に沿った山裾に二家が並んで建っている。そして、上流よりにあるほうを通称「上時国家」、下流よりにあるほうを「下時国家」と呼んでいる。このうち、上時国家からは多数の襖や屏風の下張文書が発見されている。ともに調査にあたったメンバーの泉雅博氏は、バラバラに切断された裏張文書を根気よくつなぎ合わせる作業を行い、たいへん興味深い事実を突き止めた。それはこれまでの時国家にまつわる「常識」を覆すものであった。以下、泉氏の研究に拠りながら、紹介していきたい（泉雅博「能登と北前船交易」神奈川大学日本常民文化研究所奥能登調査研究会編『奥能登と時国家　研究編1』平凡社、一九九四年）。

二つの時国家は、ともに江戸時代に遡る豪壮な家屋を今に遺しており、観光名所ともなっている。上時国家の場合、その母屋は江戸時代後期の天保年間頃に建築されたもので、「民家」とい

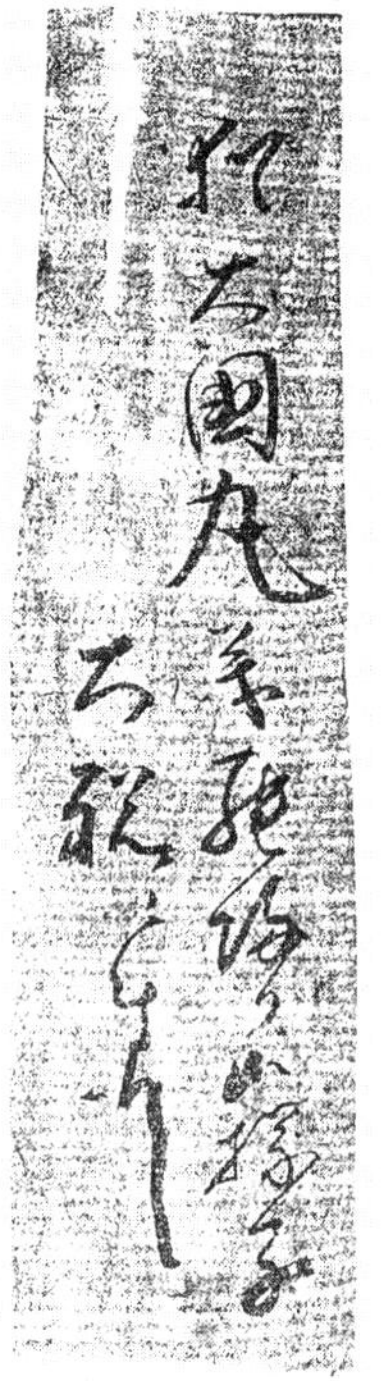
写真5-4　時国家の廻船活動を示す断簡文書
（出所：神奈川大学日本常民文化研究所奥能登調査研究会編『奥能登と時国家　研究編1』）

うイメージとはおよそかけ離れた大きさの建物である。桁行（幅）二二・七メートル、面積は一八五坪に及ぶ。時国家は、屋敷の前に広大な田を所有しており、地域の大地主として君臨してきた。時国家は広い山林と田畑を支配し、地域の人々の生活すべてを握っていたといってもいい有力者であった。こうした時国家を、我々調査団も含め、長らく研究者は「巨大な農家」であり、後進的な「中世的農奴主経営」を行う大地主の家と性格づけしてきたのである。

　ところが、このような解釈では理解できない不可解な品が同家には遺されていた。上時国家は、その豪壮な屋敷とともに、江戸時代以来伝えられてきたさまざまな調度品などを数多く一般見学客に公開・展示している。その中に一枚の船の帆布《はんぷ》がある。江戸期の日本海では、大阪などから瀬戸内海、山陰を通り、東北・北海道方面との交易に往き来する北前船《きたまえぶね》が盛んに活動していた。これらの船は風の力を利用した帆船で、細長い一反の布を幾枚も横につなぎ合わせ、幅広の帆としたものを用いており、船の大きさも、七反帆の船、一五反帆の船というように、帆布の数で表されたのである。

時国家に遺されていた帆布は、明らかにこうした帆船のものであり、もしそれが時国家のものであったとすれば、同家は単なる「農民」や「大地主」というだけでなく、廻船業者の側面もあわせもつ一大事業家ということになる。しかし、膨大な伝来文書の中には、同家が北前船による廻船業を行っていたことを示す記述は見られなかった。北前船は大きさにもよるが、数百両、現代の金額にすると数千万円規模の建造費がかかり、維持費も多額にのぼったと考えられる。廻船業は、とても普通の百姓が片手間でできるものではない。もし北前船経営をしていたとすれば、その時期の史料の中にもかなりの記載があってしかるべきであろう。ところが、同家のなりわいに関しては、田畑の経営帳簿など農業に関する文書ばかりが目立ち、大々的に北前船を動かしていたような記録は見えないのである。

一方で、時国家の大奥様にうかがうと、意外な答えが返ってきた。かつては何艘もの北前船をもち、大きな商売をしていたとの言い伝えがあるというのである。そのほかにも、船中で使われたという機密性の高い船簞笥《ふなだんす》も遺されていた。伝承・品物と古文書との間には、大きな落差が存在することになってしまった。果たしてどちらが真実なのであろうか。

裏張文書に残されていた証拠

ここでその間隙を埋めることになったのが、実は同家の裏張文書群であった。小さな紙片に切断され、バラバラになった裏張文書を調べ始めると、その中から次々に廻船商売に関する史料が見出されたのである。さらに近隣地区の旧家から発見された裏張文書もあわせて調査した泉氏は、奥能登の廻船が「日本」の領域を越えて商売に出ていたことも明らかにした。以下、氏の研究をもとに、その具体像を追いかけてみよう。

時国家は、江戸時代後期の最盛時には五艘もの北前船を所有し、大阪から樺太《からふと》までの往き来で莫大な金額の取り引きを行っていた。とくに興味深いのは、北は現在の北海道の領域を越え、樺太（サハリン）にまで商売に出向いていたことである（泉雅博「北からの便り——酒屋嘉兵衛書状の紹介」前掲『奥能登と時国家　調査報告編1』）。近世、蝦夷《えぞ》地と呼ばれた北海道は、南部を除き、いまだ正式には「日本」の領域には入っていなかった。ましてやそこからさらに海峡を越え、北に位置する樺太である。民間の商売船が日常的にそこまで出向いていたとは、鎖国時代のイメージからは想像もつかない広がりである。

ところが、上時国家などの裏張文書からは、廻船航海の具体的な寄港地や旅程、積荷の種類や取り引き金額などが詳細に明らかになった。船は、大阪から瀬戸内や山陰各地を回りながら米などを積み込み、北海道方面でそれらを売りさばき、逆に北方ではニシン・タラ・サケ・コンブなどの海産品を多量に仕入れて本州地域で売っていたのである。一回の取り引き額は千両以上にものぼり、現在でいえば億単位の取り引きにも相当するたいへん規模の大きな商売である。実際、文久元年（一八六一）に時国家の持ち船安清丸が蝦夷地の海産物を扱った航海の記録によれば、

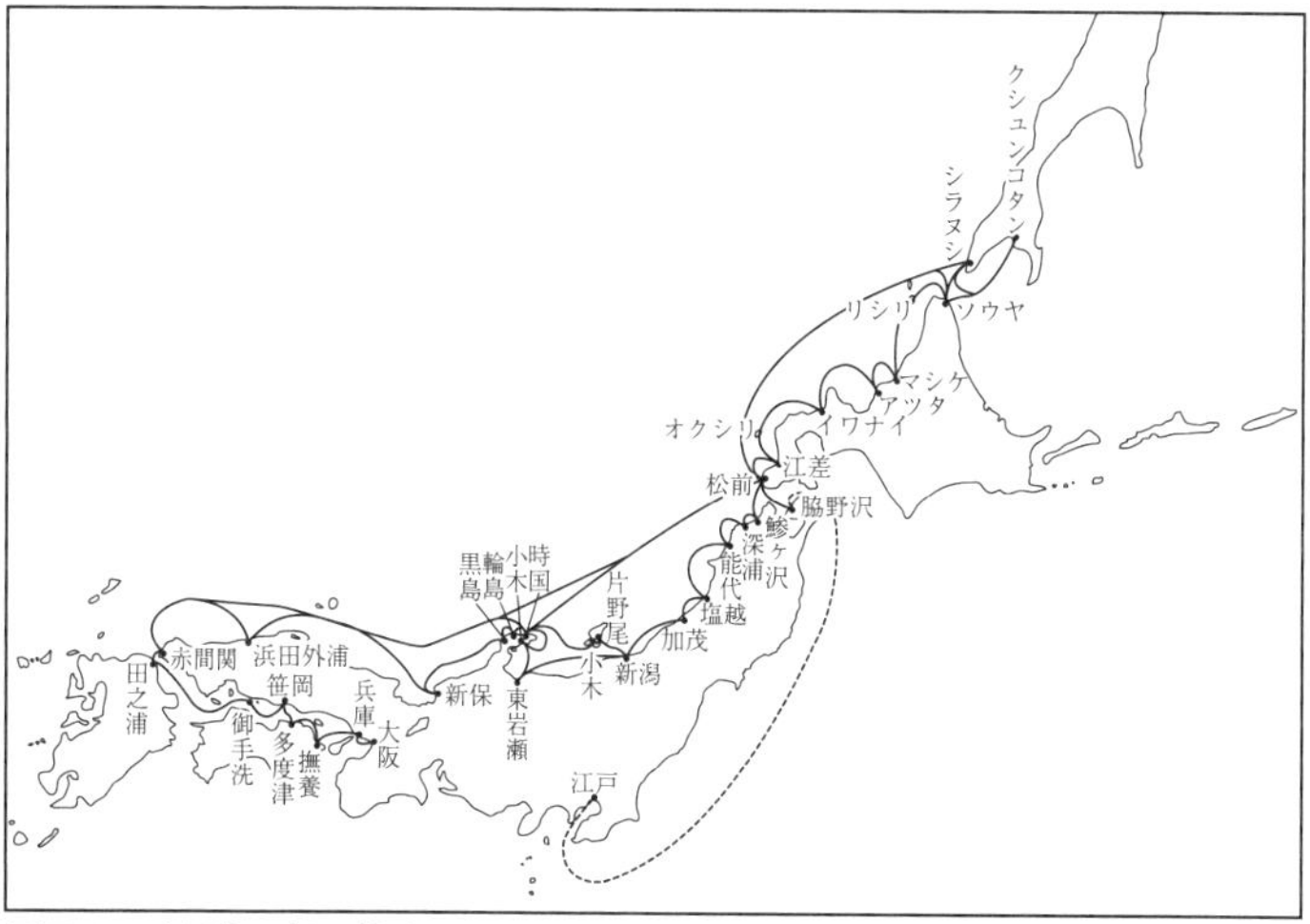

図 5-1　時国家廻船の航路図
（出所：神奈川大学日本常民文化研究所奥能登調査研究会編『奥能登と時国家　調査報告編 1』〔平凡社、1996 年〕所収泉雅博論文）

積荷の総額は一〇七七両に達し、利益は四一一両にものぼるという。一艘の船が一回に行う取り引きですらこれだけの規模なのであるから、五艘もの廻船をもち、それらが順調に稼ぎを上げれば、一百姓としては桁外れの儲けを得たことになろう。

　また、そうした廻船の船頭を務め、航海中の一切の取り引きを任されていたのが、身分的には時国家の下人や水呑《みずのみ》百姓とされてきた人たちであったことも、研究から明らかになった（網野善彦『古文書返却の旅』中公新書、一九九九年）。下人や水呑百姓は、通説的には「自分の農地をもてない隷属的な農民」とされ、たいへんに貧しいみじめな生活をする人々と思われている。しかしそれが、「庶民は農業をするものだ」というわば先入観的な前提にもとづいた考え方であることを、我々調査メンバーは思い知らされた。確かに農業が主業であるならば、農地をもたないことは非常に不利な条件であり、重い小作料などを搾取されれば貧しい生活を強いられることになるであろう。しかし、農業に従事しない場合には話が違ってくる。一般に江戸時代は石高《こくだか》制社会といわれ、家の豊かさから村の規模、さらに大名の勢力に至るまで、米の生産力に換算されて表示された。制度的、観念的に米中心、農業中心の社会であったということができる。ただ、実際の生活は、農業に収《しゅう》斂《れん》されない要素を多分にもっていた。少なくとも暮らしの程度は、必ずしも石高（個人の場合は持ち高）で決まるとはいえない。農地をもっていなくても、農業をやっていないのなら、何のハンディにもならないのは当然である。時国家の所有する廻船を任され、船頭として船の運航から数百両単位の取り引きまでを委ねられていた人々は、必ずしも「貧しいみじめな水呑百姓や下人」というイメージでは捉えきれない。こうした重要なことが明らかになったのも、裏張文書のおかげであった。

ただ、実際には順調な商売はそう長くは続かなかったようである。天気予報もない時代、荒天による遭難や船の破損はしばしば起きた。結局時国家は、明治に入り廻船業から撤退したようである（泉雅博「能登と廻船交易——北前船以前」網野善彦ほか編『海と列島文化1——日本海と北国文化』小学館、一九九〇年）。そうなると、商売にともなって作成された帳簿類は、まったく不要のものとなる。やがて近代の激動が地域を覆い、明治・大正と時代を経るうちに、次第に廻船業の記憶は薄れ、わずかな伝承と品物がかつての栄華を語るのみになっていったのである。廻船業にかかわる帳簿や書状類は残す必要のない書類として処分されていき、そのうちの一部がたまたま行われた襖や屏風の仕立て直しに利用された。これを見出すことになったのが我々の調査団だった、というわけである。

三　衣装の中に古文書があった

袮裏張文書の発見から追跡まで

廃棄史料は、何も襖や屏風の中にだけあるのではない。時には思わぬ場所から見つかることもある。次に紹介したいのは、衣装の中から古文書が出てきた珍しい事例である。

一九九五年（平成七）、非常勤講師として勤務していたある大学でのことであった。筆者は「歴史学」という教養科目を担当し、歴史史料のことに触れて、廃棄史料の話をした。すると講義の終了後、いちばん前列でいつも熱心に受講していた社会人学生のNさんが筆者のところに来て話し始めた。

「うちに古い裃《かみしも》があるんですけど、その裏側にどうも墨で書いた古文書みたいなものが貼ってあるんです。あれも廃棄史料なんでしょうか」。

裃といえば、時代劇で見かける、あの肩の突っ張った武士の正装である。筆者も、さすがに裃の裏張文書というのは見たことも聞いたこともなかった。いったいどんなものなのか見当もつかない。どの部分にどの程度の古文書が、どんな形で貼られているのだろうか。そもそもそれは本当に古文書なのだろうか。結局、翌週、その裃の実物を持ってきていただくことになった。

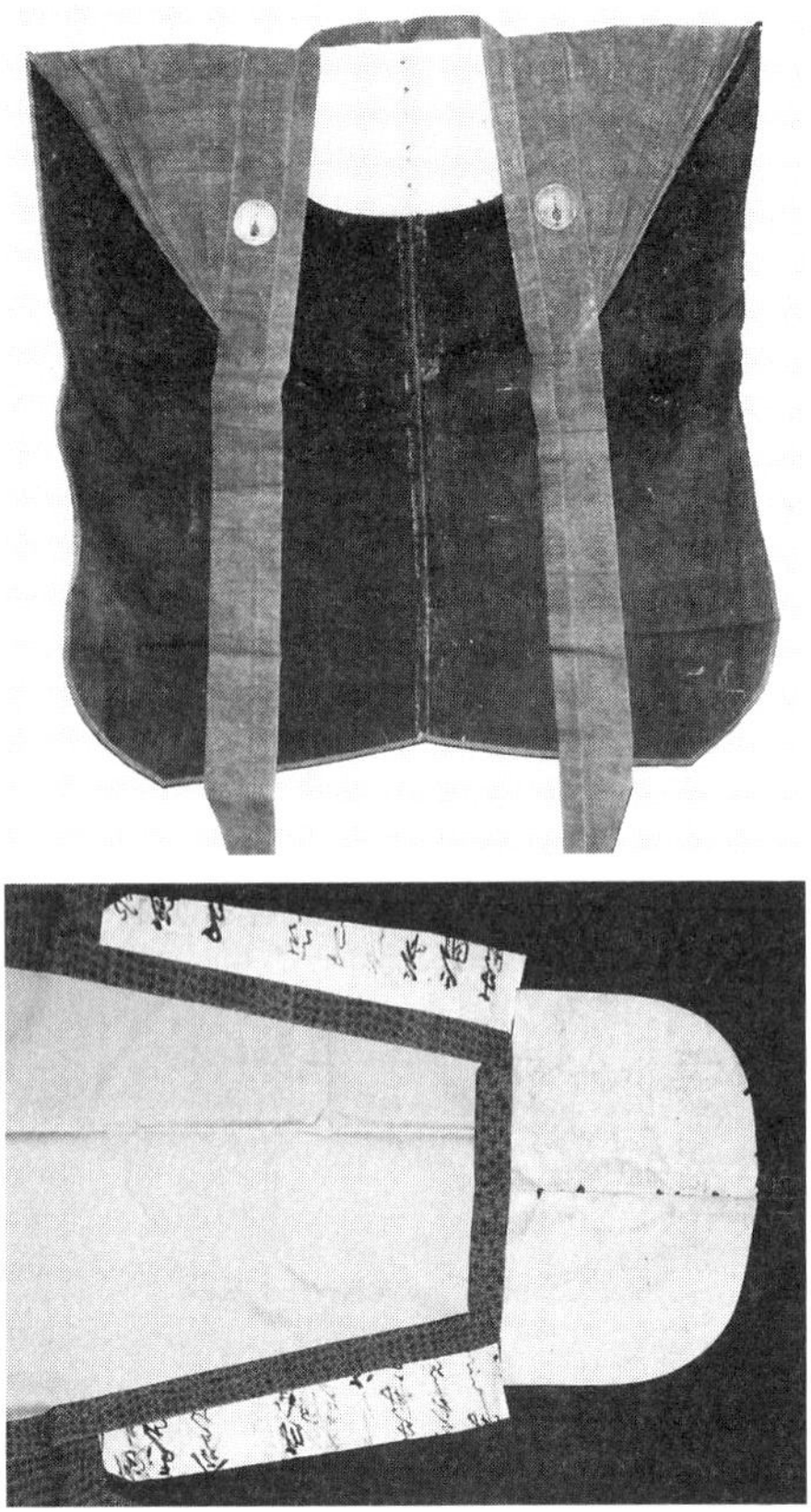

写真5-5　裏張文書の入っていた裃（1995年11月撮影）

そして次の週、裏張文書の貼られた裃を見て、「ははあ」と驚いてしまった。確かにそれは古文書、裏張文書に違いなかった。裃は、厳密には上着にあたる肩衣《かたぎぬ》と袴《はかま》とからなる上下セットで、肩衣袴《かたぎぬばかま》とも呼ばれる。見ると、肩衣の細長い両衿《えり》の裏側に、裏地として生地に合わせた細長い和紙が張り込まれており、縫い目からはみ出した部分に墨書きの文字が見えた。背の中央上端の部分にも半円形の和紙が貼りつけられている。和紙はいずれも複数枚の紙が貼り合わされて厚紙にされており、墨書が重なって見えた。印象では、江戸時代中期頃の字体のような印象を受けた。しかし、それ以上のことはわからなかった。すると、Nさんが言った。

「これ、もう使うものではないので、中をほどいて見てもいいですよ」。

結局、相談のうえ、その講義に参加していた受講生の有志とともに、解体して取り出してみることになった。

裏張文書を剝がしてみる

一九九五年（平成七）一一月のある日、古文書修復設備のある神奈川大学日本常民文化研究所の作業室を借り、数人の学生とともに、裃の解体作業を行った。ビデオと写真で記録を採りながらの作業である。はさみで糸を切り、取り出そうとしたが、しっかりと布地に接着されていて剝がせない。そこで水を含ませ、充分浸透するのを待ってから、少しずつ剝がしていった。長らく裏打ちによる古文書の修復作業には携わってきたので、水を含ませての紙の扱いには、ある程度慣れていた。結果的にこの日は、肩衣に貼り込まれた紙片を取り出すことができた。

その際、一つわかったことがある。家紋が書き替えられているのである。現在の裃には、肩衣・袴ともに「抱き茗荷《みょうが》」の紋がついているが、裏から見ると、「三つ巴」の紋がはっきりと見えた。つまり、本来の家紋を消して表から書き直しているのである。Nさんの実家の家紋は確かに「抱き茗荷」だという。とすると、この裃は古着を仕立て直したものということになる。裃に

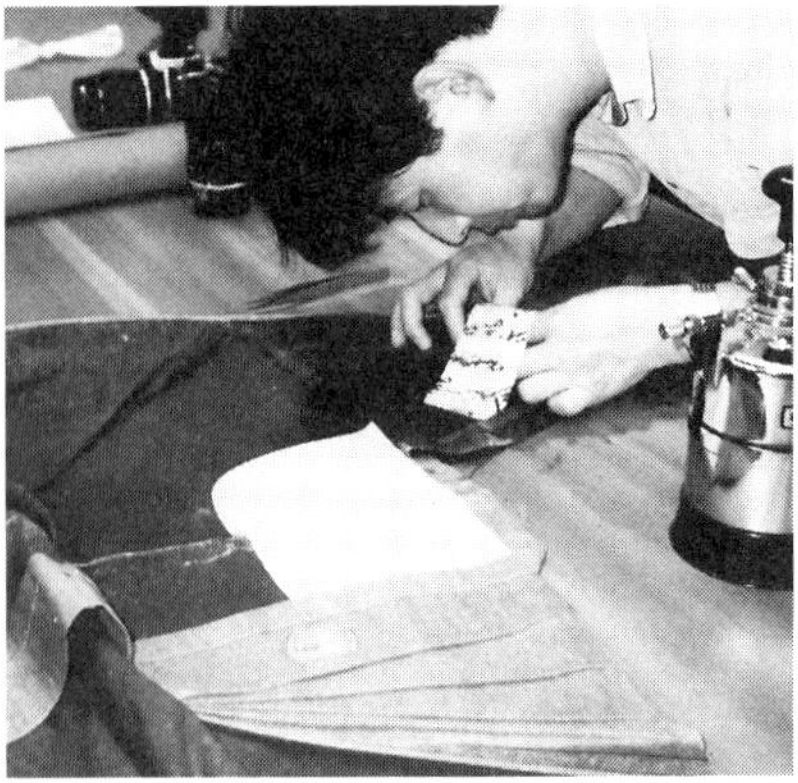

写真 5-6　裃から裏張文書の剝離作業

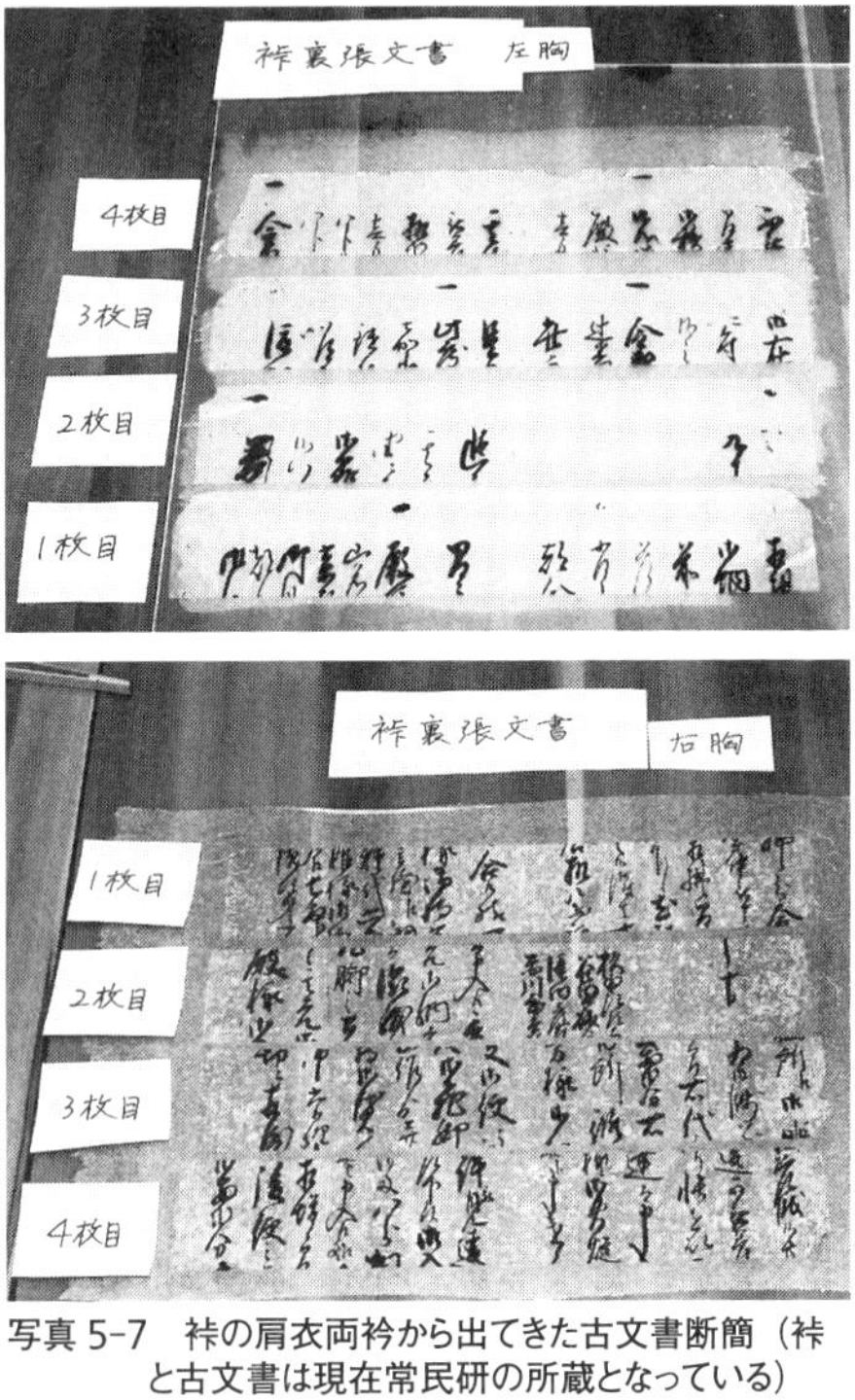

写真 5-7　裃の肩衣両衿から出てきた古文書断簡（裃と古文書は現在常民研の所蔵となっている）

は家紋をつけるから、古着を入手した家では、当然自家の家紋に書き替えなくてはならないのである。そうなると、今回見つかった裏張りの文書も、古着の仕立て直しの際に貼り込んだものということになる。

古文書は両衿部分と背上部のものともに、四枚の和紙が重ね貼りされていたので、それらを順に剝がしていった。出てきたのは、写真5―7のようなもので、古文書のごく一部分を切り出したまったくの断簡であった。両衿の細長い文書は、竪帳と呼ばれる形式の冊子の一部らしく、左右の衿の一枚目どうし、二枚目どうし……というように四枚目までが接続することがわかったので、若干の文字の連続は確認できるようになったが、それでも各行の上部三分の一ほどが何とか読める程度であった。幾人かの侍らしき名前と、「殿様」「若殿様」「御姫様」「御餞別」「薬種代」「御飛脚」「御納戸中」などの言葉が読み取れた。一方、背上部のものは、横帳という形式の文書の表紙二点を切り抜いてあるようで、こちらには、「田切村」「下黒田村」などと書かれているのが確認できた。

裏張文書の内容を探る

見つかった文書は、いずれもどこかの藩に伝えられたものと思われた。別々の村から提出された帳簿や、どこかの藩主の家に関わる支出などの記録がなされた内容のようだったからである。

しかしさて、これがいったいどこの大名家のものなのか、またいつ頃の文書なのかは、すぐには見当がつかなかった。手がかりといえば、横帳表紙に書かれた村名と、竪帳に出てくる武士の名くらいである。持ち主の社会人学生の話によると、ご先祖は長野県飯田市の出身であるという。

そこで、長野県の地名を辞典で調べてみると、果たしてすぐに横帳の表紙に書かれていた二つの村名が見つかった。どちらもともに信濃国伊那《いな》郡に属する村であった。さてこれで、この古文書が伊那地方のものであることはわかった。次に問題なのは、いつ頃の、どの大名家のものか、という点である。これが難問であった。赤川武兵衛など明らかに武士とみられる名が四名並んで出てくるほか、「山名玄隆」という医者か何かのような名が見える。これが数少ない手がかりであった。しかし、これらの人名を探そうにも、何藩の史料を見たらいいのか、それがわからない。実は長野県の近世史料が載っている『長野県史』は、北信・南信などの区別はあるものの、細かい地域別にはなっておらず、領主・大名別の構成になっているのである。しかも、伊那地方は支配が入り組んでおり、天領・飯田藩・高遠藩の各領地があったうえ、同じ地域でも時代によって領主が代わったりしている。それに、そもそも県史レベルの史料集というのは、膨大な古文書の中から厳しい選択を経て、ごく一部の「有用」とされたもののみが掲載されるものである。江戸時代の伊那地方に住んでいた数人の人物の名がたまたま古文書に載り、それが現代にまで残されて、さらに県史に採録される可能性は、宝くじに当たるくらいに低い。

こうなると結局、覚悟を決めて、南信地域の史料を片端から見ていくしかない。厚さ一〇セン

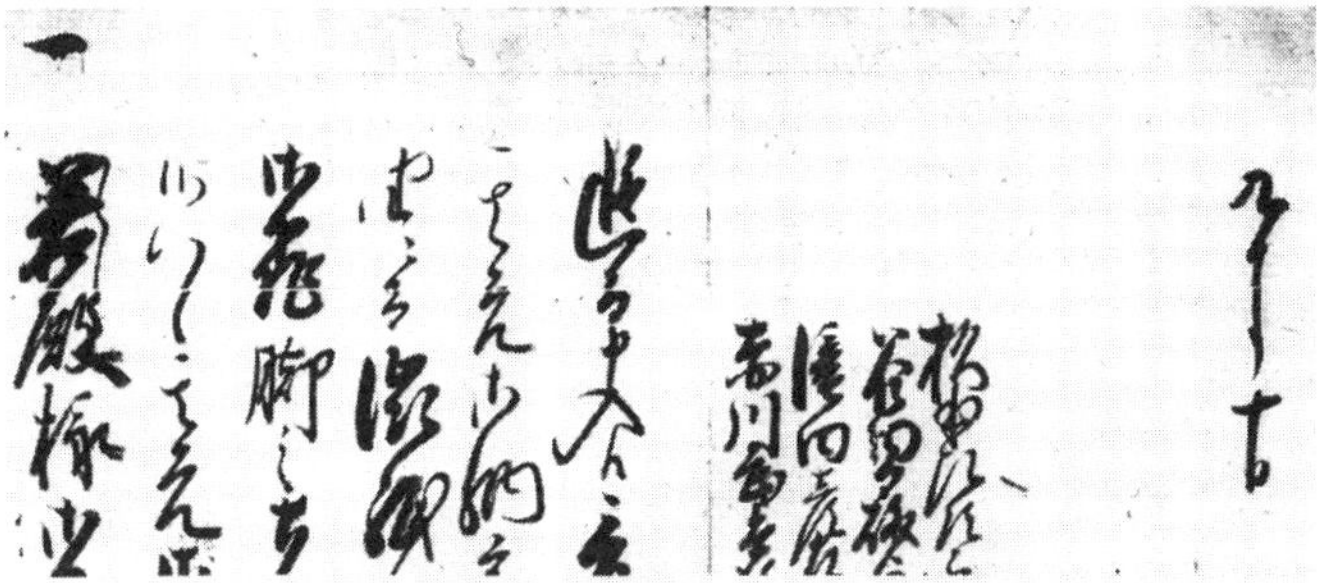

写真 5-8　左右の衿の断簡を接続させると、4 人の武士の名や「若殿様」などの文字が見える若干幅広の断簡となる

チもある『長野県史』の資料編四冊がターゲットである。図書館にこもって作業を始め、四人の名をつぶやきながら、ひたすらページを繰った。そして陽も傾きかけた頃、ページをめくった瞬間に一人の人物名が目の隅をよぎった。「赤川武兵衛」だ。慌ててページを戻した。よく見ると、その近くからは、つぶやき続けた人名が次々と見つかった。「杉本左次馬」「滝田彦左衛門」がそれである（長野県編『長野県史　近世史料編　第4巻（二）』（長野県史刊行会、一九八二年）一一一四号文書）。

彼らは、いずれも飯田藩の武士たちであった。県史に載る文書は安永（一七七二〜八一）から天明（一七八一〜八九）にかけて書き記された「御仕送人仲間上納金等控帳」で、字体から推測したように、江戸時代中期のものであった。人名がまとまって出てくるのにも訳があり、いずれも「納《なん》戸《ど》方《かた》」という部署に属する者たちだったのである。「納戸方」というのは、藩全体の公的な財政ではなく、藩主家の私財に関わる経理を担当する部署をいう。となると、これは「薬種代」とか「餞別」など、裃の断簡に書かれていた内容ともぴったり一致することになる。この文書は彼らが納戸方の役職に就いている時期とそう隔たらない頃のものと判断された。また、「山名玄隆」は名前や薬種代との絡みから藩医ではないかと推測したが、『県史』掲載の史料「安政五年六月　堀親義家中分限帳」（前掲一一三三号文書）に山名玄泉・山名玄哨なる人名が見えて一族が家臣であることが判明し、さらに小林郊人著『下伊那医業史——信濃名医伝』（甲陽書房、一九五三年）という本に明治初年の飯田の医師として山名玄脩の名があることで一族が医師であることも明らかになった。裃の裏に貼られていたのは、どうやら飯田藩の内部文書であったものらしい。それがなぜ裃の仕立てに利用されたのだろうか。

袴の中からも古文書が

さて、こうして肩衣の解体は終了した。袴のほうには古文書を貼り込むほどの場所もなさそうに見え、この日は何も手をつけず、そのまま持ち主の社会人学生にお返しした。ところが、後日、再び持ち主Nさんから話があった。

「先生、袴のほうにも古文書が入っているみたいですよ」。

そこで持参してもらった袴をもう一度子細に観察してみた。腰板の部分、縫い目をきつく折り曲げてみると、なるほど古文書らしきものがわずかに覗いて見える。そして一九九七年（平成九）

二月、前回と同じく常民文化研究所の作業室を借り、第二回目の解体作業を行うことになった。縫い目をほどき、水を含ませながら慎重に紙片を剝がしていった。腰板部分は、墨書のある木の板が芯として入っており、それに古文書が貼りつけてあったほか、周りから布に貼りつけた小

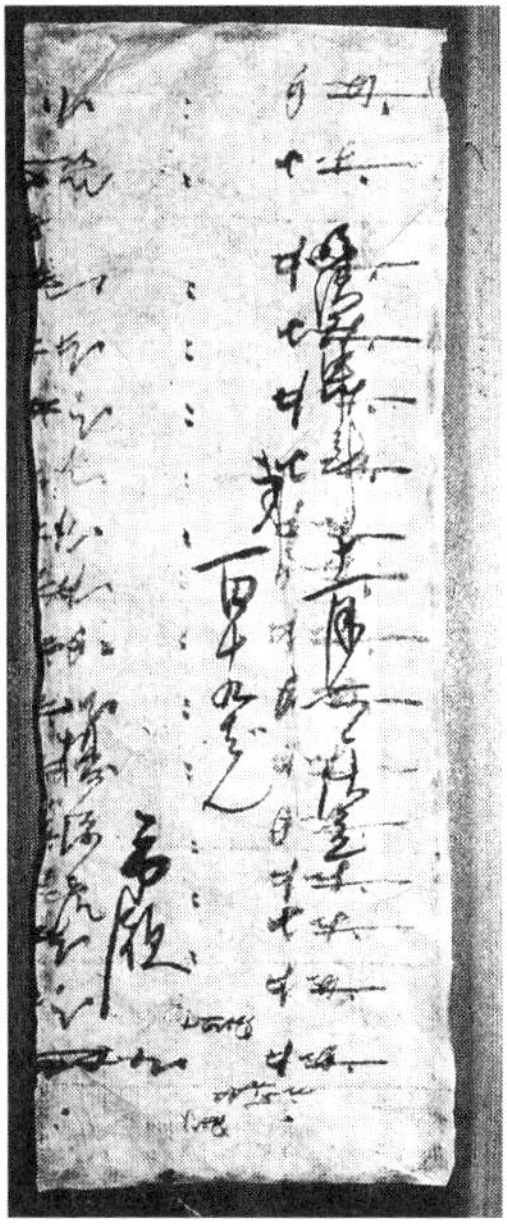

明治五申年十一月六日仕立
第百十九ばん
市瀬
榎源店

写真 5-9　腰板内から貼り込みの手がかりとなる断簡が出てきた

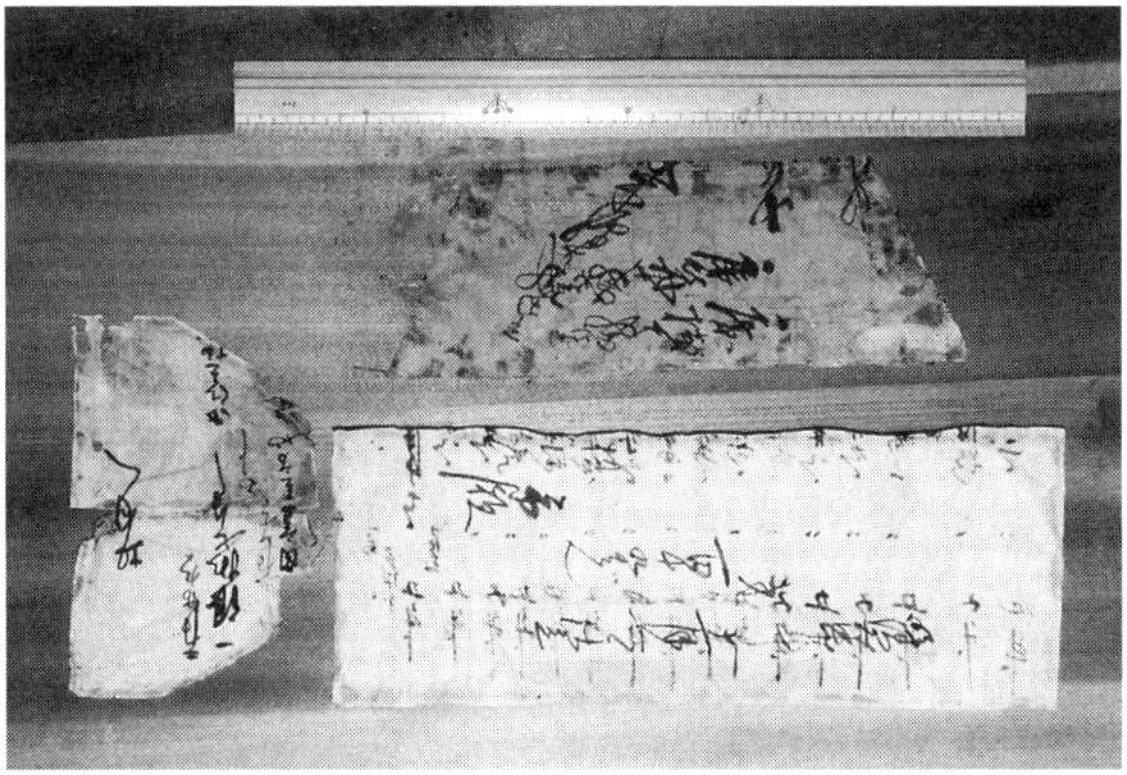

写真 5-10　腰板からも 4 枚の紙片が見つかった（1997 年 2 月撮影）

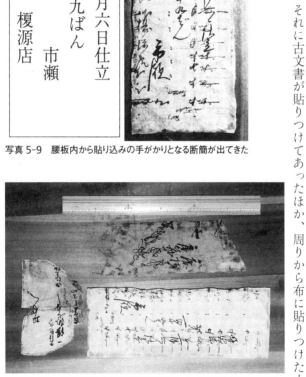

さな紙片が出てきた。また、板の端には、こよりが置かれているのが見つかり、ほどいてみると、割り箸袋ほどの紙片に墨書が確認できた。結局、腰板部分からは計六枚の小紙片が見出された。これら断簡には、「羽織」「仕立」などの言葉が見られ、どうやら呉服屋か仕立て屋関係の古文書と思われた。肩衣のほうの史料とは、まったく性格の違うものである。しかも、断簡の一点には、明治五年（一八七二）の年号が記され、肩衣の断簡より遅く、明治初期のものであることがわかった。

とはいえ、肩衣のものにせよ袴のものにせよ、まったくの断簡ばかりである。普通ならば、「こんなものが出てきました」で終わりとなる程度のものでしかない。しかし、筆者はわずかこれだけの紙片から何がわかるか、とことん調べてみたいという気持ちになっていた。手がかりはわずかしかない。明治の年号のある例の断簡である。これは何らかの帳簿か書上の類を腰板を包む大きさに切り取ったもので、もとの帳簿からすると裏面にあたる側を表として腰板に貼りつけられていた。そして表面には「明治五申年十一月六日仕立　第百十九ばん　市瀬　榎源店」と書きつけられていた。料紙の腰板側（本来の文書の表側）の文字が途中で切断されているのに対して、腰板に貼りつけたときの表側（本来の文書では裏面）の「明治……」以下の文字は、ちょうど切断された料紙の中央に収まるように字配りがなされていた。ということは、明治五年の日付は、袴の仕立て直しの際に書かれて貼り込まれたものと考えられる。市瀬という名も、仕立て屋か呉服屋の名であるように思われた。

現地へ飛ぶ

現地に行けば何か展開があるかもしれない。一九九七年七月、筆者は飯田の町に飛んだ。とにかく現地に行ってみないことには何も始まらない、との思いからであった（その後、同年秋にも補充調査を実施）。着くと早速、電話ボックスに飛び込み、電話帳で「市瀬」と名のつく呉服屋をあたってみた。数件の該当があったが、電話をしてうかがってみると、「ウチは戦後になって呉服屋を始めた」とか「明治頃は別の商売をしていた」というところばかりであった。がっかりしていると、そのうちのあるお宅で、耳寄りな情報を教えてもらうことができた。飯田の町中にある古い呉服屋が屋号は別だが、ご主人の苗字が市瀬だというのである。すぐにこんどはその店、「澤村屋」を訪ねてみた。店は、飯田の旧市街の商店街でも中心地に位置する立地にあり、町では老舗の呉服屋であることが見て取れた。後で知ったところでは、享保一八年（一七三三）の創業で、享和三年（一八〇三）には現店舗の地へ移ってきたという。

およそ和服には縁のなさそうな客なので、最初は不審がられたが、断簡文書の写真を並べたアルバムを開き、事情を説明しているうちに、ようやく訪問の意図を理解してもらうことができた。そして、明治生まれの職工Kさんが今も健在で町中に住んでおられること、その方に聞けば何かわかるのではないかということ、また「市瀬」のサインの書き癖が以前のご主人のそれとよく似ていることなどを教えていただいた。

翌朝、早速こんどはそのKさんのお宅を訪ねてみた。古いたたずまいの住宅地の中の一軒で、細い格子の入った玄関構えの、こぢんまりといかにも質素な感じのお宅であった。迎えに出たKさんは、明治三五年（一九〇二）生まれで、このとき九五歳になるご老人であった。足は多少不自由そうではあるものの、目も耳も頭もまったくしっかりとしておられ、筆者の質問に的確に答えてくださった。

そのお話によって、「明治五年……」と書かれた紙片は、呉服屋から仕立ての職方に渡す伝票と考えられること、一一月の時点で仕立ての通し番号が「百十九番」ということは、毎月十点程度の注文を受けていたことになるが、明治期、これだけの仕立て直しを飯田町で引き受けられる呉服屋は一軒しかなかったこと、その点から考えて、これは澤村屋の書類に間違いないこと、がわかった。また、明治期の澤村屋は古着商売にも熱心で、名古屋などから古着を仕入れては売っていたことなども知ることができた。サインの書き癖の件も、店で言われたように、やはりかつての店主の文字によく似ていると指摘があった。店で古参の店員の方からは、店主の書く苗字を、かつて若い息子さんが一生懸命真似て書いていたとの話も聞いており、こうした書き癖は意識的に継承される面もあるようである。とすれば、明治五年のサインも、近年まで受け継がれてきたといえるかもしれない。

見えてきた背景

まったくの断片ともいえるわずかな手がかりから出発した追跡であったが、こうした調査を経て、次第にこの裃をめぐるさまざまな事情が明らかになってきた。まず確かなことは、この裃が明治時代の初期に、三つ巴家紋の家から流出し、それをNさんの実家のご先祖が古着として入手したということである。飯田の町には周辺地域で最大の呉服商として澤村屋があり、当時盛んであった古着の商売も積極的に行っていた。古着は名古屋圏まで仕入れに行っていたというから、裃もそちらのほうで調達したものかもしれない。あるいはまた、知り合いから譲られたものという可能性もある。いずれにしても、裃の場合は家紋を書き替えなくてはならないので、仕立て直しが必要であった。そこに澤村屋が絡んでくる。

澤村屋では、明治五年(一八七二)一一月に仕立ての注文を受けた。この年一一九番目の仕立て注文であった。そして六日には職方に仕事を発注している。職工さんは、衿や背の上部、そして袴に描かれた家紋を書き直すため、縫い目をほどき、裏から三つ巴紋と食い違ってしまう部分の白染料を削り取り、改めて表側に抱き茗荷紋を書いた。そしてヨレヨレになってしまう部位を補強するため、芯地として紙を入れることになった。隠れてしまう場所なので、真新しい紙を使う必要はない。そこで、手近で入手した古紙を利用した。時は明治初期、長らく続いた幕藩体制も終わりを告げ、飯田では大名堀家の飯田藩が消滅した。そして堀家に伝わった大量の内部文書が不要となり、古紙として流出していたと考えられる。また、職工さんのもとにも、仕立て関係の書類の不要になったものが残されていた。そこで、肩衣には堀家の文書が、腰板の部分には仕立て関係の古紙が貼り込まれることになった。

肩衣に入れる芯は、ある程度の厚みが必要である。そのため、竪帳の近い丁を四枚利用し、糊で貼り合わせて厚くしたうえで、それを衿の幅に細長く切り取って芯として貼り込んだ。また、横帳の表紙などを重ね合わせて貼ったうえ、半円形に切り取って背上部の補強に貼り込んだ。一方、袴のほうには、腰板を覆う紙として、また腰板両端にかける三角形の布地の裏地として、手近にあった仕立て関係の古紙を切り取り、貼りつけた。腰板の端に置かれていたことよりは、板を包む生地の折り目を緩くするためかと思われるが、そこには「霜月十四日」と書かれた小紙片が使われた。これは仕立て作業を実際に行った日付を意味するものかもしれない。こうして、裃の仕立て直しは完了し、Nさんの実家に納品されたのである。

この一連の史料には、幕末から明治初期の飯田の政治・経済が象徴的に反映されているといえる。通常ならば庶民が入手しえないであろう藩の内部文書が市中に流出したのも、明治初年ならではの社会情勢を反映しているのではあるまいか。裃が古着として手放されたのも、武士階級の没落によるものかもしれない。それが当時売買の盛んであった古着として他家の手に渡ることになったのである。そこに地域随一の規模を誇っていた呉服商澤村屋が絡んでいた。明らかにしえた事実は少なく、推測による部分もあるが、それでも予想外に多くのことを教えてくれたように思う。

まったくの断簡も、追跡してみると非常に興味深い歴史を語ってくれるのである。衣装の中に残された断簡という稀なケースではあり、量的にもごくわずかなものにすぎなかったが、筆者にとって、この裃裏張文書の追跡は、たいへん貴重な経験となった。さらに多量の裏張文書が残されている襖や屏風であれば、より多くの事実、それも伝来文書からでは知ることのできないさまざまな事実が明らかにできる可能性があるであろう。廃棄文書が実に豊かな内容をもつことを改めて感じた事例であった。

四　裏打ちで甦った史料から

山村に残された狩猟関係史料

さてここで、修復を施すことによってきちんと開いて読めるようになった一点の史料を紹介してみたいと思う。

写真5―11は、山梨県早川町の旧家に残されたある古文書の冒頭部分である。早川町について

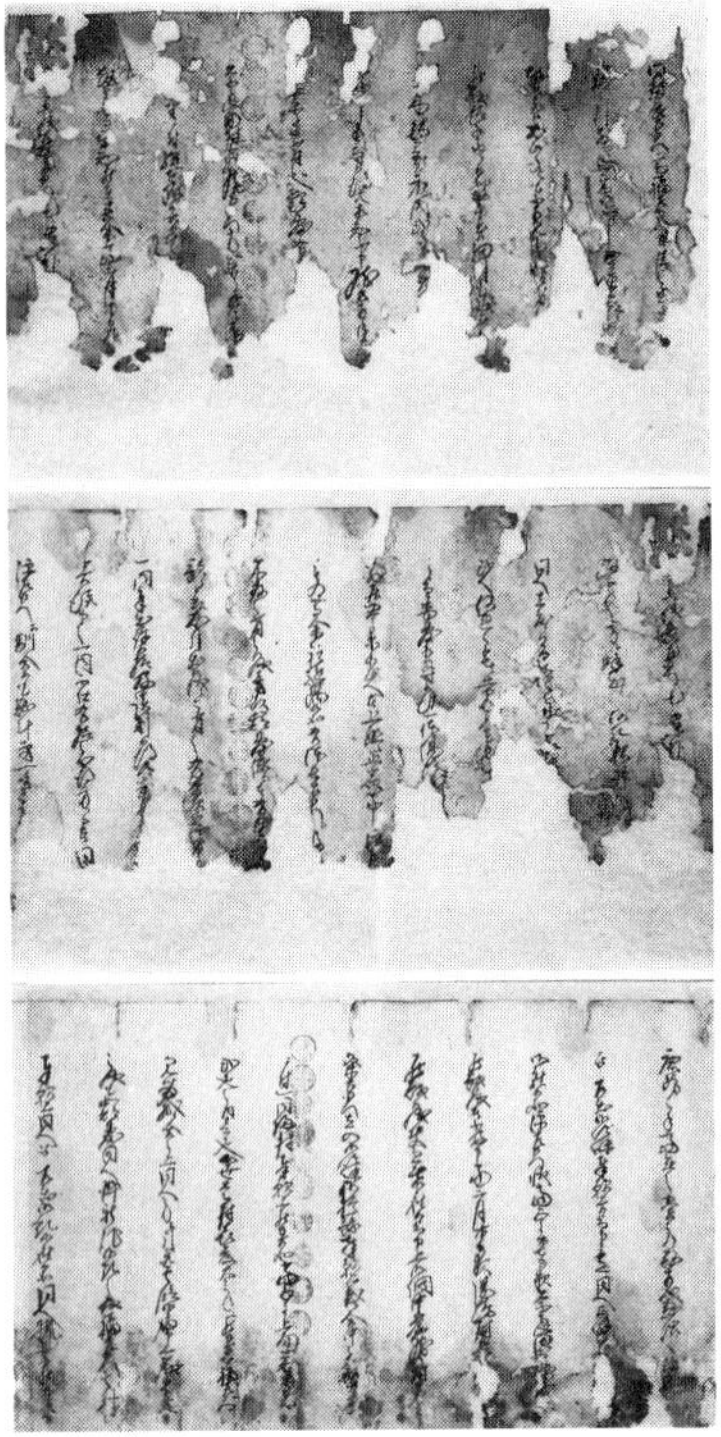
写真 5-11　裏打ちした古文書の冒頭部分（水野定夫家文書第 1 次-183 号）

はすでに第二章で触れたが、山梨県の西端、南アルプスに接する山間地の町である。富士川の支流早川沿いに約三七〇平方キロメートルという広大な面積をもち、険しい山々に抱かれた立地をなしている。ほぼ現在の早川町域にあたるエリアは、中世以来「早川入」と称され、一つのまとまった地域として認識されてきたようである。しかしその広大さと裏腹に、人口は二〇一五年五月現在で一〇六一人と、全国の「町」の中で最も人口の少ないところとなっており、激しい過疎に悩んでいる。もっとも、かつては一万人を超えた時期もあり、山地資源を生かした活気ある生活の営まれていたところであった。

さて、古文書そのものは長さが二五五・五センチメートルもあるたいへん長いものであるが、写真でもおわかりのように、途中の行からしか残っていない前欠文書である。本来はさらに長かったことになる。しかも傷みが相当ひどく、初めは折り畳まれた文書を開くことすら容易ではなかった。大きく下部が欠損しているうえに、全体に水をかぶった形跡があり、紙そのものもかなりひどく劣化していた。後半（左寄り）になるにつれて欠損はなくなるのであるが、末尾まで下端三分の一ほどの紙の劣化は相変わらず続いていた。

調査先で初めて手にしたときには、多少開いてはみたものの、途中からは開けるのを断念せざるをえなかった。おそらく修復の多少の心得がなかったならば、そのまま容器に戻して目録を採ることを諦めたかもしれない。しかし、こうした史料にめぐり逢ったのも何かの縁と思い、二〇〇三年（平成一五）三月、借用証を書いて所蔵者からお借りし、修復してみることにした。修復場所には、道具類が揃い、筆者自身が以前裏打ちを繰り返し行っていた神奈川大学日本常民文化研究所の作業室をお借りすることができた。

結果的には、この古文書は非常に珍しい内容をもつものであった。狩猟にまつわる訴訟の関係史料だったのである。

末尾まで古文書を開いてみると、年代は「慶応元丑年八月」とあった。西暦でいえば一八六五年で、明治に入る三年前の幕末期のものである。年月の後には六カ村一四名の百姓の署名が並んでいた。この訴訟の解決に多数の村の関係者が絡んでいたことをうかがわせる。内訳は、奈良田村百姓豊兵衛ほか四名、湯島《ゆじま》村百姓源左衛門ほか三名、笹走《ささばしり》村百姓新作ほか名主一名、立入人（立会人）として早川村長百姓忠右衛門（ただし代人）、千須和《せんずわ》村名主市郎兵衛、最勝寺村名主桑右衛門であった。奈良田は早川町内で最奥のムラで、湯島はその一つ手前のムラである。宛名は市川御役所で、これは甲府盆地南端の市川にあった代官所である。
次に少々長くなるが、この古文書の本文を挙げておきたい。

（前欠）

同村長右衛門宅、福左衛門者清之丞宅┌
銘々引別連止宿いたし、翌廿□（八カ）日朝ニ┌
繋置候犬弐疋（カ）とも相不見由□（汰カ）佐有之┌
罷越様子承り候処、繋置候細引も残無□┌
□木江釣置候鹿肉弐疋（カ）┌
いたし相尋候得共相知不申、然共相手源左┌
□業ニ可有之哉疑敷右┌
奈良田村百姓勝右衛門方江参り豊兵衛┌
□望ニ付、縄を附呉候ハヽ、┌
趣□（兼）而承知罷在、其余当三月廿日夜┌
□□□（兵）衛儀長右衛門宅ニ罷赴┌
□□之方江呼出し何れ私語候もの┌
同人立戻り候間、様子承り候処、□┌

弐人何連之宅ニ止宿罷在候哉［
之旨委敷相尋候趣、一体湯島村［
「別」居豊兵衛外弐人者上組ニ止宿いたし、源左［
ものニ而余程遊隔候処、右体長右衛門江□［
不存之有之候儀旁以疑敷、依而者右源左衛門□［
預り置候犬引出候儀ニ可有之、右栄次郎儀豊［
一同奉出訴候様及談判候得共、栄次郎［
上候趣申之一同不仕、右様之心得方ニ而者□［
源左衛門へ馴合候も難計、第一□［
鹿防之手当無之営方難相成難渋ニ付源左衛門
被　召出御吟味奉願上候旨申立、同人御呼［
御座候処、源左衛門儀当正月廿七日夜、奈良田村勝右衛門□ニ
罷越候儀者不及申、当三月廿日夜湯島村長［
罷越候儀、決而無御座候旨申上御調中、最勝寺村名主
桑右衛門立入御吟味御猶予奉願上、掛ケ合中之処、繁農
ニ付一同帰村奉願上罷在候処、当五月上旬、前書犬
弐疋之内壱疋笹走村喜藤太方ニ罷在候を福左衛門

見留、掛ケ合之上同人方江引取、其段御届申上、残犬壱疋
之儀も疑敷、同人悴新作御紀之儀、福左衛門其外より
奉願上、同人被　召出御糺御座候処、同人猟業罷出候節、
女犬壱疋大原野村地内御林山際ニ「而新作之連」候
犬ニ戯連来候間、其儘引連帰宅いたし置候儀ニ而
其余壱疋等之儀者聊不存旨申立御調中、組合
惣代千須和村市郎兵衛外壱人立入、犬探□□□
猶予奉願置、一同帰村罷在、市郎兵衛儀去ル八日七面山
参詣仕候処、赤沢村地内字春木川河原□休
居候折柄、女犬壱疋遊来り候間、曳連帰村いたし
福左衛門其外ニ為「見届」候処、同人共方ニ而飼立紛失
いたし候犬ニ有之、左候得ハ源左衛門儀一旦疑惑を請
候得共、弐疋共出来候上者、同人新作等之仕業ニ無
之段掛合之上、夫々事柄相分り、福左衛門□壱人
おゐて一同疑念相晴、却而同人共儀源左衛門・新作江
対し今更気之毒ニ存、行違之廉者立入人貰請、
双方無申分熟談行届、偏ニ　御威光与難有仕合

奉存候、然上者右一件ニ付重而御願筋毛頭無御座候、
何卒一件御吟味是迄ニ而御下ケ被成下置度、連印ヲ以奉願上候

犬を使った狩猟の実態

本文書は、訴訟関係者から代官所に宛てて出された上申書で、狩猟犬紛失に関して二人の人物に疑念を抱いたが、行方不明であった犬が二匹とも発見されたので、訴訟を取り下げたいという内容のものであった。古文書が前欠なのが惜しまれるが、幕末期における当地の狩猟の実態についてうかがい知ることができる稀有の文書である。

前段には、訴訟に至るいきさつが説明されている。正月下旬、奈良田からやってきた複数の猟師が湯島村に分宿し、鹿狩りをしていたが、ある朝つないでおいた二匹の猟犬がいなくなっていた。欠損のため詳しいことは不分明であるが、湯島村の源左衛門が犬盗人の疑いをかけられ、取り調べを受けていたことが知られる。途中で最勝寺村名主が仲介に入り、調停を進めていたが、農繁期にあたるため、一同帰村することになった。ところが、五月上旬になって不明の犬の一匹が南に離れた笹走村の喜藤太方で発見された。今度は喜藤太の息子新作が疑われたが、当人の弁によれば、大原野村地内の山で狩猟中に、どこからともなく現れた雌犬が、連れていた犬に戯れてきたので、連れ帰ったのだと言う。さらに八月になって、仲介人の一人であった千須和村の市

郎兵衛が、偶然、赤沢村地内の春木川川原でもう一匹の雌犬を発見した。訴えていた奈良田村の福左衛門に見せたところ、紛失した犬に間違いないとの返答を得た。

これにて源左衛門と新作に対する疑念は晴れ、あらぬ疑いがかかっていた両名にはかえって「気之毒」であったということになった。行き違いのあった点については、仲立ちの者が処置を引き受け、双方の言いぶんについて熟談を経た結果、役所での吟味は取り下げることで合意がなされたのである。

ところで、この狩猟はそもそも何のために行われたものだったのだろうか。それに関して、「鹿防之手当」の文言が注目される。奈良田の猟師が隣の湯島村に止宿していることからすれば、湯島村の依頼によって、害獣としての鹿を駆除するために、奈良田の猟師が出張したものと判明する。直線距離にして五キロメートルしか離れていない隣村に泊まりがけで出かけているということは、相当本格的な猟であったと推測される。奈良田には現在でも現役の猟師がいるが、当地はすでに近世から近隣に知れわたった猟師の居住地であったことがわかる。このほか、笹走村の新作も「猟業罷出候節」とあることから、猟師をしていたことがわかる。ちなみに、止宿先では、犬は細引きでつなぎ、犬の餌用か人間の食用かは不明だが、鹿肉は木に吊していたようである。

猟自体の方法については明らかでないが、少なくとも犬を用いた猟が行われており、猟期は正月から三月にかけての時期が含まれる冬期と考えられる。狩猟対象動物は、熊のような大型動物から兎などの小型動物まで想定できるが、ここに見られるのは鹿である。

猟師が投げかけた疑問

史料自体からは右に述べたような内容が読み取れるが、参考意見をうかがうため、奈良田で現役の猟師をしている方にこの史料をお見せした。すると氏からは、とくに犬の習性に関していくつかの疑問が挙げられた。当地には、猟犬として知られた甲斐犬が飼われている。話をうかがった猟師も飼っているとのことであったが、本文書に出てくる犬を甲斐犬と考えた場合、おかしな点があるというのである。

まず甲斐犬は、非常に帰巣本能が強い。かつて東京の知人に甲斐犬を譲ったことがあったが、数日後いなくなったと連絡があり、一カ月後に奈良田まで帰ってきたという。猟の最中に、はぐれていなくなることもあるが、無事ならば二、三日から長くても一週間程度で戻ってくる。その点で、とくに二匹目の犬の発見については、実態と合わないように思われるという。

また、交尾の時期にはしばらく帰ってこないこともあるが、その場合でも雄犬が雌犬についていくのであって、雌犬がついていくということはありえない。しかも、発情期は六月と一二月の二回が普通であり、雌犬がほかの犬についていったという点でも、発情期からずれるという点でも、文書中に出てくる犬の行動は不可解だ、というのである。

もちろん、幕末期の狩猟と現代に伝えられた狩猟との間に何らかの差異があることは当然考えられるし、犬にも個性があるので一般的習性から外れる犬がいることもありうる。しかし、確かに指摘を受けてみると、とくに二匹目の犬発見に至る経緯には不自然な点が見受けられる。二匹目は、仲介人となった千須和村市郎兵衛が七面山に参詣し、春木川の川原で休んでいたところ、ちょうど彼のところへ「遊び来った」というのである。一匹目は猟師が連れ帰って飼っていたとのことであるから、帰ってこなかったのもうなずけるが、二匹目についてはできすぎた話ではあるし、正月にいなくなった犬が八月まで近隣地区をさまよっていたというのも、帰巣の習性と大きく矛盾する。

ここで、本文書の趣旨に立ち戻って考えてみよう。本文書の眼目は、何であろうか。それは訴訟の取り下げにあった。地元の者どうしの紛争を大げさにすることなく訴訟を終わらせることがまずは大切であり、そのためには、本件の場合、紛失犬を所有者のもとに戻すことが必須の条件となる。また、提起した訴訟を地元に引き取って解決するためには、役所が手を引きやすいような大義名分を与えなければならなかった。すなわち、二匹の犬がともに元の持ち主のもとに戻っていることが必要だったのである。その点で考えると、地理的に奈良田村からかなり隔たった笹走村（直線距離にして一八キロメートルほど南にあたる）の喜藤太・新作親子の名が出て、実際に役所の取り調べを受けていることからしても、一匹目の発見の経緯は真実の可能性がある。しかし二匹目についてては、安易に信じるわけにはいかない。ありていにいえば「できすぎている」のである。この犬は、早い時期に見つけた別の誰かが飼っていたのかもしれないし、盗んだ者が八月になって身に迫る疑念を避けるために放したものかもしれない。真相は藪《やぶ》の中である。が、古文書のもつ形式性から考えると、地域の対立を丸く収めるため、そこに何らかの作為が入った可能性は否定できないのである。いずれにせよ、犬が元の飼い主に戻ったため、代官所の役人も納得して訴訟は取り下げとなった。

以上のように、内容的には、本文書に書かれたことをすべて真実として受け取るには不審な点もある。ただ、江戸時代に確かに早川流域で犬を利用した狩猟が行われていたこと、別村からの要請で害獣駆除をする場合のあったこと、鹿が狩猟対象にされていたこと、猟期が正月を中心とする時期であったことなど、これまで文献史料では確認することの困難であった事柄が明らかになったことは間違いない。

本文書の作成された慶応元年より三〇五年前の永禄三年（一五六〇）、早川流域の黒桂《つづら》村に居住する土豪望月善左衛門尉に対し、領主穴山信君《あなやまのぶきみ》から飼い犬への加害を禁止する文書が与えられた（前掲『山梨県史　資料編4』一〇八五号文書）。

望月善左衛門尉所持候犬、いかほとにても候へ、をして生害におよはセ候事、堅可為停止者也、仍如件

永禄三年

申二月廿一日

望月善左衛門方へ

勝俣鎮夫氏は、これを「狩猟の生産手段」たる犬への「安堵」の文書であると説明している(「穴山氏の『犬の安堵』について」武田氏研究会編『武田氏研究』二四号、二〇〇一年)。「安堵」とは、中世において、上級支配者から生業や経営に関わる権利を保証されることであり、通常は所領や所職などを対象に使われる用語である。しかし、もし領主が狩猟という生業を保証しようとした場合には、猟業に欠かせない「道具」である猟犬を安堵することもあったかもしれない。そのように解すると、犬を使った狩猟が早川流域において三〇〇年余の歳月を隔てて続けられてきたことを、文書上で確認できることになる。断片化された情報ではあるが、本文書は中世、近世、さらに現代の猟師へとつながる狩猟という業の一端を物語る貴重な史料ということができる。

五　冷凍保存された地名発音

文字に音声を聞く

次には、文字化された古文書の中に、音声としての発音が封じ込められていた興味深い事例を紹介してみたい。ここで取り上げるのは、第二章で紹介した秋山調査で得られた史料のうちの二点であるが、些細なできごとを記したもので、通常の自治体史などには採録されにくい文書といっていいであろう。文書群中のすべての史料を撮影して初めて見出したものであり、また現地調査での聞き取りの経験と絡んでいろいろな問題に気づかされた史料でもある。その意味ではフィールドワークを体現した事例ということもできる。まずは史料の原文から紹介していこう。

甚寒御座候得共、弥々
御安全之由珍重不斜
奉存候、且其御村方
新田小若狭村太郎右衛門義、
足をいため候ニ付、当村
丹大夫殿ニ療治相願致
由申候付、丹大夫相頼
療治いたし遣し候
足いたみ直り候節
此方丹大夫方迄礼ニ

写真 5-12　福原国吉家文書 A-①-44-9-2

参り候様ニ被仰聞

可被下候、余貴面節、

万々御咄申上候、以上

十一月廿五日

（ウワ書）「箕作村　　野沢村

三左衛門様　　名主　源右衛門」

具体的な年号が書かれていないので、いつとはいえないが、江戸時代のある年一一月の下旬に書かれたものである（福原国吉家文書A－①－44－9－2）。今の太陽暦でいえば真冬といってもいい季節にあたる。信州北部にある野沢村名主源右衛門の書状を携えた一人の男が、おそらくは介添えの者の手を借りて、我が家のある村へたどり着こうとしていた。男の名は太郎右衛門という。くだんの書状は、太郎右衛門の地元の箕作村名主に宛てたもので、次のような内容が書かれてあった。

「貴村の新田小若狭《こわかさ》村の太郎右衛門が足にケガを負い、当村の丹大夫に診てもらいたいとのことであったので、丹大夫に頼み、治療を施してもらって送り出した。足のケガが回復したならば、丹大夫方まで御礼に来るように言い聞かせてやっていただきたい」。

さらにもう一通、太郎右衛門は懐に大切な書状をしまっていた。これも原文と内容を掲げておこう（同家文書A－①－11－2）。

演口

一、此者高井郡中野御支配
箕作村枝郷小若狭村之者ニ
御座候所、一両日商売罷出候所、
渡中ニ而足凶難請身分ニ
歩行不相叶、他力以生所迄
罷返度相頼申候ニ付、無拠
爰元村人足ニ而送り出し候間、
村々御役元御慈悲ニ右者
願之通箕作村迄無相違

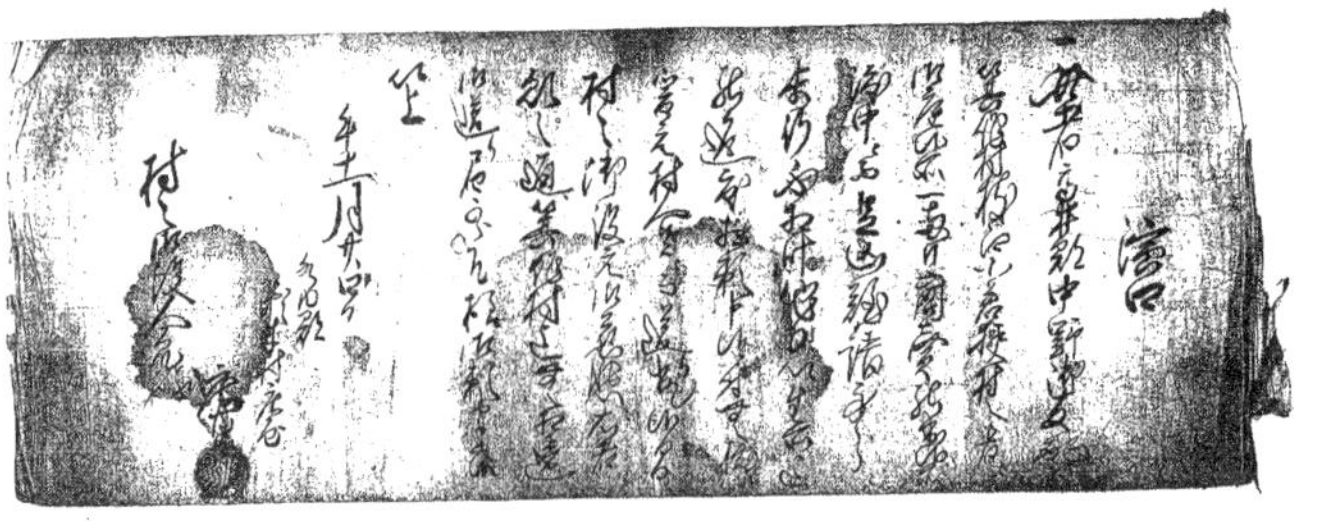

写真 5-13　福原国吉家文書 A-①-11-2

御送《り》届可被下候様、御頼申上候、
以上
　午十一月廿四日
　　水内郡
　　瀬木村庄屋
　　　　庄右衛門（印）
　村々御役人衆様

「この（書状を持参する）者は、箕作村枝郷小若狭村の者であるが、一両日商売に出たところ、足にケガを負い、歩行もかなわなくなった。他力を借りて生所まで帰りたいというので、仕方なく当村の村人足をもって送り出したところである。このような事情なので、村々のお役人の御慈悲にて、願いのとおり箕作村まで間違いなく送り届けてやってくれるようお頼みする」。

これは同じく信州北部に位置する瀬木村の庄屋が認めたもの

で、同村より箕作村小若狭までの道中の村々御役人衆が宛名となっている。つまり、小若狭村から商売に出かけた太郎右衛門は、瀬木村でケガのため歩けなくなり、そこの庄屋に助けを求めたのである。庄屋は太郎右衛門の願いを聞き入れ、道中の村々に援助を依頼する書状を持たせ、介添えの者をつけて送り出したのであった。そして太郎右衛門は、途中、野沢村で足の治療を受け、再び帰途についた。瀬木村庄屋と野沢村庄屋の書状の日付は、それぞれ一一月二四日と二五日なので、両村はさして遠い距離にはないはずである。地名辞典で調べると、瀬木村は現在の飯山市の一部、野沢村は同じく野沢温泉村の一部にあたり、その間は数キロメートルしか離れていない。

小若狭村と小赤沢村

さて、では、ケガをした太郎右衛門が帰り着こうとしていた小若狭村とはいったいどこなのだろうか。実は地名辞典には「小若狭村」は載っていない。「箕作村枝郷」とあるので箕作村を手がかりに調べると、実はそれが「小赤沢《こあかさわ》村」であることが判明する（そしてこの両文書が残されたのも小赤沢地区の旧家である）。正確にいえば、江戸時代の小赤沢は行政的には箕作村に属する地区名であり、独立した「村」であったわけではない。小赤沢といえば、前述した「秋山郷」の中心をなす集落である。すでに鎌倉時代の古文書に「こあかさわ」と見える古いムラであり（『鎌倉遺文』36－二七八八六）、江戸時代には相当に距離の離れた箕作村名主の管理下に所属してその「枝郷」として位置づけられている。

ここで注目したいのは、「小若狭」というその表記である。共通語的に発音すれば、小赤沢は「こあかさわ」と発音し、「あ」に高音をおく。しかし、地元の方々の古い発音では、「あかさわ」全体に高音部があり、しかも「あ」はむしろ「わ」に近い発音となる。さらに末尾の「わ」もあいまいで、「こわかさぁ」と聞こえるという（福原初吉氏談）。つまり聞きようによっては、たしかに「小若狭」すなわち「こわかさ」とも聞き取れるわけである。決して「こ・あ・か・さ・わ」とは発音していない。しかしながら小赤沢を「小若狭」とする表記はほかに見られず、非常に奇異な感じを受ける。おそらく瀬木村の庄屋は太郎右衛門に出身地を尋ね、その音から「小若狭」という漢字をあてたと考えられる。とすれば、これは江戸時代における地名発音がある種凍結されたような形で保存されたケースといえることになる。

「小赤沢」という文字を知っていれば、我々は「こあかさわ」と「こわかさぁ」の間にさほどの違いを意識しえないかもしれない。よほど自覚的に意識しない限り、地元の方と外来の者が同じ地名をめぐって話をしていても、この差異は認識しづらいであろう。しかし改めて「小若狭」と文字化されてみると、たしかにそのほうが古老の方の発音に相当程度近いことを認めざるを得ない。我々の頭脳は、小異を捨ててより広い認識を可能にする能力を備えているわけで、これはもちろんのことなくてはならない機能である。しかし、時によってはこの認識機能が微妙な差異の見落としにつながる場合のあることを自覚しておかなくてはならないのではないか。

同様の経験は、かつて常民研の奥能登調査に毎年通っていたときにもしたことがある。「柳田村」（石川県鳳至郡柳田村。二〇〇五年に近隣町と合併して能登町となる）という村名を調査団メンバーは「やだぎだむら」と呼んでいたが、地元の方々ははっきりと「やないだむら」と発音していた。「柳田村」をめぐるやりとりをするとき、地元の方と我々は、相互に異なる発音をしながらも、ほとんど意識せずに同じ「柳田村」を頭に描いていた記憶がある。建前的（共通語的）表記と実際の呼び方には相当な開きのあることが多いのである。それはたとえば、日本語を知らない外国人が聞いたならば、違う地名と受け取るほどの差異といってもいい。

さて、秋山といえば、江戸時代後期の文人鈴木牧之が記した『秋山記行』の中で一つ目につくのは、秋山独特の発音を随所に記したふりがなである。巻末には特異な方言を「秋山言葉の類」と題して書きとめている。「拾う」を「ふるう」、「きのこ」を「ちのこ」、「火口《ほくち》」を「ほっち」という、などがそれである。調査先で聞き取り作業をしていても、ちょっとした発音の違いというのは、話の流れの中で意識の表面にのぼらないまま聞き流してしまうことが多い。その点でいうと、牧之の注意力には並々ならぬものがあると改めて感心させられる。

秋山は江戸時代、その山深い地理的環境から、世間知らずの純朴な人々の住むところとして、不幸にもいわゆる「愚か村」（周囲から愚かな人たちの住む村とされて、さまざまな逸話が語られる場所）の一つに数えられていた。もちろん純朴はともかく、必ずしも世間知らずでなく知恵者もいたことは、小赤沢で一宿した際の主と牧之とのやりとりを読むだけで容易に察せられる。にもかかわらず秋山が周囲から「愚か村」と見られたその一因として、樫村賢二氏は、秋山人が一人も文字の読み書きをできないと思われていたことを挙げている（「『秋山記行』と愚か村話」信濃史学会編『信濃』五一－一、一九九一年）。無学で文字の読み書きのできないことが「愚か村」の一つの指標であったとするこの指摘は興味深い。当地に残る古文書を見れば、それが決して事実でないどころか、組頭クラスの人は立派な文字を書いていたことはわかるが、どうやら牧之は俗説を鵜呑みにしていたらしい。文字を操る表現者として現地に臨んだ牧之からすれば、「文字を知らぬ人々」と接触し、彼らの「異質な言葉」を聞き取り、それを文字に書き残すことへの関心はひときわ強いものがあったかもしれない。

発音と表記の間に横たわる溝

もっとも、牧之の言葉への執着には、その背景に、読み方や表記が一種類に固定されていない前近代という時代の特性をおいて考えてみる必要もある。明治維新後、近代国家が成立すると、地名・人名や事物の名称にせよ、またその表記のしかたにせよ、行政的措置や教育上の便宜から、一つの呼び方、表し方に固定される傾向が強まった。たとえば前近代にはひらがなは決して一音に対して一種類とは決まっていなかった。本人の書く署名ですら、「右衛門」が「衛門」になったり「ヱ門」になったりした。「重右衛門」という人名を、本人自身が時に「十右衛門」と書いたり、「太兵衛」が「多兵衛」と書かれるなどの揺れは日常的に見られる。さまざまな場面において、音に合わせたあて字もよく使われている。ある意味では、前近代には発音に表記が合わせていたのであり、表記に揺れがあるのはごく当たり前のことであった。

それが近代以降、表記のほうが優先されるルールに変わってきたと考えられる。本来の地元の発音に従えば「柳田村」と書いて「やないだむら」とフリガナをふるべきところ、読みのほうも表記に合わせて共通語的に「やなぎだむら」を建前とする。こうした環境の中で、我々は表記と発音に関して一対一で対応するのを当然とするようになり、微妙な音の差異への感覚が鈍るとともに、柔軟な表記についていけなくなっているとはいえないだろうか。江戸時代までの時代には、多様に表記する自由とともに、微妙な音の差異に対する感性をも多くの人がもち合わせていたのではあるまいか。

地名呼称と表記の問題は、たとえばアイヌ語地名の表記などに関して、多様な意見が投げかけられている。言語が異なればこそ、そこに漢字をあてはめればさまざまな齟齬《そご》が発生するのは当然である。しかし同じ日本語地名の中でも、実は呼称（発音）と表記との差異は、微細でありながら見逃せない問題を孕《はら》んでいるともいえる。地域による発音の揺れを無視した行政的建前表記の陰に、埋もれてしまった数知れない個性的な地名の呼び方があったのではないだろうか。表記と発音との間には、今まで気づかれていない多くの問題があったのかもしれない。

もっとも、地名の呼称は時代とともに変化していく側面をもっている。古いとされる発音が、変化の過程の一齣にすぎない場合もあるであろう。音韻体系そのものも時代によって変わるのであるから。「小赤沢」に関しても、お話を聞かせていただいた方はすでに八〇歳であったが、その方が「そういえば昔の人はそのように言っていたなぁ」と語るほどに、現在とは言い方が異なってきているようである。その意味では、発音を決して固定的に考えることはできない。しかしだからこそ表記は時代の発音を反映して柔軟に揺らぐことも多かった。微細な差異であっても、発音と表記という言葉そのものに関する根元的な問題が、地名の世界には垣間見えるのである。

この問題は、まさにフィールドワークと文字史料との関係をあぶり出したような事例であった。現地で史料の悉皆《しっかい》撮影（文書全点の撮影）をしなければ出会うことのなかった古文書であろうし、仮にどこかで活字化されたこの史料を読む機会があったとしても、現地には小若狭村という場所があるのだろうとしか思わなかったであろう。また小若狭村が小赤沢村のことだと知ったとしても、能登で経験していたような地名発音への違和感がなかったならば、書状の書き手が愚かな書き間違いをしたとしか見なかったかもしれない。発音と表記の間に横たわる根深い問題に気づくことができたのは、まさにフィールドワークの賜物《たまもの》だったといえる。

六　遠のいた海の話

青方氏の拠点はどこにあったか

山を舞台とした事例が続いたので、最後に海に関する話をしてみようと思う。

九州の西の沖合に五島列島と呼ばれる離島群があり、その中に中通島があることはすでに触れた。この島は五島列島中二番目の大きさの島で、十字架を逆さにしたような形をし、リアス式の複雑な海岸線をもっている。中世、この島には幾人もの在地小領主（武士）が割拠し、勢力を競っていた。彼らは南北朝時代以降、平戸島をはじめ、現在の佐賀県・長崎県の海岸沿いに多数勢力を張っていた同じような規模の領主たちとともに武士団を形成していく。彼ら海辺に生きる武士たちの活動の舞台は、主に海であった。小規模な農業も営んでいたが、主として漁業、塩業、海運業、あるいは海賊を生業とする者が多かった。第二章で紹介したように、中通島の小領主であった青方氏のもとには、青方文書と呼ばれる一群の古文書が残されているが、今日まで伝わるこの史料群は、離島に生きた中世武士団を探る貴重な手がかりとなっている。

青方文書のうち主として中世文書は県の指定文化財となっており、それ以外の青方文書も含め、すでに述べたように、現在は長崎県立図書館の所蔵に帰している。が、実は若干点の文書は青方家に残されていた。かつて一九九一年（平成三）に中通島に調査に出かけた際、島のほぼ中央部の青方地区にある青方家を訪問し、同家にわずかに残されている史料を拝見させていただいたことがある。もう夕方薄暗くなり始めた時間帯だったように記憶しているが、留守宅を預かっている方に連絡をとって、お訪ねした。大半の史料は県に寄贈されているため、青方家に残っているのは、家の由緒を示すものとして手許に置いておきたかった家譜などの古文書類と、年代の特定できないような雑多な文書であった。

それらに目を通していたとき、筆者は一枚の絵図に目をとめた。深く切れ込んだ青方湾を描いた簡略な絵図であった。「青方村惣図」と書き込みがある。そしてもう一枚、天保九年（一八三八）と年号のある「青方村城址の図」という、これまた簡略な絵図が出てきた。こちらには丸い形をした山の麓に、枡形を備えたかつての青方家の屋敷が描かれている。丸い形の山は殿山といい、名前のとおり、中世には当地の支配者であった青方氏の砦があったとされる山である。『上五島町郷土誌』（上五島町編／発行、一九九七年）によれば、空堀・郭を備え、石塁の跡も確認されている立派な山城である。ただ、以前から筆者は青方の地図を見るたびに、妙だな、と疑問をもっていた。

青方氏は海の武士である。風や波の影響を受けにくい深い湾奥の良港に拠点を構えたという点でも、まさに青方氏は海の武士といってよかった。一般に船を操り、海のなりわいをもって活躍する在地領主であれば、たいてい海に面した高台に見張り場をもっている。とすれば、港を望む湾奥の高台に砦があるのが自然のはずである。ところが青方氏の屋敷の位置は、現在、港からさらに奥に四〇〇メートルほど離れた内陸側に位置している。殿山は直接海に面してはいないので

写真 5-14 「青方村惣図」(1991 年 10 月撮影)

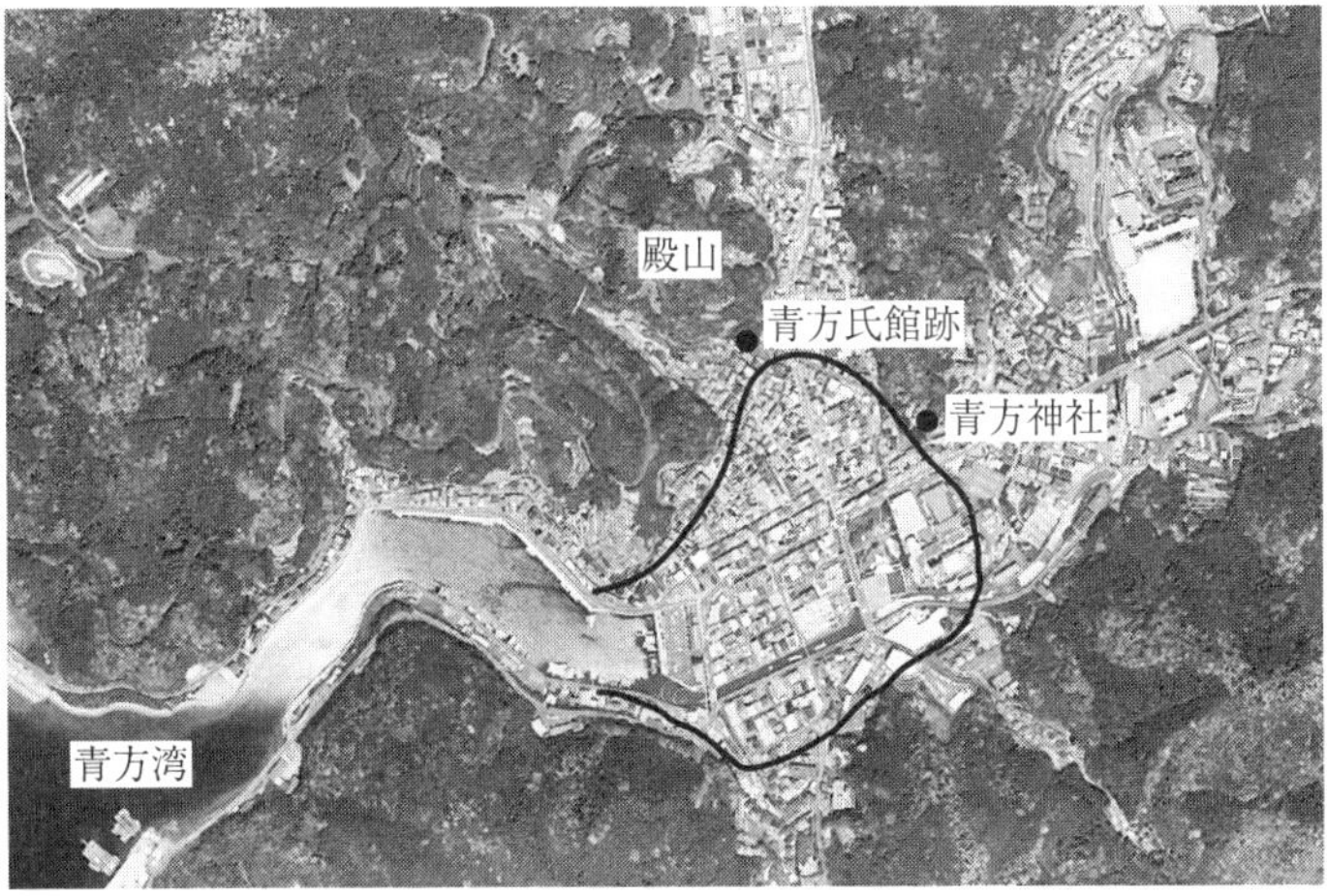

写真 5-15 青方湾の空中写真。昔は実線のあたりまで海が入り込んでいたと考えられる
(提供 : 国土地理院撮影の空中写真〔2007 年撮影〕)

ある。なぜもっと海辺に近い場所を拠点としなかったのだろうか。かねがね筆者はこの点を不思議に感じていた。

海際にあった殿山

ところが、青方家で見出した絵図を見て、私はやはりそうだったのか、と膝を打った。青方湾の絵図は江戸時代に描かれたものと推測されたが、それによると、なんと海はさらに屈曲して現在よりも奥、まさに殿山の麓《ふもと》まで打ち寄せていたのである。もう一点の「青方村城址の図」も、よく見れば、青方家屋敷からほど近い場所に「破戸」と書き込みがあった。波止場である。これなら納得できる。やはり青方氏は海に間近い山城の麓に居を構えていたのである。今、湾奥の陸地部分は青方地区の主要な市街地となっているが、おそらくこれは近代以降の埋め立てによるものであろう。後日、『上五島町郷土誌』の中にこれら二点の絵図の小さな写真が載っていることに気づいたが（六五頁・九一頁）、とくに出典や所蔵者も記載されておらず、小さな文字は読み取ることも困難であった。当地を訪ねなければ出会うことのできなかった史料であり、これも現地調査の重要性を切に感じたできごとであった。

第六章
歴史史料と現代――散逸か保存か

身に迫らない歴史

歴史は暗記科目だ、とはよく言われることである。これは一面としては当たっている。学校教育としての「歴史」では、やはり最低限の年代・人名・事項名を知っていなくては何も先に進めない。しかし、そもそも歴史は何のために学ぶのだろうか。自分の生活と切り離された別世界の人名・事項名を覚えてどうしようというのだろうか。今の自分の生活とは無縁の世界について表面的な語彙だけをひたすら頭に詰め込むのでは、いわば「架空世界」のドラマを好むマニアと何の変わりもないことにならないだろうか。

歴史学が対象とするのは、あくまで現実に過去に刻まれたできごとの世界である。そして学びはむしろ、過去の事実を知ったところから始まらなければならないはずである。しかし、もし歴史を学ぶ生徒・学生がちょっと面白いドラマとして、あるいはいやでも覚えなければならない異世界の物語として、ストーリーや登場人物の暗記に励むだけだとすれば、それは悲しむべきことである。そんな彼らの身近にあるはずの多くの古文書との懸隔は計りしれない。歴史は教科書で読むもの、覚えさせられるもの、あるいはドラマや映画で楽しむもの、というところからは、決して我が家の古文書、我が地区の古文書、わが地域博物館の古文書とのつながりは見出せないであろうし、それぞれ別世界のものであり続けることになるであろう。

それはたとえば、大学で歴史を学ぶ史学科の学生たち——彼らは本物の歴史学に一歩近づいているはずであるが――にしても、事情はたいして変わらない。なぜなら、在学期間中、生の古文書に触れたり、見たりする機会があるとは限らないからである。博物館などに展示してある古文書の原本を見学する授業機会があれば、それだけで幸運といえるかもしれない。

たいていの場合、レポートや卒業論文は活字史料、よくても写真史料だけで充分書けるし、学芸員資格をとる課程でも履修しない限り、生の史料を見たり触れたりする経験そのものが求められないのである。そこまで活字史料が豊富になり、史料環境が整ったこと自体は喜ぶべきことかもしれないが、しかし多くの学生が、感覚的に自分の現実世界とは無縁な過去を勉強していること、自分の身に迫る共感をもって勉強してはいないこと、は否定できないように思う。もちろん活字史料のみから過去の歴史世界を深く洞察し、身に迫るものとして捉えることが不可能だといっているわけではない。しかし生のモノがもつ迫力を知ること、手にとってみることは必ずや貴重な体験になるはずである。

それは学生の責任というよりも、歴史学を教えるカリキュラム自体の問題である。少なくとも史学科のカリキュラムに、生の史料に触れたり、生の史料を発掘・整理するような講義を受けることやそれを体験することは、普通含まれていない。ましてや地域を歩いてのフィールドワーク、史料の発掘や整理、保存のための実習などが正課として行われることはまずない。史料は歴史学の基礎であり、それなくしては研究はできないというほどのものであるにもかかわらず、史学科で学ぶのは整えられた活字史料や写真史料などを前提とした、そこから先の分析・操作の世界だけである。

だが、活字史料は誰かが見出し、誰かが整理し、誰かが翻刻・筆写したものである。その「誰か」の仕事を評価せず、雑用感覚で捉えているのが今の歴史学の状況といっても過言ではない。料理にたとえれば、切り身の魚を買ってきたところから先だけの勉強・研究にすぎないのである。その魚の育った環境や生態、獲り方、流通の過程についてはまったく興味をもたないというのと同じである。しかも魚ならば漁業は産業として成り立っているし、流通も仕事として成り立っているが、史料の発掘・整理は仕事としての評価すら確立していないのである。史学関係の仕事に就くための業績書に、論文や研究ノートの項目はあっても、史料整理や保存活動などの項目が存在しないことが、それを端的に表している。

今述べてきたこと、すなわち現地調査をする意味と必要性、そして史料の調査・整理の評価の問題について、以下少し詳しく考えてみたい。

滅びようとするムラの前で歴史学は何をするのか

二〇〇七年（平成一九）、史料調査である山間集落を訪れた。そこは一九八〇年頃には四二世帯九六人が暮らしていた集落である。江戸時代後期に遡れば、それよりはるかに多い五八世帯二七五人が暮らしていた（『甲斐国志』巻十六、文化三・一八〇六年）。しかし私たちが訪れたとき、常住する住民はわずかに二名になっていた。少なくとも近世初期以来の歴史をもつムラであったが、今まさに消滅しようとしているのであった。その地区が保存してきた古文書が公民館に残されていて、私たちは住民の四倍もの人数の調査団、つまり八名でここを訪れ、区有文書を調べようとしていた。公民館脇にある老人の豆畑は、芽を猿に喰い荒らされ、見る影もない。古文書を探して棚の中を物色していた筆者は、残されたマイクスタンドを見つけた。一瞬、ハッと胸を突かれた。かつてはマイクで呼びかけねばならないほどの住民がいたのだ。そして思った。こういう状況の中で調査をしながら、歴史学は何の力になるのだろうか、と。

史料調査をすること、生の史料に出会うことは、史料そのものに触れることばかりが大切なのではない。史料とともにある、地域の風土、所蔵者を含め史料をとりまく人間、それらに出会うことが何よりも大きな意味をもっている。古文書を大切に伝えてきた地域の人々の前では、いい加減なことは言えなくなる。地域の抱える問題、所蔵者の抱える問題と否応なく向き合わざるをえなくなる。そして史料の中に出てくる人々のまさにその子孫が、目の前にいる人々であり、現在の社会問題に直面している人々であることに気づかされる。

このときに、自分がその史料で調べようとしているはるか何百年か前のムラのことが、今そこにいる人々と見事につながるものであることを身体の底から感じるのである。歴史学は滅びようとするムラの前では無力なのだろうか。あるいは史料を巧みに操る単なる知的ゲームなのだろうか。そんなことを考えるようになる。

これは絶対に現場でなくては学べない歴史学である。史学科の授業では教えてくれない。しかしとても重要なことではないかと思う。近年、医学部の学生に病理的なことがらだけでなく、患者との向き合い方を教える必要性が言われるようになった。医学は目の前で苦しむ人たちを救うためのものであるはずであるが、患者と目を合わせず、患者の身体に触れようともせず、検査データの表示されたパソコンだけを見つめて話す医者がいる。いったい誰を治療するというのだろうか、という疑問が出てくるのは当然であろう。

歴史学にも同じことがいえる。もちろん歴史学は眼前の社会問題に悩む人に即効的な解決策を処方するための学問ではない。あくまで過去を見つめ、分析する学問である。しかしそれは何のためであろうか。今までよりも少しでもマシな、少しでも多くの人が幸福に暮らせる社会を築くにはどうすればいいかを、過去を手がかりに考えていくものではなかろうか。そのためには、過去の社会を歪みなく捉え、正確に認識するために事実を明らかにしていく必要がある。それが未来に対するより適切な判断を導く基本的な手がかりとなるからである。

しかし「歪みなく」「正確に」認識するといっても、それは主観の産物である。だから時代によって歴史学は変遷しうる。その意味では、現在の歴史学は現在を反映したものになるのは間違いない。ただ、少しでもマシな、幸福な世の中にするという根っこはいつもどこかにもち、人と向き合いながら、人間のなしてきたことを冷徹に考えていかなくてはならないのではないだろうか。人と向き合えば、目の前で急病にかかっている状態を見捨ててはおけなくなる。その場合には、やはり即効的に役目を果たす歴史学も必要となることがありうる。

地域を元気にする歴史学

本書の冒頭で少しだけ触れた話を、ここで改めて詳しく紹介しておこう。二〇一〇年夏、長野県栄村で、地元ＮＰＯで活動している方から頼まれ、小さな集落で古文書講座を開くことになった。千曲川に面した小滝という地区である。江戸時代には近隣の箕作村の枝村という扱いであった。ここは栄村の中でも、昔から用水に苦労してきた集落で、今でも川の上流部から二つほどの集落を経由するルートで農業用水を引いている。たまたま箕作村の名主宅に残された古文書の中に、この地区の用水開削に関する江戸時代中期の古文書があったので、それを素材にして講読会を開くことにした。

依頼されたときは「古文書講座」ということであったが、いつも調査に出かけている面々で話し合った結果、歴史にも古文書にも素人の地元の方々に対して、ただ崩し字の解説をするだけの「古文書解読教室」をやってもあまり意味はないし、つまらないだろうということになった。栄村ではそれまでの数年間、役場のホールなどを会場に、筆者たち調査をしているメンバーで毎年現地報告会を開催してきたが、そこではホールの演台から聴衆に向かって一方的に話すスタイルになっている。そして話の中で古文書を取り上げるにしても、時間の関係上、必要な部分だけを最小限取り出して触れる形にならざるをえない。今回はせっかく小さな集落の公民館でやるのだから、この古文書講座では、一点ずつの古文書をじっくり読み解いて懇切に解説してみたらどうかという話になった。とはいえ、こうしたスタイルはまったく未経験であり、果たして聞きに来てくれた地域の方々に興味をもっていただけるかどうか、はなはだ不安でもあった。

講座は一日目の夕方と、翌日の夕方との二回、各一時間半ずつ行うことになっていた。そして当日、時間前になるとお年寄りの方を中心に地区の方々が三々五々集まってみえた。その数一三名。これは地区の世帯数からすると、かなりの出席率といっていい。

今回の講座では用水開削に関わる三点の古文書をじっくり読むことにしていた。一点は①元禄八年(一六九五)三月一五日付で、小滝から名主に提出した水路開削に関する約定書(島田汎家文書九二三)、次の一点は②同年一〇月二八日付で、水不足になるとして同じ川を利用したこの用水開削に反対する近隣地区との問題に関し、たとえ水路を引いても近隣地区が水不足になることはない旨と、小滝への用水開削の必要性を名主が代官に訴えた文書(同家文書九二五)、そして残る一点は、③同年一〇月二九日付で、水不足の際には反対している近隣地区に優先的に水を流すことを条件に両村が合意した約定書である(同家文書九二六)。二回に分けて、調査に長年参加している二人のスタッフが各一回ずつ担当し、水路開削にあたっての地域でのもめごとやその解決への道筋などを、古文書を丹念に解読しながら説明していった。

一回目の講読会では、①の名主への約定書を読み、小滝地区が名主の主導のもとで水路開削をすることになり、名主にも一定の水田取りぶんを渡す条件で合意したことが明らかになった。次いで②を途中まで読み、いざ水路を開こうとしたとき、近隣地区からクレームがついて、順調とみられた工事を止めざるをえなくなり、混乱が生じていたところまでを追った。では、これをその後どのように解決していったのか……というところで一回目は終了した。

このとき、参加された小滝地区の方々は、本当に熱心にメモを取りながら聞いてくださった。そして一とおりの解説が終わると、質問が出て、さらにこの用水は今のどこを通っているのか、という話から、やがて関連する絵図へと話題が移っていった。カラーでプリントした江戸時代の村絵図を持参していたので、こんどはそれをのぞき込みながら地域の方々の熱いやりとりが始まった。やがて水路に関する書類がほかにもあったはずだということから、公民館の押し入れの中やら天井裏まで探すハメになり、ついには、地元の方が軽トラックに我々スタッフを乗せて、絵図に描かれた用水関連の場所を案内してくれることになった。急遽巡検の始まりである。そして一時間半をかけて地区内をご案内いただいた。今は使われていないが、おそらくこの元禄のときに初めて掘り通したと考えられる水路の跡を確認し、また近年になって開かれた第二・第三の用水の取水口までも見ることができた。このあと、我々はそのまま案内してくれた地元の方のお宅に呼ばれ、採れたてのとうもろこしや仕事で栽培されている新鮮なキノコの料理などさまざまな手作り料理を振る舞っていただき、一時間半近くも地域の歴史や現在抱える問題などについて話し込むことになった。

翌日には、一日目の続きで、近隣地区との紛争がどのように解決されていったのか、②の古文書の残りと③の古文書を読んだ。二日目の参加者は一一名。前日と同様、地区の方々は熱心に古文書に見入り、解説を聞いてくださった。

こうして初めての古文書講読会は終わったが、二カ月後、再び調査で栄村を訪れた際、会に参加された地元の方から、「あのあと、すっかりみんな用水の歴史でもりあがっちゃって、今でも話題にのぼってるよ」と聞かされた。そして「自分の家にも古い書類があったのに、処分してしまった。あれはもったいなかった」「これからは古い書類も大事にしないといかんな」と話している方がいるとの話もうかがった。さらに翌年三月に訪問した際も、同じ方から「あれですっかりムラの年寄りが元気になっちゃってさ」という話をうかがった。

我々スタッフにとって、これは望外の喜びであると同時に、わずか二回の講座で地域が活気づき、また文化財としての古文書の重要性を理解してもらえたことに驚きを禁じ得なかった。「古文書などの古い書き物は歴史を知る貴重な手がかりですから、大切に保存してください」。我々は調査先でこれまで何度もそのように話してきた。しかしこの言葉を何十回言うよりも、地域の人たち自身が自らそれに気づいてくれたことのほうがはるかに重みがある。そして若者の少なくなった地方の村で、過去を知る老人たちが、言い伝えや見聞を語り遺していくことの大切さを認識し、そうした過去の知識や体験をもっている自分たちの存在の重要性に気づいてくれたことが、何よりも大きな収穫であった。歴史は地域を元気にする力をもっている。この講読会で我々調査にあたるメンバーが初めて目の当たりにした教訓であった。そしてさらに二〇一一年三月の震災後、先人が苦労して開いた水田を自分の代で絶やしてはいけないと地区の若人が奮起して田を復興する話につながっていくことは、本書冒頭で述べたとおりである。

「三〇〇年後に小滝を引き継ぐ」

実はこれにはさらに後日譚がある。小滝地区では、その後、どこから求められたわけでもないが、自主的に地区独自の震災復興計画を策定した。震災から二年半を経過した二〇一三年（平成二五）秋のことである。その冒頭で、復興の目指す「将来ビジョン」として掲げられたのは、「三〇〇年後に小滝を引き継ぐ」という気宇壮大《きうそうだい》な目標であった。

復興の中心に立っていた方から、なぜ「三〇〇年後」なのか、その理由を聞いたときの話は忘れがたい。何と講読会で読んだ古文書が原点なのだそうだ。講読会では、今を遡る三〇〇年以上前の元禄期の古文書を読んだが、その中に「今から二三、四年前に百姓たちが困窮し、この地を捨てて越後に逃げて（「退転」して）しまった。それを名主が対策を講じて引き戻したが、この地で百姓を営んでいくためには用水が必要だ」という内容が書かれていたのである。

この「一度はこの土地を捨てて逃げていった」というのが、地区の方々には大きな衝撃だったようである。それをきっかけに、「そうか、オレたちの村は三〇〇年前に一度ダメになってそこから出直したムラなんだ。そしてそれから苦労して用水を引いて米作りをしてきたんだ。それなら美味い米の穫れるこの地区を三〇〇年後まで守ろうじゃないか」ということになったというのである。実際小滝地区の米は昔から「ほかより五銭高い値がつく」おいしい米の産地として知られてきたと言い伝えられている。おいしい米作りは小滝にとっての集落アイデンティティに関わる問題なのである。とすれば、そのもととなる水田の用水路が本格的に開削された元禄期は、小滝にとって大きな画期と意識されたのもうなずける。そしてこの画期を地区の皆さんが意識するきっかけになったのが、古文書講読会であった。

その後も小滝では地区の歴史探究が盛んに行われるようになり、江戸時代の旅人の落書きがたくさん残されたお堂の再発見や古道の復活など、地域の歴史資産となるものに大きな関心が集まった。地区の復興計画の中にもそれが載せられており、「基本方針2　資源の見直しと活用」の中に「集落の歴史を知ること」が盛り込まれている。まさに「地域の歴史」が未来を築いていくベースとして捉えられているのである。

「これまで」があって「これから」がある

秋山調査に関連して総合地球環境学研究所プロジェクトのことに触れたが、これに参加する中で初めて認識したことがある。前述のとおりこのプロジェクトでは、文系・理系の枠を超えて研究者が集い、共同研究を行っているのであるが、その場で痛感したのは、歴史学がさまざまな分野で必要とされ、求められているということである。

そもそも歴史はあらゆる分野にある。国家の歴史はもとより、地域の歴史、企業の歴史、食べ物の歴史、戦争の歴史、娯楽の歴史、スポーツの歴史、果ては個人にも「自分史」なる歴史がある。総合地球環境学研究所のプロジェクトでは、人間と自然とがどのような関係を取り結んできたかが大きなテーマになっていたが、そこにも人間と自然の関係史がある。

日本列島は世界の中でも生物多様性が高い地域として知られているが、同時にそれが危機に瀕している地域でもある。なぜ人口の非常に稠密な列島で、これまで生物多様性が維持されてきたのか、その危機に今後どのように取り組んでいけばいいのか、それを解明するのがこのプロジェクトの目的であった。そこでは当然、「日本ではこれまでどのように自然と接してきたのか」という歴史を確認することが大きな前提条件となる。理系分野の研究者の中には、「日本では歴史的に自然を大切にしてきた」という通俗的な言説を入口として話を展開する人もいた。が、歴史の専門家としては、史料的に必ずしもそうは言えず、逆に環境破壊を推し進めるような事例も多数あることを指摘しなくてはならなかった。通俗的な耳あたりのいい言説ばかりが流布するのは、ある意味で歴史家の責任でもある。その言説が真実か否か、それはまさに歴史学が責任をもって解き明かさなくてはいけない分野であり、また歴史学がその技量を発揮しうる独壇場でもあるのである。

長引く景気低迷と地方の疲弊や過疎化の中で地域興《おこ》しも各地で盛んだが、そこでも歴史学は必要とされる。地域興しにあたっては、観光客の誘致や地場特産品の創出など、全国一律のマニュアル的な施策が採られることが多いが、実はまず必要なのは、地域の歴史や文化を掘り起こすことである。なぜならそれぞれの地域にはそれぞれの来歴があり、それをふまえたうえでその延長上に未来のありようを描かないと、木に竹を接《つ》いだようなちくはぐな施策にしかなり得ないからである。何でもかんでも観光客を呼び寄せればいいというものではない。本当の意味で観光に値する見どころはあるのか、他所からの人を招き、受け容れる風土が文化的にあるのか、そういうことを歴史的にたどって、しっかりと考察する必要があろう。

地域によっては、文化的風土を変えてまで観光客が落としていく不安定なカネをあてにするよりも、地域住民が快適で持続的に暮らせるためのインフラ整備に力を注いだほうがいい場合もある。それによってその場所が住みやすくなれば、おのずから人も離れていきにくくなる。これは単純化した例でしかないが、地域に人が愛着と誇りをもって住めるようにするにはその土地の来歴や文化をまず知ること、このことは絶対に必要ではないかと思う。地域のもつ文化や歴史と切り離された村興し、町興しは、そこに住む人々の日常生活や感覚からはかけ離れたものにしかならないであろうし、一時的には成功しても結局長続きはしないであろう。地域興しを担う組織や機関には、「これから」の専門家（都市計画や産業振興など）ばかりが集まることが多いが、「これまで」の専門家（歴史や民俗を専門とする者）がまずは必要とされなければならないはずである。理想的には、歴史や文化への目配りをも怠らない「これから」の専門家と、現在と将来に向けての展望をもった「これまで」の専門家が集えば最も心強いであろう。歴史は単なる過去のおとぎ話ではなく、未来に向けての足場を固める重要な役割をもっている。

学際的な共同研究や過疎地での史料調査の経験から、筆者は歴史学は単なる余興ではなく、まさに現在に求められる学問であることを痛感するようになった。そして地域を知るための基礎作業が、地味で根気の必要な史料の掘り起こしであり、整理・保存の作業なのである。そうして掘り起こした歴史を地域の方々と共有していくこと、それが真の意味で地域を活性化する前提作業であると思う。

史料を整理する職務の必要性

現在も、江戸時代のものを中心として、日本には無数といっていい古文書が旧家の土蔵の中に、襖の中に、地区の公民館の中に、あるいは神社・寺院の中に眠っている。とくに社会の遷り変わりが緩やかで戦災にも遭っていない田舎には、とりわけ多くの史料が埋もれている。しかもそれらは日々ゴミに出され、あるいは燃やされて処分されている。時代とともに書類は失われていくのが自然な姿でもあるから、それらすべてを残せというつもりはないが、過去を語る貴重な史料が手をこまねいている間に失われていくのは惜しい。こうした史料がその歴史的価値について何らの注意を喚起されることもなく、または調査の機会もなく姿を消していくのは何とももったいないことであるが、その一因には、前に触れたように、史料の発掘・整理の仕事がまったくといっていいほど評価されていないばかりか、社会に必要な仕事として認知すらされていないことが挙げられる。

今、そうした仕事に携わっているのは、自治体史に関わる職員か教育委員会の社会教育の関係者、または有志の団体や個人などである。もっとも、自治体の恒常的な業務として史料の発掘・整理・翻刻・保存などを行っている例はごく稀である。自治体史編纂などの事業期間内には当然そうした仕事が行われるが、専従の担当職員をおいて組織的に史料を将来に遺そうとすることはほとんど行われていない。そもそもそのような仕事のできる人材が存在しないのである。歴史学を学ぶはずの史学科ですら、普通そうしたカリキュラムはもっていないのであるから、まずそうしたノウハウを身につけた若い人材などは育つはずがない。

ただ、近年になって若干の動きが出てきている。それは公文書の整理・保存・公開などに関わるアーキビストと呼ばれる人々を養成する必要に発したものである。二〇〇八年（平成二〇）一月、福田康夫首相は、施政方針演説の中で年金記録などのずさんな管理を引き合いに出し、「行政文書の管理のあり方を基本から見直し、法制化を検討するとともに、国立公文書館制度の拡充を含め、公文書の保存に向けた体制を整備します」と表明し、公文書管理担当大臣を任命した。これは総理大臣が重要な演説の機会に、基本方針の一環として文書管理について積極的な言及をしたという点で画期的な発言であった。そしてこの流れを承けて公文書管理法が翌年七月に公布され、二〇一一年四月から施行された。

こうした公文書管理の流れの背景には、一九八七年（昭和六二）に成立した「公文書館法」がある。同法は、「公文書等を歴史資料として保存し、利用に供することの重要性にかんがみ、公文書館に関し必要な事項を定めること」（第一条）を目的に制定されたものである。より具体的には、「公文書館は、歴史資料として重要な公文書等を保存し、閲覧に供するとともに、これに関連する調査研究を行うことを目的とする施設とする」（第四条第一項）とされている。また第三条では「国及び地方公共団体は、歴史資料として重要な公文書等の保存及び利用に関し、適切な措置を講ずる責務を有する」と規定して、こうした機関の設置が必要とされている。

さらに、「公文書館には、館長、歴史資料として重要な公文書等についての調査研究を行う専門職員その他必要な職員を置くものとする」（第四条第二項）と、当然きちんと公文書を歴史史料として扱える専門職員の配置が定められている。政治内容がどのように決定され、行政がどのようにそれを策定・施行していったかを明らかにする役所の書類を、後世の利用・検証に堪えうる資料としてきちんと保存していくことは、民主主義的な社会にとって根本的かつ非常に重要なことがらである。

公文書館というのはこれだけ重い課題を担った機関なのであるが、実はとんでもない抜け穴がある。附則の第二項に、「当分の間、地方公共団体が設置する公文書館には、第四条第二項の専門職員を置か<ruby>ない</ruby>ことができる」とされているのである。その趣旨は、いまだ文書館職員としての資質や技能を定めた専門的な資格などが定められていなかったからであり、早晩そうした専門職を明確にしたうえで附則は廃止されるべきものであった。しかし、その後四半世紀が経過しても、専門職の国家資格はできていない。

公文書館は、歴史史料として遺すべき公文書の選定、整理、保存、公開、そして研究を行うべき機関であるが、実は純粋な公文書以外にも、歴史的に重要と考えられる史料は同様に保存などをする機能ももっている。第四条に出る「公文書等」の文言には、「国が保管していた歴史資料として重要な公文書その他の記録を含む」との注記がついている。つまり「等」の部分に「その他の記録」すなわち私文書をも入れる余地を残しているのである。ということは、公文書館は、狭義の公文書のみならず、歴史的に重要な史料となりうるものについては私文書をも含んで管理する機能をもちうる機関なのである。地方公共団体の設置する公文書館は、行き場のなくなった史料や個人宅の史料をも調査・保存・研究する、地域の中核的な機関たりうる可能性をもっているといえる。そしてそこに専門家（アーキビスト）が所属していれば、彼は地域史料を調査し、現地での保存も含めてさまざまなアドバイスなどを行う役割を果たすことが期待できる。

現在のところアーキビストの国家資格はないが、日本学術会議の史学委員会では、二〇〇八年八月に、先の附則第二項を削除し、文書館専門職員の養成制度と資格制度を確立するよう求めた意見書を提出している。これは重要な提言といえるが、ただ気になるのは、その中で「文書館専門職員（アーキビスト）」という表現が使われていることである。基本的には文書館専門職員は、その館に収蔵される役所作成の公文書を扱うのが主たる任務であって、地域に残されたそれ以外の史料を調査したり整理したりすることは従的な職務となってしまうことである。もちろん実際に設置されている文書館では、地域史料の所在調査や整理などを地道に行っているところも多くあるが、あくまでアーキビストは文書館に所属するもので、一般の教育委員会や市町村役所直属で配属されるものではない。文書館にはもちろんであるが、文書館未設置の自治体などでも専門職としてのアーキビストが教育委員会などにその資格をもって所属・配置できるようにすることが必要なのではなかろうか。

その意味では、歴史的史料の所在を掌握し、保存のためのアドバイスをし、整理・調査・研究できるような人材を地域ごと、自治体ごとに配置できるような制度が設けられることが理想ではある。どこの自治体も財政難で、とてもそのような人材を抱えるような余裕はないであろうが、一方で地域の来歴を知る史料が日々失われているのも確かである。一足飛びに専任の人材を配置することは難しかろうが、自治体の行うべき仕事の一つとして、地域史料の把握と保全を新たに普遍的なものとして加えること、少なくともそのような認識を広くもつようにしていくことが必要である。

史学カリキュラムにも史料整理やフィールドワークを

また、国が動かなければどうにもならない資格制度の成立を待つだけでなく、史学の側でも、カリキュラムに史料整理や保存の分野を加えていくなど、その下地作りに積極的に取り組んでいくことが同時に必要であろう。文書館に配置される専門職員には、史学だけでなく情報学などの分野や司書資格をもった方々などがアーキビストとなって配置される可能性があるが、やはり史学界としても歴史史料をきちんと扱える人材を広く養成し、底辺を広げて、多くの自治体に送り出せるような準備をしておくことが必要ではなかろうか。

地域へ出向いて史料調査をすると、少なからぬ史料が発見される。もちろん研究者は、自分自身の研究に必要な範囲で（文書群単位で）調査・整理はするが、当然研究で訪れたすべての地域のあらゆる古文書を自分で整理できるわけではない。しかしある程度長く調査で関わった地域の場合には、多くの史料の存在を知ってしまうとどうしてもその先行きが気になり、地域史料の今後についてて地元の教育委員会やＮＰＯなどと協議することもある。筆者自身は、基本的には史料整理や保存については、その地域の方々自身の手で行っていただくことが望ましいと考えている。なぜなら、その土地の歩んできた歴史は、地域の方々自身が掘り起こし、後世に伝えていってこそ意味があると思うからである。そして史料自体もなるべく地元に遺すべきだと考える。もちろん研究者は史料を扱う専門家として手伝いや助言をするとしても、整理・保存はあくまでその地域の主体性・自律性によることが肝要である。

しかし、ここでしばしばある問題がネックになって話が進まなくなる。それは地元に史料整理・保存についての知識や技術をもつ人材がいないということである。このような場合、頼りになるのは、地域に身近な大学である。地方大学にも史学専攻分野をもつところがあるので、そうした機関が史料整理を担当できる人材を育てていれば、非常に助かるはずである。ところが、そうした大学がある場合でも、史料整理の能力をもつ人材はごくわずかしか世に送り出せていない。史料整理の現場では、結局、歴史に関心をもつ主婦が非常勤の職員やパートとして働いていたり、定年退職後のサラリーマンや小中高の元教員などがサークルを作ってボランティアとして古文書を読み、目録作りなどの作業をしているのが実情である。そうした方々の努力によって、何とか文化財としての史料は日の目を見ているのである。

ただその場合、史料の目録作成などは各地で行われているとしても、旧家などに残る史料類の発見から現状記録、そして整理あるいは撮影に至る一連の作業に習熟している人材は限られていよう。このような仕事は随所で地味に長期間続くものであることを考えると、パートやボランティアだけに頼るのでは心許ない。できれば市町村の若い公務員の中に史学を修めた有能な人材を見つけ、職務の一環として地域史料の発掘・整理・保存を扱える体制を整えたい。そのためには、人材を養成するための方策として、大都市圏の大学のみならず、地方大学の史学科や地域文化専攻の学科・コースに、フィールドワークや史料の整理・保存実務を身につけられるカリキュラムを編成することが必要になってくる。少なくとも、「史学科」と名のつく学科を卒業しながら、一度も古文書の実物に触れることなく、活字史料のみを追って卒業していく学生が多数いる状態を、当たり前にしておいてはいけないのではないかと思う。

地域に史料を遺せる環境を

先に史料の把握・保全に関わる自治体の役割について述べたが、ここでもう一つ考えておきたいことがある。それは史料はどこに遺すべきか、という問題である。

たとえば東京在住の歴史研究者からすれば、首都圏にある公文書館や資料館に全国の史料が揃っていれば非常に便利であろう。しかしもちろんこれは研究者のエゴであって、地方から史料を取り上げ、首都圏に集中させるなどという考えはもってのほかである。史料は本来あるべきところに遺す、というのが本来的な考え方である。

とはいえ、事情によってはそうはいかない場合も出てくる。当主が亡くなり代替わりしたものの、若主人は都会に出て居を構え、史料の置かれた旧宅を誰も管理する人がいないとか、山間の小さな集落に残されてきた区有の史料が、住民の減少や集落自体の廃絶によって無管理状態になってしまうなど、さまざまなケースがある。

そのような場合、史料は元の場所に置かれたまま朽ち果てるのを待つか、はたまた所蔵者のもとを離れて別の管理者のもとに移すか、という事態に置かれる。移管する場合でも、なるべく地元に近い場所で保管されるのが望ましい。地元市町村にきちんと保管・管理する能力があれば、それがベストである。が、すでに述べたように、市町村レベルで文書館を設置したり、文書管理にあたれるアーキビストを置いている事例はごく限られており、仮に教育委員会などに預けられても、倉庫の中に置き去りにされ、担当者が交替していくうちに事情も保管場所もわからなくなるということが起こりうる。本来遺すべき地元市町村に遺せないのであれば、都道府県レベルの機関に預けることもやむを得ない。しかしそれとて、県によっては文書館が未設置であったり(図書館や博物館が文書館機能を兼行している場合もある)、一般からの受け容れをルール化していない場合もありうる。事情次第では、地元都道府県を離れた然るべき機関に預けることも考えられる。が、地域の史料は地域にとってのかけがえのない財産であり、あくまで基本はなるべく地元に近いところに遺す、ということを忘れないように心懸けたい。

ところで、個人で管理しきれない、あるいは関心がないから手放したいという場合、どのような手段があるであろうか。いちばんに考えられるのは、文書館・資料館・博物館などの公的機関に持ち込むという方法である。文書館等の施設に委ねる場合、普通、寄贈か寄託という二種類の方法がある。寄贈は文字どおり所蔵者が完全に手放し、相手先に譲り渡すことを意味する。一方の寄託とは、所有権はもとの所蔵者に残したままで、保管・管理を相手先に委ねることをいう。この場合、閲覧などについても、所蔵者が許諾の権利をもっており、何の合意もルールもないままに寄託先が勝手に第三者に公開するということは、原則としてない。古文書の所蔵者が、関心がないからとかこんな紙くずは不要だから、などと古物商に売り払ってしまうケースもしばしば見られるが、貴重な地域史料をそのように扱うことは避けてほしい。古物商に渡った史料は、運が良ければ公的機関や大学などの教育・研究機関が入手して、整理・公開される場合もあるが、多くは個人の収集家などに買い取られ、日の目を見ぬままに死蔵されてしまうことになる。これではせっかく今日まで残されてきた、地域の歴史を物語る素材が埋もれ、忘れられ、あるいは散逸してしまうことになる。これは憂うべき事態である。今後、地方の過疎化や世代交代によって、廃棄され、あるいは売り払われてしまう史料がますます増えると考えられるが、どうせ手放すならば、それが後世に生かされる形で残ることが理想であり、そのためには文書館を始めとする然るべき機関に移管されることが望ましい。そしてそのための受け容れ態勢を、行政として、あるいは個々の機関として、きちんと作ってほしいと切に願う。

終章
長野県北部震災を経て

震災と文化財救出――三・一二の大震災

二〇一一年三月一二日未明に発生した長野県栄村の大地震については本書の冒頭で少し触れたが、文化財救出活動はその後どのように進展し、そしてそこから筆者は何を学ぶことになったのか、それを述べて結びとしたい。

被災した多くの家屋や土蔵は、罹災証明の発行された六月以降、急ピッチで取り壊されることになった。もちろん豪雪のせいもあるが、それだけではない駆け込みの解体申請も多く出された。普通、家屋を解体するには何百万円という費用がかかるが、罹災証明が出れば、公費での取り壊しが可能となる。激しく損壊して住めなくなってしまった家や使えなくなってしまった土蔵はもちろんのこと、現代生活には不便な面のある古民家や土蔵など、いずれ取り壊そうと考えていたであろう古い建築物が被災を契機に一気に取り壊されることになったのである。

しかしここに問題がある。古い民家や土蔵にはたいてい民具や古文書などの文化財が眠っている。古文書は必ずしも、どのお宅にもあるとはいえないが、民具は多くの家に残されている。先人が知恵の限りを働かせて作り上げてきた生業や日用の道具たちである。電気のない時代、人力で限りなく効率的に作業をするように工夫された民具は、土地柄の表れる、今となっては貴重な文化財であり、知恵の結晶といってもよい。作業道具以外にも、寝具や食器や家具など、どれも現在では入手困難な材料や手間をかけて丹念に作られてきたモノばかりが多く残されていた。古文書もある家には多量に残されている。木箱や簞笥の引き出しに、あるいは襖や屏風の裏張りとして、数多くの書きつけが見出される。それらが震災後、建物の解体や加えて古物商などの買い漁りによって、次々と失われていく危機に見舞われたのである。

「まるごと調査」の土蔵はどうなった?

筆者がまず始めに心配したのは、現地でこれまでお世話になった方々の安否であったが、地震直後には幸い直接の人的被害はなかった。となると次に気になったのは、第二章でも紹介した「まるごと調査」をさせていただいた土蔵であった。現地には所有者は住んでおられず、ずっと空き家の状態で土蔵だけが残っていた。あの土蔵はどうなったのだろうか。村の教育委員会に問い合わせると、早速担当者からメールが届いた。そこには「危なくて中には入れるのかどうか疑問です。入るにはカギは必要なくなりました。穴あい

写真終-1　損壊した土蔵の側面

ちゃいましたから」とあり、写真が添付されていた。見ると、側面に大穴が開き、応急に合板で塞いである様子が写っていた。そして穴の隙間から中を覗いた写真には、散乱した木箱が写っていた。

これはひどい、何とかしなければ、というのが最初の思いであった。とはいえ、震災直後はライフラインも絶たれ、地元では生きぬくのに必死で、文化財どころではない状況であろうと思われた。そこで多少とも事態が落ち着きを見せてきた一カ月半後のゴールデンウィーク、史料調査の仲間とともに栄村に向かった。何をすべきかはまだはっきりしなかったが、少なくとも当面、例の土蔵の中を少しでも片付けようというつもりであった。幸い「まるごと調査」をしたときに、中に収められている器物については、ある程度詳細な配置図を採ってあった。それをもとに散乱した器物を可能な限り元に戻すことはできるだろう。いずれ土蔵が解体される場合でも、片付けがしてあれば運び出しも容易になるはずである。そのように考えて現地入りしたのである。

このとき一つ思案したのは持ち物であった。今回は通常の調査とは事情が異なる。思わぬものが足りないかもしれないし、何か持って行けば役に立つものがあるかもしれない。そこで装具としては、作業着・軍手・マスク、余震による部材の落下などに備えてのヘルメット、釘の踏み抜きに備えての安全靴などを用意した。また電源のない土蔵や家屋内での作業に備えてバッテリーとインバーターとライト一式、充電のための太陽光パネル、掃除用具、建物の応急修理に対応するための大工道具など必要と考えられるものを準備し、車に積み込んだ。

現地に着いてみると、以前の調査時、古い鍵がいくつもあり、それらを差し込んだりひねったり、苦労して開けたあの土蔵の扉は、重い石製の戸枠が歪んで開かなくなっていた。代わりに写真で見たとおり両側の横腹に大きな穴が開いており、合板が打ちつけてあった。結局中に入るにはそこから潜り込むしかなかった。ヘルメットを被って恐る恐る中に入ってみると、太い柱の一本が継ぎ目から外れ、内側に倒れ込んできているのが目に入った。その柱に引っ張られるように、厚さ六、七センチはある周囲の壁板も内側になだれ落ち、その外側の厚さ三〇センチほどの土壁も崩れてきていた。木箱は転倒し、中の漆器や陶磁器が床に散乱していた。あまりにひどい状況であった。

写真終–2　散乱した漆器の片付け（2011 年 4 月撮影）

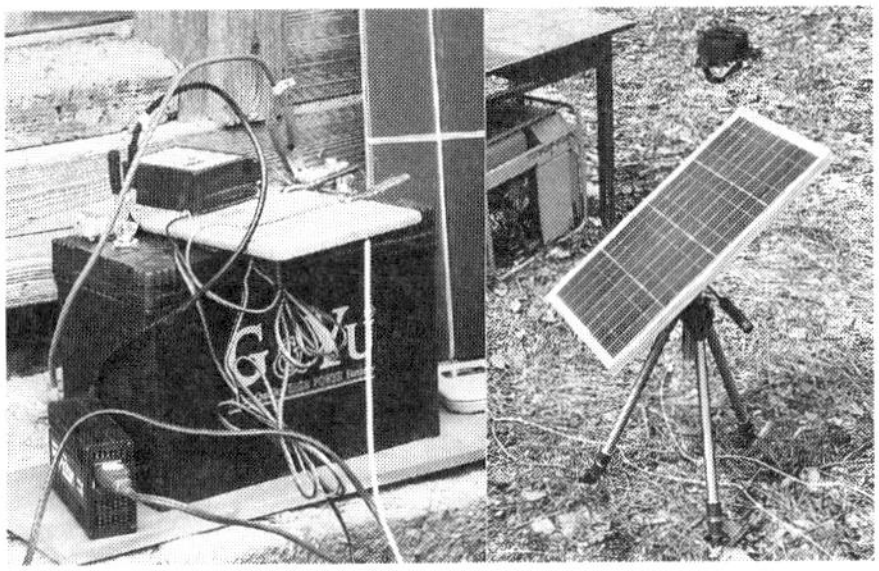
写真終–3　持参した太陽光パネルとバッテリーが役立った

　まずは入口の確保である。バールでこじたり押したりし、内側と外側から手を尽くして、歪んだ二重三重の扉をともかくも開くようにした。そし

写真終–4　外れて内側に倒れかかった柱。壁板も外れて落ちている（2011 年 4 月撮影）

て倒れた木箱を起こし、飛び散った中身を元に戻す作業を始めた。土蔵内は土壁の埃が充満し、床にこぼれた器や箱はひどく埃をかぶっていた。それらを満足に払っている余裕もなく、私たちは作業に没頭した。この作業自体は意外に早く、約一日半で終えることができた。棚に器物を戻し終わってから、床の埃を箒で掃き、ようやく土蔵内は落ち着いた状態に戻った。それから、以前の調査時の図面と引き比べながら一点ずつ器物の有無を確認していった。幸い大きく破損したり、無くなったりしたものはなかった。

文化財救援組織「地域史料保全有志の会」の結成

こうして懸案となっていた土蔵での作業は終え、続いて教育委員会からの紹介もあり、合計四軒の個人宅を回って、被災した土蔵内の古文書や民具などの確認を行った。土蔵や民家の損傷度合にはそれぞれ差があったが、多くの土蔵や旧宅には民具があり、古文書をお持ちのお宅もあった。古文書を確認し、概要を把握する仕事はこれまでもたびたび行っていたので、それに関して戸惑うことはなかったが、ただ一つ、今までと違っていたのは、土蔵などが壊れて行き場のない古文書が出てきているという点であった。筆者は従前、古文書を見せていただくと、それを元どおりに戻して丁寧にお返ししてきたし、それが当たり前であると思ってきた。修復のため借用証を書いて持ち帰った場合を除いては、万が一にも出てきた古文書を持ち帰る、持ち出すなどということは、あり得なかった。が、震災後の訪問では、所蔵者が文化財をもてあまし、「記録だけとって返されても……」という表情を見せることがあった。こうした対応に、筆者は大きなとまどいを感じた。果たしてこのときは一とおりの作業を終えて帰宅したものの、しかしそれだけで済まない事態がほかでは進行していた。

以前に私たちの秋山調査に人づての紹介で参加し、その後栄村に移住されたYさんという方がおられた。歴史学や民俗学を専門に勉強してきた方ではなかったが、地域に根ざした生活をしたいと、都会を離れて栄村に住み着き、自力で奥深い山村のコミュニティの中に飛び込んでいた。そのYさんから、ほかにも損壊した土蔵があり、文化財が廃棄されていると知らされたのである。第一回の救援作業から帰京後も、Yさんからは文化財の廃棄を憂える切迫した連絡が次々と入ってきた。私たちは背中を押されるように、再び栄村を訪問した。六月中旬のことであった。

これまで筆者たちの栄村での史料調査は、主に秋山地域を中心とする山村の歴史を明らかにするために行っていたもので、もちろん栄村全村を対象にしたものではなかった。村内の文化財全体を視野に入れてその保護にあたるのは地元教育委員会の仕事であり、一介の研究者にすぎない筆者が個人で行う性質のものではなかった。ところが、震災が起き、文化財がいよいよ各所で廃棄されるという事態が差し迫ってくると、そうも言っていられなくなった。栄村には郷土史家もおらず、文化財保護に中心となるべき資料館もなく、学芸員もアーキビストもいない。つまりは文化財関係の専門家が誰もいない状況なのである。その中で、連日文化財は廃棄されていく。Yさんからは「古文書をまとまって持っていたと思われるお宅で、今日、それを燃やしてしまったようです。普段なら捨てるような方ではないんですが」という悲鳴のような情報が次々に寄せられた。

こうなると一〇年来栄村で史料調査をさせていただき、お世話になってきた自分が何とかするしかない、と腹をくくった。たまたま一回目の文化財保全作業を終えた直後、神戸に本拠をおくNPOの歴史資料ネットワーク（史料ネット）の方から連絡をいただいた。史料ネットは阪神・淡路大震災後、失われゆく歴史的資料の救出・保全を行うため、歴史学専門の研究者らで組織されたボランティア組織で、その後全国各地に誕生した史料救出組織の先駆けとして活発な活動を展開していた。史料ネットからは、長野県の近隣地域である新潟の史料ネット組織（新潟歴史資料救済ネットワーク）を紹介していただき、そこからの支援も受けられるように便宜をはかっていただいた。そしてまもなく両ネットワークから活動のための支援金が届けられた。筆者は支援金を預かるにあたって、個人名ではなく一定の団体として活動する形をとるべきではないかと考え、急遽「地域史料保全有志の会」(「保全の会」と略称)という名称で組織を立ち上げることにした。こうして第二回目の文化財救出活動が始まったのである。保全の会で中心になって頻度高く参加・活動しているのは、村内の有志の方々をはじめ、首都圏の博物館・資料館の学芸員や大学の教員、長野県内外の教育委員会の職員の方、そして一般の会社員の方などである。会ではこれまでのところ、固定した会員制度はとっていない。右に述べたような方々が活動日の都合に合わせ、参加できるときに自由に参加するという形をとっている。だからそのつど新しい方が加わることもあ

写真終-5　救出された民具の一部(2011年8月撮影)

写真終-6　天井が崩落しかけた土蔵からの文化財救出(2011年6月撮影)

写真終-7　民具大移動プロジェクト（2011年8月撮影）

るし、基本的には所属もバラバラなメンバーが集まって作業をしている。「地域史料保全有志の会」というのは、いわば栄村で活動するときのチーム名のようなものである。

さて、話を第二回の活動に戻そう。このときには、これまでにお会いしたことのない多数の方々にお集まりいただくことができ、約二〇名の大幅に増えた人数で、前回よりはるかに範囲を広げて活動を行った。今回の特徴は、初めて民具の専門家に参加いただいたことであった。各地の現場で民具調査と整理の実績を多く積んで来られた神奈川大学日本常民文化研究所客員研究員の石野律子氏がその方である。かつて筆者も常民文化研究所には関わっていたが、石野氏とはこのときが初対面であった。文化財救出の現場では、実際、古文書よりも多数の民具に出会う。しかし筆者を含むこれまでの史料調査メンバーの中には民具を扱える専門家は一人もいなかった。民具を見てその価値や扱いのわかる者がいなければ、救出・保全活動は実質的に機能しえない。その意味で民具専門家に加わっていただいたことは、非常に大きな意味があった。作業にあたっては、民具と史料双方の専門家をひと組にした小チームを三つ編成し、実質三日間で一七カ所の個人宅を回って保全活動を行った。これによってかなりの土蔵・旧家を回ることができた。

この後も七月初旬・下旬、八月上旬・下旬、そして九月から一二月までは毎月一回のペースで文化財救出作業は続いた。とくに八月七日・八日の両日は、新潟資料ネットの全面的な支援を得て延べ一〇〇人ものボランティアの方々にご参加いただき、震災後の建物の取り壊しで行き場のなくなった民具を村の旧小学校施設に一斉に運び込む「民具大移動プロジェクト」を実施した。これはテレビや新聞など数社のマスコミが取材に来るほどの大仕事となった。震災を契機に、筆者はまったく思いもかけなかった栄村全体の文化財救出・保全の仕事に関わることになったのである。この活動は震災から丸四年を経過した現在も継続しており、まだ少なくとも数年はかかる見込みである。

フィールドワークの経験が生きた現場

ところで、こうした活動が筆者のような一介の歴史研究者にできたのは、なぜだろうか。長年調査フィールドとして栄村に通い、村の教育委員会の方や史料所蔵者とも知り合いで、さまざまな面で動きやすかったから、というのは一つの理由であろう。総合地球環境学研究所のプロジェクトをとおして現地報告会を開く機会も与えられ、栄村を訪れる他分野の研究者ともつながりが深まった。もっぱら秋山地区ばかりに関心を寄せていたとはいえ、一〇年も通い続ければ村内のある程度の土地勘も養われてくる。

しかし、もう一つ根本的な要因があったように思う。それは筆者たちの仲間は「フィールドに調査に出ること」へのある種の「慣れ」があったことである。もちろん、いでたちも装備品も通常の調査とは異なってはいた。しかし、これまでの調査でいつも使っていた二組の調査セットは、そのまま役に立った（ちなみにこの調査セットには、鉛筆、サインペン、ハサミ、画鋲、記号を記したカード、古文書補修用の糊や筆、補修用和紙、各種目録用紙類、史料撮影用番号札セット、手芸用アイロン、古文書の下敷き用の綿ブロードなどが入っている）。調査先で必要に応じて現状記録を採り、調査記録カードを書くこと、自分たちの調査が後で第三者にもわかるように状況を写真に収め、さまざまな時代の史料に対応して保全の必要性の有無を判断することなど、初めて訪問するお宅で真っ先に何を見、何をすればいいかが即座に見極められ、実行できたのは、やはり今までの調査経験があってこそだったのではないかと考える。

民具専門家の石野氏とは、六月に初めて調査をともにさせていただいたが、実は宿舎で現場における資料記録の採り方、目録化の考え方について話をしているとき、その発想・方法論の類似性に驚かされた。民具と古文書という違いはあれ、多様な資料が目の前に出される現場での対応方法には共通のものがあることを知った。この共通性が「地域史料保全有志の会」における民具・古文書への臨み方を違和感なく複合させることに役立ったと思われる。チームとしての一体性が担保できたのも、長年のフィールドワークで得た発想・取り組みがもとになっていた。おそらく多様な史料調査現場での経験が培わせてくれた現場での工夫の積み重ねがなければ、筆者たちは倒壊しそうな土蔵や内壁の崩れ落ちた民家の中で、充分な対応はできなかったであろう。その意味では、フィールドでの経験が、被災地での活動に有効に働いたといえるであろう。

地震のみでなく、台風や集中豪雨など、日本で起こりうる災害は数多い。それら被災地では文化財救出・保全活動は必須のものとなっていくが、その際にフィールドワークの経験がものをいってくる場面は必ずあるのではないかと思う。フィールドに出、生の現地のありようを見、さま

写真終-8　これまでの経験がそのまま生きた現状記録採りの作業（2011年5月撮影）

写真終-9　ヘルメットに安全靴の慣れない姿での文化財の救出（2011年9月撮影）

ざまな人とのつながりを築いていくことが、より生きた歴史学を生み出すために必要なのではないかと考える。

文化財の保全から活用へ――地域への還元の始まり

年が明けると、一月から三月の栄村は豪雪の時期である。一月は保全活動をお休みしたが、二月に入ると早速活動を開始した。すでに解体される建物からの民具や古文書の救出はめっきり減り、私たちの活動はこれまでに救出した文化財を整理し、活用していく段階に移行しつつあった。三月初旬には、栄村の役場ホールを借りて、一年間の文化財救出・保全活動を村民の方々に知っていただくための報告会を催した。ちょうど一年前の同じ時期、筆者は総合地球環境学研究所プロジェクト中部班として最終年度の報告会を催し、これでしばらくは栄村で報告会を開くこともないであろうと思っていた。そのまさに一週間後に村は大震災に見舞われたのであった。そして二〇一二年もまた報告会を開くことになったのである。報告会では討論の時間を長くとり、会場の方々の意見をできるだけ多く汲み上げるように努めた。するとその中で地元小学校の先生が発言し、小学校との連携を提案してくださった。また村の公民館長が席を立って大声で会場の聴衆に栄村民具救援隊の旗揚げを呼びかけてくださった。こうした地元側の積極的な動きを承けて、四月以降急速に地元の皆さんとの連携が実現していくことになったのである。

この冬の栄村は数年ぶりの大雪であったが、四月に入ると雪解けが急速に進み始めた。まだ田んぼは一面雪に覆われたところも多かったが、ゴールデンウィークに入り、桜も咲き揃ってきた。五月一日、私たちは地元栄小学校の四年生を文化財学習に迎え、いよいよ本格的に史料の整理と活用を実践することになった。

文化財は整理し保存することがまず大切であるが、そのあと収蔵室に放り込まれ、埃をかぶって忘れられていくようなこともままある。石野氏の話によれば、民具の場合、高度成長期に民具収集・保全のブームがあり、各地の自治体で資料館などを中心に多数の民具が集められたが、その後かさばる民具は邪魔者扱いされ、結局収蔵庫などに放り込まれたままになっているケースが多いのだという。そして手入れもされずに放置されたそれらの民具は、今ちょうど全国各地で朽ち果てる時期を迎えているというのである。それだけに石野氏は、栄村ではそういうことをさせたくない、新たな民具活用のモデルケースにしたいと張り切っておられた。古文書の場合は、民具のように大きなスペースを占拠することはあまりないが、市町村レベルでは自治体史の編纂などが終わると、集められた古文書の写真やコピーはやはり倉庫に放り込まれ、生かされずに忘れられていくよう

写真終-10　震災一周年に開催した栄村での活動報告会
（撮影：鈴木努）

な場合も多い。地域史料保全有志の会のメンバーは、せっかく震災後に救出された文化財であるから、どうせならば有効に生かしたいと考えていた。

では文化財を生かすとはどのようなことをいうのであろうか。文化財とは、文字どおりその地域の文化を表すものである。地域は、気候や植生・地形といった自然的な要因をベースにしながら、そこに生業の営み、信仰や宗教、経済的要因、政治的要因を絡ませながらできあがってきたものの総体であり、長年月にわたって蓄積された厚みをもっている。地域の文化とは、そうして育まれてきた地域の個性といってもいいし、「その土地らしさを表すもの」といってもいいかもしれない。震災後の活動は、要はそうした地域の文化そのものが失われないように遺していくことを目的に行ってきたのである。とすれば、地域の個性を象徴する民具や古文書をとおして私たちが行うべきは、村民の方々に地域文化の歴史的価値を再認識してもらうことであり、また次の世代を担っていく子供たちに文化を継承していってもらえるよう努めることではないかと考えた。とくに子供たちへの継承は文化財保全の本来の趣旨に沿った最も重要な活動と認識していた。

こうした考えのもと、保全の会では早速小学校と調整を図り、五月一日に地元小学生への文化財教室を実施したのである。当日は文化財保管庫となっている昭和初期の古い分校校舎に四年生全員を迎えた。そして震災後に救出した民具が保管されている一階で石野氏が民具についての説明をしたあと、子供たちは二階に移動した。ここで筆者が救出された古文書についての説明を行った。偶然にも前日の史料整理中に、前回当地を襲った大地震である善光寺地震の関係史料が見つかっていたため、それらを素材として、まずは「こもんじょ」という言葉とモノの印象を頭に焼き付けてもらうように話を進めた。小学生たちは身を乗り出して興味深げに古文書を見つめ、一生懸命「大地震」の文字を追っていた。その後、今度は震災前から村の方が少しずつ蓄積してきた民具の中からそれぞれ一つずつを選び、それを持って好天に恵まれた校舎前の屋外に移動した。そして各自その民具の埃を払い、あるいは雑巾でぬぐって掃除をしながら、各班ごとについていただいた地元のお年寄りの方や資料館学芸員の方からそのモノについての知識や経験を教えてもらった。最後はその成果の発表である。きれいになった民具を掲げながら、民具の名称や使い方、素材などについてそれぞれ発表を行った。普段の教室を離れての一風変わった授業だったためか、子供たちの中には「民具」や「古文書」などの用語がすんなりと印

写真終−11　小学生への文化財教室（2012 年 5 月）
（撮影：鈴木努）

象に残ったようである。

こののちも、小学校との連携は継続的に行われた。四年生担任の先生が一日だけの体験に終わらせないよう、子供たちに民具・古文書学習のまとめをさせ、その成果を保全の会宛に知らせてくださったからである。七月には六年生も民具体験をしたほか、四年生も自分たちでもう一度民具の掃除をしたいと自発的に保管庫を訪ねてくれた。一〇月に開かれた村民文化祭では、少しでも保全の会の活動を村民の皆さんに知ってもらうべく、活動の様子を紹介するパネル展示などを行った。古文書・民具の整理にも地元の方や歴史・民具専門家でない方々に広く参加していただく方針をとり、「ともに楽しみながら進める文化財整理」を継続している。

文化財保管施設のリニューアルへ

震災から二年経った二〇一三年（平成二五）、新たに保全の会に考古班が誕生した。栄村と姉妹都市関係にある東京都武蔵村山市の歴史民俗資料館の学芸員が、文化財整理の中で見つかっていた考古遺物を整理してくれたのがきっかけであった。考古学を専門とする髙橋健樹学芸員が、同館の学芸員をはじめ、知人の専門家たちに声をかけてたびたび活動に加わってくれるようになったのである。村からも遺跡らしき場所があると情報を寄せてくださる方が新たに現れ、また従来新潟・長野それぞれの中心部からは外れた境界の場所として注目されてこなかった栄村に独特の文化圏が存在したことも想定されるようになって、考古分野の活動はますます活発化している。同じ二〇一三年には、夏に「第二回民具大移動プロジェクト」も行われた。これは震災後救出した文化財の保管庫となっていた旧分校校舎を耐震補強し、文化財の保存・展示ができる新たな文化施設にリニューアルすることが決まったからである。これまで村には資料館的な本格的施設がなかったが、救出・保全した民具や古文書をどのように将来に遺していくかを検討する中で、村が英断を下してくれたのである。改修と決まれば、工事に備えて収蔵されている文化財をいったんほかの場所に運び出さなくてはならない。そこで行われたのが、二回目の「民具大移動プロジェクト」であった。新潟資料ネットをはじめ、各地から参加したのべ三〇〇名もの方々が、猛暑の中、梱包班・運搬班・受け入れ班に分かれて精力的に動き、分校に満杯になっていた文化財を近くの仮施設に移動させることができた。

このときに栄村らしかったのは、もう一班、炊き出し班を作ったことである。このような作業が行われる場合、一般的には参加者に配る弁当は弁当業者のもので済ませることが多い。しかし保全の会では、汗を流してくれる参加者に、村の食材を使って心のこもった料理を振る舞いたい、ということになった。夏の村には、豊富な野菜がそこかしこに溢れている。それを提供していただいて、炊き出し班が素晴らしい料理を用意してくれた。こうした地元の方々との連携が可能であったのも、地域と一体となって保全活動を続けてきた賜物であった。

新しい文化施設は、二〇一五年（平成二七）三月に竣工した。この施設は、「とにかくいつでも人が集う施設にする」というのが重要なコンセプトである。文化は人なくしては存在しない。文化財も人と切り離されて保管庫の中にしまいこまれているのでは、意味がない。豪雪に閉ざされる冬を中心に、村には「お茶飲み」の習慣がある。自慢の漬物などを持ち寄って、ふらっと近所の家に行き、そこで楽しくお茶を飲みながら話に花を咲かせるという、楽しい時間である。新施設は、地元の方々がふらっとお茶飲みに寄りたくなるような、そういう空間に是非なってほしい

写真終-12　文化財の仮保管庫として使用してきた旧分校。窓ガラスも抜け落ちたボロボロの施設だったが（上・2011 年 8 月）、耐震補強改修工事を経て立派な文化施設に生まれ変わった（2015 年 5 月）

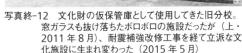

と願っている。人が寄り、その脇に昔から使われてきた民具が置かれており、先人たちの生活文化が話題になる、そのような施設が理想である。

この旧分校が学校として生きていた時代にここを卒業した地元住民も多くおり、その人たちが少しでも違和感をもたずに施設を活用できるように、また昭和初期の面影を色濃く残している校舎の風情を少しでも生かすために、施設の改修は基本的に構造材はそのまま残し、階段スペースなども補強したのみで、当初の材を利用している。二〇一五年度からはいよいよ新施設の利用に向けての試みが始まり、村の公民館職員がここに常駐して施設を管理するとともに、公民館活動の拠点として利用することになった。名称も「栄村歴史文化館（愛称：こらっせ）」と決まり、職員の方も歴史や文化・文化財について深く理解し、積極的に施設を利用していこうとさまざまな工夫を凝らしてくれている。訪れる人を心地よく迎えてくれる施設になり、村の文化に新たな息吹が吹き込まれつつある。こうした歴史を生かしていく地域の現場に当事者の一人として立ち会えることは、歴史研究者としてこのうえない僥倖《ぎょうこう》と考えている。

「人文学の現場」であること

保全の会では、古文書・民具・考古遺物の整理をそれぞれ別の場所で行うのではなく、なるべく同じ建物の中で行うようにあえてしている。もちろん極端に古文書整理の能率が落ち、汗のしたたる酷暑の季節はさすがに古文書整理は役場会議室などをお借りしてきた。しかしそれ以外の時期は基本的に整理会場は同じ文化財保管庫を利用してきた。作業効率だけを考えれば、古文書の整理は別会場のほうがやりやすい場合もあるが、古文書班参加者は民具班の、民具班参加者は古文書班の活動をお互いが自然な形でそれとなく把握していくことが大切と考えてのことであった。考古班が加わってからは、もちろん野外での遺物採集などは別にして、考古班も民具班や文献班と近い場所での作業を心懸けていた。学問の世界では、歴史学（文献史学）と民具学・考古学は別分野であり、決して交流も多くはない。しかし現場では本来それらは一体的なものの別側面に過ぎないのである。広く捉えれば「人文学」ということになろうか。それが学問の世界では必要以上に細分化され、互いの存在を充分認識しえない、視野の狭い学問になってしまっている。

だが、長年のフィールドワークで常に筆者が感じてきたのは、現場ではあらゆる学問分野はすべて一体であり、学問の専門化というものも全体の認識を共有したうえでその中の一側面について深く研究するための手段に過ぎないということである。文・理の枠を越えた共同研究の比類無き面白さは、地球研プロジェクトでよくわかったが、震災後の文化財救出・保全現場においては、少なくとも「人文学」というレベルでの共同性を確保しなければ、互いの刺激から見えるはずの地域文化すら見えなくなると感じたのである。言い換えれば、古文書だけ、民具だけ、考古遺物だけを見ているより、全体に目配りをしたほうがはるかに多くの気づきを得られるということである。歴史・民具・考古に携わる者が違和感なくお互いの作業の様子を知り、整理の進行に関心をもつことで、多くの新たな気づきが生まれてくるはずであるし、すでにそうした知見も芽生え始めている。

こうした同一会場整理の考えは、おそらくフィールドワークの経験を重ねてこなければ発想できなかったであろう。専門家としての役割を果たすことと、そこから得られる知見が本来還元されるべき地域の場に有機的に関わり続けることとは矛盾しないはずである。いやむしろ専門家はその専門技能を生かしながら地域に積極的に関わっていくべきものではないだろうか。

震災後の活動をとおして、頭の中でいわば観念的に認識していたこうしたことがらが、筆者の中で身体的に納得できるものとなってきた。歴史学が決して現今の社会とかけ離れた知的営みではないことを、身をもって筆者は学ぶことになった。この村では、個人研究の興味から始めた調査、国立研究機関のプロジェクトの一環としての調査、そして震災後の文化財救出・保全活動と、さまざまな形で古文書を初めとする文化財と関わることができた。そしてその中で、地域の歴史を解き明かすことの意味、それを一般の村民に伝えることの意味、その素材となる文化財を救出・保全し、後世に伝えていくことの意味、そして何よりも歴史学のもつ力の大きさとその大切さを深く知らされた。筆者の経験してきたフィールドワークのあらゆる側面が集約されたのが震災後の現場での経験であったといえる。

確かな未来は確かな過去の理解から始まる

人は誰でも平和で幸せな生活を望んでいる。そういう社会を求めている。しかしただ望み求めるだけでは、決してそのような社会はやってこない。むしろ逆に自ら戦争や飢餓に見舞われる社会を選び取っている場合すらある。なぜそのような皮肉な結果を招いてしまうのか。それは未来を過去からの延長上に捉えようとしないからである。

人類は過去に膨大な経験を経てきている。そこに学べば防げる不幸は数多い。ただ残念なことに一人の人間が自ら体験できる過去はせいぜい数十年に限られる。そして自分の経験以前の時代のことはほとんど知らないし、受け継がれない。繰り返される自然災害にしても、戦争などの人為的な不幸にしても、ことは同じである。もし大多数の市民が過去の歴史をしっかりと認識していたならば、数多くの不幸の大半は防ぐことができるであろう。しかし残念ながら世間に流通する歴史物語のほとんど（テレビドラマ、小説、映画、商業雑誌の取り上げる題材）は「成功物語」であって、しかも自分とは関係ない国家レベルの英雄譚である。それはもちろん楽しみとして消費するには好適の物語であるし、地を這うような自分の現実生活と無縁の世界であるからこそ夢もある。そして世間ではこの「成功物語」が歴史そのものだと思われがちである。だが逆にいえば、氷山の隠れた姿と同様に、「成功物語」の背後にはそれに数倍あるいは数百倍する「失敗物語」がある。そしてこれこそが実は現実の反映なのである。失敗とそれによる不幸を知らなくては、歴史から学ぶことはできないし、確かな未来も待ってはいない。歴史は実は「地を這うような」自分の現実生活とごく身近なところにあったのである。我が地の一〇〇年前、三〇〇年前、五〇〇年前の祖先たちが経験してきたことこそ、近未来に自分が経験するかもしれない社会像を表していると考えたほうがよい。

もちろん学問としての歴史学は、こつこつと事実を掘り起こし、積み上げ、そうした過去を明らかにしてきた。戦後歴史学に限っても、その研究の成果は限りなく膨大である。しかしそれが一般市民の常識として定着しているかといえば、はなはだ心許ない限りである。誰もが国家レベルの「大文字の歴史」を教えられ、追い求め、それを歴史の神髄だと思い込んでいるのが実情である。歴史が本来もっと身近なところにあるもの、あるいは身近なところから始まるものであることを多くの人は知らない。歴史研究者も、歴史を一般市民に還元する努力が充分であったかといえば、決してそうではない。たいていの場合、研究者も自分が対象としている研究内容と自分自身の日常生活とは無縁なものである。

それはある意味で当然でありやむを得ないことであるが、結果的に「身に迫る」歴史として市民に伝えることを抜け落とさせてきた。誤解のないようにいえば、歴史研究には「身に迫る」ような内容でない事項も本来的に多く、その事実を一つ一つ明らかにしていくことも確かな研究の営みには違いない。今日的課題を抱えたテーマばかりが歴史学の研究対象ではないからである。それは学問という自由世界には広大な裾野が広がっているのだから当然のことである。しかし一方で「身に迫る」歴史分野を解き明かす技量をもった研究者が一般市民から遊離してしまっているのも確かである。両者が接点をもつ機会そのものが非常に限られているのである。

研究者がフィールドに出ることは、研究者自身にとっても、地域の住民にとっても、この間隙を埋める役割を果たす。フィールドで研究素材たる史料を集めるには、地域に生きる人々と接しなくてはならない。そこに今を生きる人々との接点が生まれる。また、地域で集めた史料をもとに研究・分析し、成果が上がればそれを地域の人々に還元する過程で再び接点が生まれ、あるいは強まる。

歴史は人々に対して語り続けることを本質としなければならない側面を本来的には有しているのである。少なくとも学界向けの業績を積み上げることのみを目的にするものではない。まず研究者にできることは、足下の史料を遺し、整理し、読み、そこから先人の行動や社会のありようを描き出すことであり、一般市民にその結果を広く知らせることである。そして市民にも広く歴史に対する関心を磨いてほしいと切に願う。両者の融合があって初めて歴史は生きたものになり、未来に向けて動き始めるものとなる。

あとがき

結局一〇年かかってしまった。同じＮＨＫ出版から前著『知られざる日本――山村の語る歴史世界』を上梓したのが一昔前の二〇〇五年。もともと遅筆なこともあり、一〇年くらいはかかるのではと冗談めいて話していたが、それが本当になってしまった。

本書の企画は実は前著刊行当時すでにあった。編集の石浜さんと前著の詰めの打ち合わせをしている頃、最近こんなことを考えているんですよと話したのが本書の企画であった。当初のタイトル案は『古文書が歴史を語るまで』。歴史の成果本はいくらでも世の中にあるが、研究の過程を紹介した本がないことに気づき、フィールドワークで古文書を見出すところから整理・読解を経て研究に結実するまでのバックヤードを本にしたら面白いのではないかと考えた。その後、地球研の刺激的な多分野共同研究も経験し、そこで得た理解も加えて、二〇一〇年頃には本書の原型はほぼできていた。ところが、忙しさにかまけて仕上げを延ばしているうち、東日本大震災が発生し、長年の調査フィールドであった栄村も翌日に大地震に見舞われてしまった。

ここから本書の性格が若干変化し始める。それまで本格的に関わったことのなかった文化財の救出・保全活動に携わることになり、「地域史料保全有志の会」を結成して私自身が代表としてその中心に立つことになり、フィールドに立つことの大切さ、フィールドから学ぶことの大きさをさらに実感することになった。実のところ本書の第一章は、震災前に予定していた冒頭の書き出しであり、序章は震災後に改めて加えた書き出しである。屋上屋《おくじょうおく》を重ねるのたとえがあるが、本書は門前に門を建てたようなつくりになってしまった。しかし、震災を経て地域と関わることの重要性をより深く理解するようになったのは確かであり、今表現したいこと、しなければならないことをさらに強く意識するようになった。

拙く少ない現地調査の経験をさらけ出して物を言うことには正直なところためらいもあった。しかし一般の方にも読んでいただけるような類書がないことや、フィールド調査の重要性が史学の世界では必ずしも共有されていないこと、そして何よりフィールドに出ることの楽しさを伝えたかったことが本書の執筆を後押しした。今まであまり取り上げられることのなかった歴史研究の新たな世界を覗いて何かを感じていただければ幸いである。

本書を書くことができたのは、長年現地調査をともにするかけがえのない仲間たちに恵まれたからである。とくに中央大学山村研究会、秋山調査で四半世紀にわたって苦楽をともにしてきた仲間には感謝の言葉しかない。おそらくその仲間の誰もが感じてきたであろうことの一端を文章にしたのが本書である。人が一生の間に関われる地域はそう多くはないが、素晴らしい仲間たちとともに山梨県早川町や長野県栄村には今後も通い続けたいと思う。

二〇一五年一一月一五日　白水　智

白水 智（しろうず・さとし）

1960年生まれ。中央大学大学院博士課程単位取得満期退学。現在、中央学院大学教授。専門は日本中世史、山村史、海村史。趣味は薪割り、焚き火、畑作業。著書に『知られざる日本―山村の語る歴史世界』（NHKブックス）、『新・秋山記行』（編著・高志書院）、『山と森の環境史』（共編・文一総合出版）などがある。

NHK BOOKS 1236

古文書はいかに歴史を描くのか

フィールドワークがつなぐ過去と未来

2015（平成27）年12月20日　第1刷発行
2018（平成30）年 1 月20日　第3刷発行

著　者　白水 智

発行者　森永公紀

発行所　NHK出版

東京都渋谷区宇田川町41-1　郵便番号150-8081
電話 0570-002-247（編集）　0570-000-321（注文）
ホームページ　http://www.nhk-book.co.jp
振替　00110-1-49701

装幀者　水戸部 功

印　刷　三秀舎・近代美術

製　本　三森製本所

Printed in Japan　ISBN978-4-14-091236-2 C1321

NHK BOOKS

*歴史(I)

出雲の古代史　門脇禎二
法隆寺を支えた木　西岡常一／小原二郎
「明治」という国家(上)(下)　司馬遼太郎
「昭和」という国家　司馬遼太郎
日本文明と近代西洋―「鎖国」再考―　川勝平太
百人一首の歴史学　関 幸彦
戦場の精神史―武士道という幻影―　佐伯真一
知られざる日本―山村の語る歴史世界―　白水 智
古文書はいかに歴史を描くのか―フィールドワークがつなぐ過去と未来―　白水 智
日本という方法―おもかげ・うつろいの文化―　松岡正剛
高松塚古墳は守れるか―保存科学の挑戦―　毛利和雄
関ヶ原前夜―西軍大名たちの戦い―　光成準治
江戸に学ぶ日本のかたち　山本博文
天孫降臨の夢―藤原不比等のプロジェクト―　大山誠一
親鸞再考―僧にあらず、俗にあらず―　松尾剛次
陰陽道の発見　山下克明
女たちの明治維新　鈴木由紀子
山県有朋と明治国家　井上寿一
明治〈美人〉論―メディアは女性をどう変えたか―　佐伯順子
『平家物語』の再誕―創られた国民叙事詩―　大津雄一
歴史をみる眼　堀米庸三
天皇のページェント―近代日本の歴史民族誌から―　T・フジタニ
禹王と日本人―「治水神」がつなぐ東アジア―　王 敏
江戸日本の転換点―水田の激増は何をもたらしたか―　武井弘一
外務官僚たちの太平洋戦争　佐藤元英
天智朝と東アジア―唐の支配から律令国家へ―　中村修也
英語と日本軍―知られざる外国語教育史―　江利川春雄
象徴天皇制の成立―昭和天皇と宮中の「葛藤」―　茶谷誠一

※在庫品切れの際はご容赦下さい。